KB268697

철학은 현실이다

즐거운지식 20

철학은 현실이다

최병환 지음

이담 Books

생긴 대로 놀기

오늘의 최고의 화두는 '현실'이다. 어떻게 하면 현실에 조화롭게 적응해 나가느냐 하는 것이 현대를 살아가는 사람들의 가장 큰 관심거리다. 어느 것도 현실을 벗어난 것이면 배격되고 만다. 그런데 그 '현실'은 물질석이고 육체적이고, 경제적인 의미가 중심에 자리를 잡고 있다. 그리하여 관념적이고 추상적인 어떤 것은 현실에서는 거리가 있는 것으로 치부되고 만다. 과연 인간의 삶에 있어서 그 현실이란 것이 물질적이고 육체적이고 경제적인 것으로 충분히 만족되는가? 현실이란 우리가 현재 여기서 우리에게 부딪치는 사실 그대로다. 그런데 현실이란 우리가 '생긴 대로 노는 것'의 장일지도 모른다.

'생기다'는 말은 우리 인간이 만드는 것이 아니라, 인간 외적인 실재─자연이든 신이든─에 의해서 만들어진다는 것을 의미한다. 인간으로서는 이 '생김'에 대해서 어찌할 도리가 없다. 다만 그 생긴 대로의 것을 받아들이고, 그것의 모양에 맞추어 우리의 행동을 영위해 갈 수밖에 없다. 과학자의 눈으로 보면 그것은 자연이고,

종교인의 눈으로 보면 그것은 신에 의해 창조된 피조세계이다. 우리들 인간은 자연을 근본적으로 개조하거나 피조세계를 근본적으로 바꾸거나 할 수 없다. 물론 극히 작은 부분에서만 변경이 가능하다.

그리고 '놀기'란 행동하기를 의미한다. '논다'는 말은 어떤 역할을 수행한다는 말이다. 우리말에서도 '논다'는 비생산적인 행동으로 시간을 낭비한다는 의미보다는 모종의 어떤 역할을 한다는 것을 의미한다. 영어의 'play'도 마찬가지다. 이 말도 어떤 역할(a role)을 수행함을 의미한다.

무엇이든지 생김새에 따라 그것에 맞추어서 무언가를 해야지 그것을 벗어나서는 아무것도 할 수 없다. '둥근 사각형'은 존재할 수 없다. 사각형이란 네 개의 모서리를 가져야만 사각형이기 때문이다. 말하자면 '생긴 대로'란 존재의 원리 이외의 다른 것이 아니다. 이 경우 존재 원리란 물체적인 것뿐만 아니라, 정신적인 것도 포함된다. 인간이 행동을 함에 있어서도 분명 그 행동을 하는 데 있어서 어떤 원칙이 주어져 있으며, 그 원칙을 벗어나면 그것은 올바른 행동이 아니다. 그러므로 인간에게 요구되는 윤리적 행동이란 다름 아닌 인간이 정신적으로 생긴 대로의 원리에 따른 행동의 원칙에 부합되는 행동이다.

학문이란 이 '생긴 대로'의 원리를 탐구하는 것이다. 과학이 자연과 우주의 구체적이고 개별적인 존재 원리를 연구하는 것이라면, 철학은 자연과학이 제공하는 모든 지식을 이용하여 그것의 의미를 추구한다. 쉴릭(Moritz Schlick)이 "과학은 진리의 발견이요, 철학은 의미의 발견"이라고 말한 것은 바로 그러한 의미를 표현한 것이다.

그러므로 철학은 근본학 혹은 전일학(全一學)이란 점에서 보다 근본적인 '생긴 대로'의 원리를 탐구하는 분야라고 할 것이다. 즉, 철학은 인간, 자연, 세계, 더 나아가서는 존재의 근본원리 등을 본질적이고 전체적인 차원에서 탐구하는 것이다. 그리고 각각의 학문은 자기 분야에 있어서의 생김의 원리를 찾아내어 거기에 적응할 수 있는 방법 내지는 과정을 연구하는 것이다. 따라서 우리가 축적해 온 지식이란 그와 같은 '생긴 대로'의 원리를 밝혀내어 그것을 응용한 결과의 집적물이다. 인간의 인식능력이란 일정한 한계가 있을 수밖에 없으므로, 아무리 인간이 지식을 많이 축적한다고 해도 완전에는 미치지 못한다. 그러므로 앞으로도 지식의 양은 큰 폭으로 늘어날 것이다. 현실이란 이 '생긴 대로'에 접근한 상태 외의 다른 것이 아니다.

힐쉬베르거는 그의 『서양철학사』에서 "철학자들은 우리들이 살고 있는 시대만을 현대라고 보아서는 안 된다. 철학하는 자는 보다 더 넓게 보아야만 한다. 철학을 한다는 말은 뿌리에로 내려간다는 말이다"[1]라고 하였다. 이 말은 철학이 현실을 외면하고 세계를 바로 볼 수 없음을 암시한 말이다.

플라톤은 완전한 정의와 선, 원과 사각형에 있어서 완벽한 원과 사각형만이 현실적인 것이라고 주장했다. 즉, 어떤 존재의 형상에 완전하게 참여하는 것만이 현실적인 것이며, 불완전하게 참여하는 것은 현실이 아니라, 현상에 불과하다고 하였다. 그러나 아리스토텔레스는 플라톤이 완전한 것으로 본 형상이 결코 피안의 세계에 존재하는 것은 아니고 개물 내에 존재하는 것으로서의 형상, 즉 발

---

1) J. 힐쉬베르거, 강성위 역, 『서양철학사』 하, 이문출판사, 627쪽.

전하여 현실성을 성취하기 위해 노력하는 엔텔레키(Entelechie)로서의 형상을 추구했다.

"이성적인 것은 현실적인 것이고, 현실적인 것은 이성적인 것이다" 이 말은 헤겔이 그의 『법철학』 서문에서 밝힌 유명한 명제이다. 그러면 현실이란 무엇인가?

우리는 현실이란 말을 쓸 때 우선 그 반대 개념으로서 이상을 떠올리게 마련이다. 이상이란 현실과는 다른 상황이나 상태로서 실제적이지는 않은 어떤 상태를 의미한다. 다시 말해 이상은 실현될 수는 없지만 꿈꾸어 볼 수 있는 것으로 생각한다. 이에 반해 현실은 실제적으로 이루어진 상태로서 가시적이고 감각적으로 느껴지는 것을 의미한다. 그러다 보니 육체적이고 물질적인 것은 현실적인 것이고, 정신적인 것은 비현실적인 것으로 생각되기도 한다. 즉, 사람들은 육체적인 것과 물질적인 것은 현실적인 것, 정신적인 것은 비현실적인 것, 즉 가공적이거나 현실과는 동떨어진 것으로 이분화해 버린다. 이 같은 관념은 하나의 흑백 논리로서 우리 일상생활에서 고착화되어 무의식적으로 사용되고 있다. 이러한 관념은 학문에 있어서도 현실적인 학문과 비현실적인 학문으로 분류되기도 한다. 경제학이나 의학, 공학 등은 현실적인 학문이고, 문학·역사·철학 등은 비현실적인 학문으로 치부한다. 이러한 현상은 대학 입시에서 두드러지게 나타나고 있다. 현실적인 학문이라고 판단되는 전공 분야는 수험생이 몰리는 반면, 비현실적이라고 판단되는 전공 분야는 지원자가 뜸하다. 요즈음 나타나는 이공계 기피현상도 결국 대학 졸업 후의 진로와 연관해서 보면 그것도 '비현실적인 것'으로 보이기 때문이다.

이러한 경향은 인간의 본질과 부합되는 의식은 아니다. 인간이란 육체와 정신의 이중구조를 가진 존재로서 그 욕구도 이중적이라 할 수 있다. 배고프면 먹고 싶고, 피곤하면 쉬고 싶으며, 이성적 대상에 대한 사랑의 욕구도 무시할 수 없는 부분이다. 그러나 인간의 욕구가 그것뿐인가? 어쩌면 인간의 욕구는 정신적인 것이 더 클지도 모른다. 아름다움에 대한 욕구, 지적인 것에 대한 욕구, 선행에 대한 욕구도 무시할 수 없는 근본적인 욕구이다. 우리가 물질적인 것이나 육체적인 부분에만 가치를 인정하고 그것을 충족시키는 것을 현실적인 것이라 한다면, 이것이야말로 사실과 다르다. 인간은 오히려 지·정·의에 대한 욕구가 충족되었을 때, 삶의 보람과 가치를 더 크게 느낀다. 그렇게 보면 우리는 현실을 편향적으로 생각해 온 게 아닌가 싶다.

어떤 사람이 종교에 미쳐 사기의 모든 것을 바쳐 신앙행위를 했다면 그 사람에게는 종교행위가 현실적으로 다가선 것이다. 말하자면 종교는 그에게는 엄연한 현실인 것이다. 마찬가지로 예술에 심취하여 거기에 모든 노력과 정렬을 쏟는 사람이 있다면 그것도 그 사람의 엄연한 현실이다.

우리는 살아가는 동안에 항상 어떤 문제에 봉착하게 되며, 이 문제를 풀지 않고서는 고통과 불만을 느끼게 된다. 다시 말해, 우리에게 부딪힌 문제는 그것을 해결하지 않고서는 견딜 수 없다. 이 경우 이 문제를 풀기 위한 가장 기본적인 관건은 앎이다. 즉, 알아야 한다. 앎을 추구하는 것은 인간의 본성이며, 이 앎을 통해 우리의 욕구는 충족된다. 우리는 이 같은 앎에 대한 요구를 '철학적 요구'라 하며, 이성을 가진 인간에게 있어서 이 철학적 요구는 필연적이다. 철학을 의미하는 영어의 '필로소피(philosophy)'가 '지(혜)를 사랑함(愛知)'의 뜻을 갖고 있음은 보편적으로 알려져 있으며, 이 '지를 사랑함'을 통해 우리에게 부딪혀 있는 문제를 해결해 가는 것이다. 이렇게 보면 철학이야말로 가장 기본적으로 우리의 현실의 바탕에 놓여 있다고 하겠다.

Contents

Contents

Contents

Contents

Contents

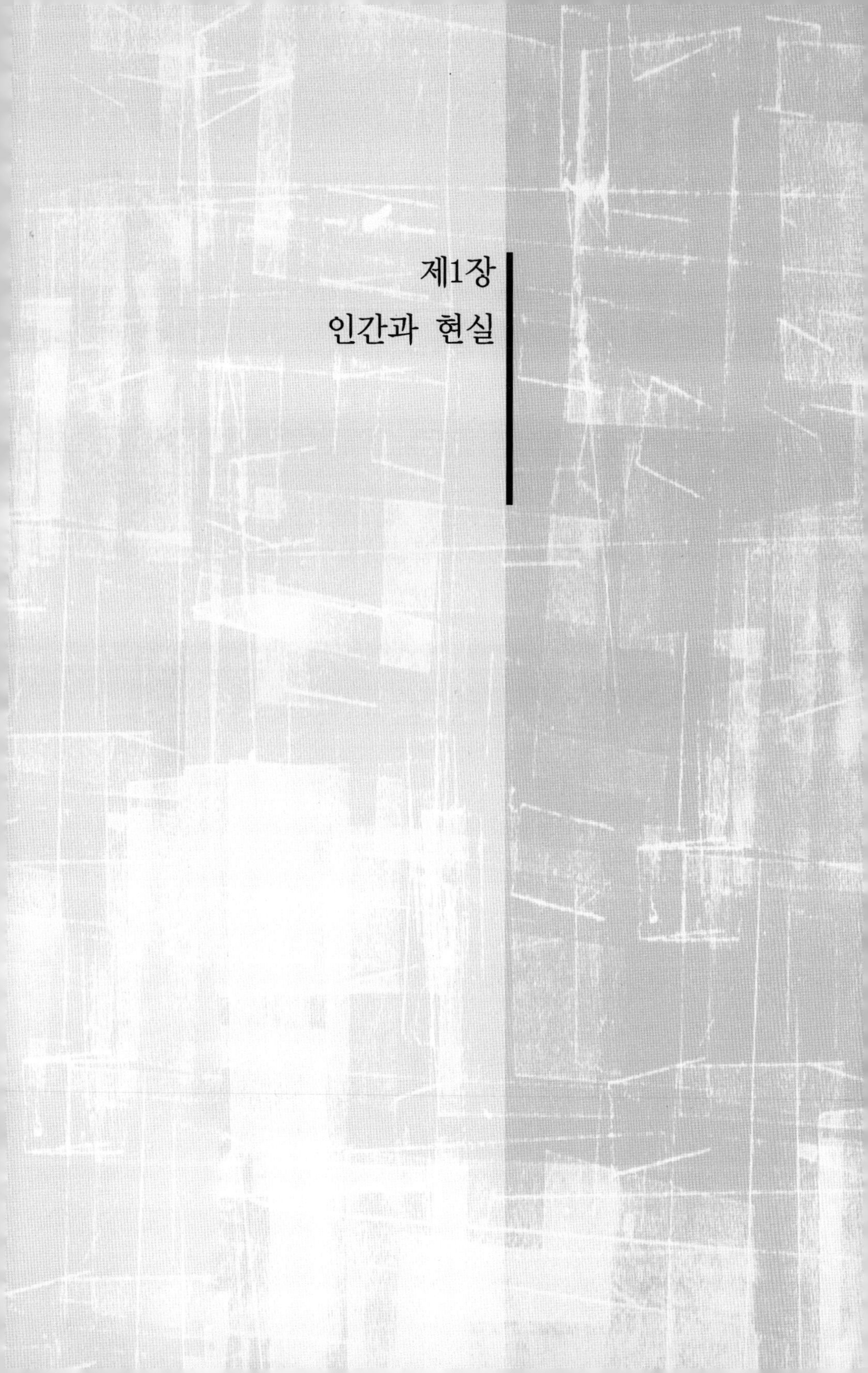

제1장
인간과 현실

칸트는 "인간이란 무엇인가?"를 묻고 이에 대한 해명을 위해 "인간이란 무엇을 알 수 있는가?", 그리고 "인간은 무엇을 해야 하는가?" 또 "인간은 무엇을 욕구하는가?" 등의 물음을 던진다. 이 세 가지 물음은 인간이 갖고 있는 정신작용에 맞추어 각 작용에 맞는 답을 찾으려고 한 것이다. 즉, 인간의 정신작용은 지·정·의로 구성되어 앎과 아름다움의 정서와 선한 의지를 추구하는 것으로 인식한 것이다. 이 3가지 정신작용은 선천적으로 타고난 것으로 이것은 인간에 의해서 변경될 수 없는 인간의 특성이자 기능이다. 이 세상에 존재하는 모든 존재물은 그것이 생겨난 대로 살아야 하고, 생겨난 대로 살지 않으면 파멸이 오듯이 인간이 지향해 나가야 할 삶의 방향과 방법도 이 세 가지 물음을 실현하는 방향으로 살아가지 않으면 안 될 것이다. 우리들 인간이 추구하는 가치를 진(眞)·선(善)·미(美)라고 할 때 그것은 말할 것도 없이 지·정·의의 정신작용의 목표인 것이다.

따라서 인간은 이러한 가치를 실현했을 때 더없는 기쁨과 희열을 느낀다. 우리가 앎을 통해 기쁨을 느끼는 것은 그 앎 자체가 목표이기 때문이다. 물론 앎이 수단으로서의 가치나 기능을 갖기도 하지만 그러한 수단으로서의 기능을 떠나서도 그것으로부터 오는 기쁨은 매우 큰 것이다. 사람들이 '무식하다'는 비난을 받았을 때 더없는 모욕감을 느끼는 것은 바로 그 때문이다. 또한 우리는 남을 위해 봉사하거나 양심에 따른 선을 실천할 경우에도 기쁨을 느낀다. 우리가 선을 실천함으로써 그것으로부터 어떤 보상이 따르지 않더라도, 그 행위 자체로 기쁨과 보람을 느끼는 것이다. 또한 인간은 아름다움을 대할 때에도 그 자체에 기쁨을 느낀다. 어떤 것이 아름다워서 그 아름다움으로 인해 다른 결과를 가져다주지 않더라도 그 아름다움 자체로 즐거움을 느낀다.

인간이 사는 목적은 분명 행복한 삶이다. 아리스토텔레스는 행복의 조건을 내적 가치와 외적 가치의 실현에 두고, 내적 가치에는 정신적, 윤리적 가치를 포함시키고, 외적 가치에는 부유함을 포함해서 건강함, 고귀함, 좋은 인간관계 등을 제시하였다. 그가 내세운 가치는 결코 추상적인 것이 아니며, 우리의 현실에서 그대로 접하는 것들이다. 여기서 우리는 인간이 추구하는 외적 가치는 분명 우리들의 현실적인 삶에서 느끼는 것이지만, 내적 가치 역시 외적 가치 못지않게 현실적으로 체감되는 것임에 틀림없다.

소크라테스가 즐겨 사용한 "너 자신을 알라"는 인간 자신의 무지를 깨우치라는 뜻이 핵심이지만, 그것을 좀 더 넓게 보면 결국 인간 자신의 본질을 알라는 말도 된다. 철학이 태동한 고대 그리스 시대에 인간이 인간 자신을 알려고 했던 것은 자연에 관해 알려고 한 지 근 150년 정도가 지나서였다. 인간은 우선 눈에 비치는 것에만 관심을 기울였던 것이다. 역시 인간은 인간 내면의 문제를 파악할 줄 알면서부터 인간다울 수 있었다. 그것은 인간이 인간을 아는 일이 얼마나 어려웠던가를 생각하게 해 준다. 그러나 인간은 또한 인간소외 문제에 부딪혀 인간 스스로가 자기모순에 빠져 살다가 인간 자체의 주체성 문제를 심각하게 논의하게 된 것도 현대 실존철학에 이르러서야 가능하게 되었음도 인간의 한 단면이었다.

인간에게 중요한 부문은 인간의 정신(영혼)과 육체의 문제이다. 과연 인간의 정신과 몸은 데카르트가 주장하듯이 독립된 실체인가? 데카르트는 정신과 물질을 상호 완전히 독립된 실체로서 규정하고, 인간은 정신과 육체도 같은 맥락으로 해석하였다. 그러다 보니 경험적으로나 현실적으로 밀접하게 교류되는 정신과 육체를 보면서 궁색하게나마 머리에 있는 송과선(松果腺)을 통해 상호 교류한다고 했었다. 분명한 것은 우리의 정신과 육체 사이에는 둘이 아니라, 마치 하나인 것처럼 작용하는 것을 실감한다. 몸이 아프면 정신도 아프고 정신이 좋지 않을 때에는 몸도 좋지 않아진다. 그렇게 보면 우리의 정신과 육체는 둘이 아니고 하나다. 따라서 인간의 행복이란 이 육체와 정신의 양자의 욕구를 충족시킬 때에만 온전한 것이 될 수 있다.

그런데 인간은 또 현실에 살면서도 이상을 끊임없이 추구한다. 그 이상이 실현될 수 있다는 보증과 관계없이 인간은 본능적으로 이상을 추구한다. 이러한 이상의 추구는 인간을 종교의 세계로 인도한다. 종교가 인간에게 있어서 선택의 대상인지 어떤지는 차치하고 인간이 종교성을 갖고 있음은 사실이다. 종교의 이상은 신이며, 신은 우리들 이상의 극치이다. 신은 전지전능하며, 전선(全善), 전미(全美)한 존재로 상징된다. 스토아학파의 철학자들은 인간은 의식적이고 이성적인 존재로서 (신의) 섭리를 위하여 일해야 하며 우주는 "하나의 거대한 하느님과 사람들의 사회"[2]라고 보고 "신들과 함께 산다"는 것은 신들과 함께 일한다는 것을 의미한다고 하였다. 스토아학파에서의 신은 세계이성이다. 그들은 이성과 신앙이 대립되지 않음을 암시한다. 그러므로 종교적 이상은 우리가 충족시켜 주어야 할 하나의 중요한 요소이다. 종교의 문제는 존재론의 영역이 아니고, 인식의 영역이다.

제2절 현실이란 어떤 것인가

현실은 우리들 감각에 직접 나타난 상태이다. 현실은 우리에게 가장 밀접하게 접근해 있다. 따라서 현실은 가장 먼저 우리들의 생각과 관심에 닿아 있다. 그런 점에서 보면, 우리가 가깝게 느끼고 인식의 틀 안에 존재하는 모든 일이나 현상들이 현실의 범주에 속한다고 할 수 있다. 헤겔이 국가를 인륜적 이념의 현실태라고 규정한 것은 인륜이란 정신적인 가치가 국가라는 형태로 표출된 것을 의미한다.[3] 국가가 현실인 한 인륜적 이념도 현실적인 것이 아닐 수 없다. 그것은 비현실적인 현실로 전환된 것은 결코 아니다. 우리가 육체적 오감에 의해서 지각되는 것이 아니라도 그것이 우리들에게 직접적으로나 간접적으로 영향을 주거나 관심을 불러일으

---

2) Marcus Aurelius, *Ad se ipsum*, Bk., 3 par. 4. 재인용.

3) vgl. G. W. F. Hegel, *Grundlinien Der Philosophie des Rechts*, § 257 또 Hegel은 같은 책 § 270 [보유]에서도 "국가는 현실적이며, 그 현실성이란 전체의 이익이 특수적 목적으로서 실재화되는 데 있다"고 하였다. 그에 있어서 현실성이란 언제나 보편성과 특수성의 통일이기도 하다.

키는 것이라면 그것은 현실적인 것이라고 할 수 있다.

그런 점에서 보면 우리가 추구하는 이상도 결코 현실과 동떨어져 있는 것일 수 없다. 우리들 인간은 현실에 살고 있으면서도 무한히 이상을 동경하고 있음은 그 이상(理想) 자체도 현실의 한 범주라고 할 수 있을 것이다. 경제학자 버렛이 "윤리는 우리들의 이상적인 삶을 추구하고 경제는 우리들의 현실을 추구한다"라고 한 것은 바로 우리들 자체 내에 그런 성향이 있음을 말해 주는 것이라고 하겠다. 그렇게 보면 결코 이상을 우리들의 현실에서 떼어서 생각할 수 없는 것이다. 우리에게 주어져 있는 철학적 소질(성향)은 우리들 자신의 인위적인 기능이 아니라, 그야말로 원래부터 '생긴 대로'의 것인 것이다. 우리의 삶의 보람과 의미도 이 '생긴 대로'에 맞추어졌을 때에 생기는 것이다.

아리스토텔레스의 형이상학에 있어서 실체가 질료와 형상의 합성체라는 이론 외에 실체에 있어서의 운동의 목표를 질료에서 형상으로의 변화로 볼 수 있으며, 그것은 또한 가능태(잠세태)로부터 현실태로의 이행이기도 하다. 이것의 의미는 존재가 현실적인 것과 가능적인 존재로 구분되며, 가능적인 존재는 아직은 현실로서 나타나 있지 않은 상태라고 할 수 있다. 즉, 잠재되어 있다는 말이다. 결국 가능적인 존재는 현실적인 존재에로 나아가는 것이다. 그러나 그에 의하면, 현실적인 모든 것은 가능성을 간직하고 있으며, 마찬가지로 가능적인 모든 것도 현실성을 가지고 있기 때문에 우리들에게 경험되는 세계에 있어서는 항상 가능성과 현실성이 서로 얽혀 있다는 사실이다.

제3절 구체적 현실과 비구체적 현실

우리가 굳이 구분하자면, 현실은 구체적인 것과 비구체적인 것으로 구분해 볼 수 있을 것이다. 현실이면서도 그것이 구체적인 것으로 나타나 있지 않아 현실적인 것으로 인식되지 않을 수도 있다. 대체적으로 우리들의 물질적 욕구를 충족시키기 위한 모든 수단과 방법에 동원되는 것들은 구체적으로 드러난다. 예컨대, 의·식·주를 해결하기 위한 모든 도구 및 재료들은 구체적이다. 그러나 정신적인 측면의 욕구를 충족시켜 주는 모든 수단과 방법은 구체적인 것으로 나타나 있지 않은 것들이다. 자연과학이나 공학 등은 구체적인 현실을 대상으로 연구하는 분야로 보이고, 철학이나 윤리학, 종교학 등은 현실적인 것이 아닌 것으로 오해될 수도 있을 것이며, 그러한 것들은 연구과정과 방법 등이 구체적으로 나타나 있지 않을 수 있으나 분명히 우리들의 정신적인 현실 문제를 해결하기 위한 노력임에 틀림없다. 철학은 인간과 세계, 우주, 자연의 문제를 전체적이고도 근원적인 시각에서 연구하는 분야이다 보니 구체적일 수는 없으며, 따라서 비현실적인 것으로 비쳐질 수 있을 뿐인 것이다. 구체적인 것은 개별적으로 드러나지만, 전체적이고 보편적인 성질을 갖는 것은 구체적인 모습으로 드러나지 않을 수 있다. 그러나 우리들의 삶의 문제를 해결함에 있어서 그것의 요건은 그 원인을 밝혀내는 일이며, 그 원인은 겉으로 드러나 있지 않은 경우가 대부분이다. 현대 사회에서는 사람들의 질병도 그 원인이 밝혀지지 않은 경우가 많으며, 그 원인이 정신적인 것일 경우가 많다.

그리하여 그 치료도 철학적 상담이나 심리학적 상담을 통해 성공적으로 이루어지는 경우가 많다. 대체로 구체적인 현실에 대한 탐구는 귀납적 방법을 활용한다면, 비구체적인 현실에 대한 탐구는 연역적 방법을 활용한다고 할 수 있을 것이다. 우리들의 질병 치료에 있어서 효과가 점점 더 크게 나타나고 있는 한의학의 경우, 그 치료법이 철학적 사유에 근거를 두고 있는 경우가 많음은 바로 그러한 사례라고 하겠다.

니체가 "철학자란 언제나 비상한 것을 체험하고 보고 듣고 의심하고 희망하고 꿈꾸는 사람"[4]이라고 한 것은 바로 철학이 구체적 현실이 아니라, 비구체적인 현실을 대상으로 탐구함을 암시한 말이라고 하겠다.

제4절 현상과 현실

(1) 현상

현상은 어떤 존재물이 겉으로 드러나 있는 모습이다. 현상은 우리들의 감각에 의해 포착되게 되어 있으며, 현상은 독자적으로 존재하는 모습은 아니다. 즉, 현상이란 어떤 존재의 드러남이다. 따라서 현상에는 그 근원에 본질적인 존재가 있다. 그러므로 현상과 본질은 겉과 속의 관계를 갖는다. '현상학'이란 현상을 연구하는 철학

---

4) F. Nietzsche, *Gesammelte Werke*, Ⅶ. S.269.

의 한 분과지만, 그것은 다만 과정상으로 현상을 연구하는 것이고 궁극적으로는 사물의 본질을 밝히기 위한 것이므로, 그것은 사실은 '본질학'이 된다. 그러므로 현상학의 궁극적 목표는 존재의 본질을 파악하는 데 있다고 하겠다.

하이데거는 현존재의 분석을 통해 존재를 밝힌다고 하여 그의 형이상학을 '기초존재론(fundamentale Ontologie)'이라 명명하였다. 우리는 존재의 본질을 직접적으로 파악하거나 분석할 수 없으므로, 본질의 현현으로서의 현상을 통해 존재의 본질을 추구해 나가지 않을 수 없다. 그런 의미에서 보면, 현상이란 사물의 본모습이 아닐 수도 있다. 현상은 그것의 본질적 존재 자체가 아니기 때문이다. 그러나 현상은 본질의 드러남이므로, 본질은 현존의 근거로서 부단히 드러난다. 헤겔은 "본질을 본질이 되게 하는 규정은 실로 현상하는 데 있으며, 진정한 의미의 현상은 그 배후에 또는 그것의 피안에 본질이 담겨 있는 것이 아니고, 현상과 본질은 각각 고립되어 있는 것이 아니다"[5]라고 하였다.

헤겔에 있어서, 현실성 아래에 있는 실존은 그 자체가 간직하고 있는 반성을 전개함에 따라서 현상으로 이행한다.[6]

(2) 현실

철학적 의미의 현실은 참됨, 혹은 '참존재'의 의미를 갖는다고 볼

---

5) Hegel, 서동익 역, 『철학강요』, 을유문화사(1981), 18 - 19쪽.

6) Hegel, *Wissenschaft der Logik* Ⅱ, in Werke in zwanzig Bänden 6, Suhrkamp Verlag, s.201.

수 있다. 헤겔은 현실성에 대해, "이 현실은 그 이전 단계의 '있음'의 규정, '참있음'의 규정, 대립과 모순의 근거로 발전하는 계기 등을 내포하면서 생생한 활동을 한다. '현실성'은 논리적 현실성[가능태], 실재적 현실성[참현실성], 무조건적 현실성[절대필연] 등으로 구별된다"[7]고 언급하였다. 그는 또 나아가서 무조건적인 현실은 관계하는 양항이 절대적인 동일성의 관계로 발전한 상태로 보고, 이런 관계를 분석하면 실체성, 인과성, 교호성의 관계가 성립한다고 설명한다. 실체는 모든 속성의 전체이며, 그가 나중에 인륜성의 현실태로 주장하는 가족, 시민사회, 국가 등을 속성으로 표시하는 것으로 보고, 그런 속성들에 관통해 있는 인륜적 자유의지를 '실체적인 힘'이라고 보았다. 이 경우 실체는 원인이요, 드러나게 된 속성은 결과이다. 즉, 실체와 속성은 인과관계를 이룬다. 그리하여 원인은 결과 중에서 비로소 현실적인 것이 되고, 결과는 원인 없이는 존재할 수 없다. 원인은 결과를 낳을 뿐더러 그 자신도 원래 결과로서 생긴 것이지만 결과도 절대적인 힘이기 때문에 원인이 거꾸로 수동적인 것으로 정립되어 반작용이 나타난다.[8]

그러므로 헤겔에 있어서, "현실성이란 본질과 현존의, 혹은 내적인 것과 외적인 것과의 직접적인 통일이다. 현실적인 것의 외화는 현실적인 것 그 자체다. 따라서 현실적인 것은 그 외화에 있어서도 의연히 본질적인 것으로 남아 있으며, 그것이 직접적 외적인 현존 중에 있는 한에서만 그것은 본질적인 것이다"[9] 우리에게 나타난

---

7) 헤겔, 서동익 역, 앞의 책, 20쪽 이하.
8) 같은 곳 참조.
9) Hegel, *Enzyklopädie*, § 142.

유(有)와 현존이란 반성을 거치지 않은 직접적인 것의 형식으로서, 이는 타자로의 이행이다. 말하자면, 그것은 충분한 반성을 거치지 않았으므로, 하나의 현상이며, 근거에서 나와서 근거로 돌아간다는 것이다. 그렇지만 현실이란 구체적인 것으로서 모든 규정과 그 구별을 가지고 있으므로, 이 모든 규정을 전개시킨 것이기도 하다. 그러므로 현실성에서는 이 모든 규정이 동시에 가상으로서 규정되며, 한갓 조정된 것으로서 규정된다.[10]

현실성은 하나의 가능성으로서 현실적인 것의 구체적 통일에 대립하는 것으로 조정되어 있는 자기 내 반성의 결과물이다. 현실성은 가능성과 우연성의 양 계기를 가지며, 현실적인 것의 외면성을 형성하고 있는 단순한 형식으로 조정된 내적인 것과 외적인 것이다.[11]

현실은 사실에 바탕을 둔 것이며 사실의 이미지로 드러난 현상과는 차이가 있을 수 있다.

아리스토텔레스에 있어서도 가능태와 현실태가 구별되며, 현실태는 개념과 시간 및 실체에 있어서 가능태보다 우선한다고 본다. 가능태는 그 무엇—그것이 현실적으로 드러나 있는 것이 현실태—의 가능성이므로 개념상 현실태가 가능태보다 앞서며, 가능태는 그것과 같은 종의 현실태에 의하여 가능태가 된다는 의미에서 시간상 현실태가 먼저이며, 가능태가 현실화한다는 것은 그것의 형상을 이루는 것이므로, 형상은 가능태의 목적이고, 이 형상이 가능태에 가치를 부여해 주는 것이므로, 현실태가 우선이다.[12]

---

10) ibid., 143절 참조.

11) ibid., 145절 참조.

12) Aristoteles, *Metaphysika*, 1049 b 4ff 참조.

그러나 가능성을 중시하는 하이데거의 입장에서는 가능성이 우위에 선다고도 보나 인간존재에 있어서 고정된 현실이란 없고 이러한 무한한 가능성의 계속적인 실현과정만이 있다면, 가능성과 현실성은 일치한다고 보는 견해도 있다.

하이데거에 의하면, 철학은 본질적인 것을 묻는 것으로서 그 물음이 언제나 적시적(適時的)인 것은 아니라는 것이다. 즉, 그 물음의 시점에 부합되지 않을 경우도 있다는 말이다. 왜냐하면 철학은 언제나 자기의 시대보다 훨씬 앞질러서 기투(企投)되어 있거나, 그 이전에 있었던 것에 역행해서 결합하기도 하기 때문이라는 것이다.[13] 철학이 적시적인 것이 아니기 때문에 비현실적인 것일 수는 없다. 철학이 자기의 시대를 앞서서 선구적으로 물음을 던지는 것은 마땅히 있어야 할 올바른 현실, 혹은 시대의 운명을 날카로운 형안으로 예시하기 위함이요, 자기의 시대를 역행해서 근원적으로 묻는 것은 현실을 그 근원에 있어서 구명하고 정초하기 위한 것이다.[14]

특히 우리는 현실의 삶의 과정에서 일상적인 것이 아니라고 생각되는 것에 대해서 그 원인을 묻는다. 그러나 그것도 엄연한 현실이며, 특이한 현실일 수도 있다. 예컨대, 연예인들의 자살 사건이 꼬리를 물고 있다. 사람들은 이 사건에 촉각을 곤두세운다. 우선은 이해가 가지 않는 사건으로 본다. 그러나 그것은 분명 현실이다. 이 문제에 대한 이유를 알기 위해서는 보다 근원적인 곳으로 들어가야 한다. 남이 보기에 남부럽지 않을 것 같은 사람이 왜 자살이라는 극단적인 방법을 택해 삶을 포기했을까? 그중 아무개는 "세상

---

13) vgl., M. Heidegger, *Einführung in die Metaphysik*, 1953, Tübingen, S.6.
14) 소광희 · 이석윤 · 김정선 공저, 『철학의 제문제』, 지학사(1982), 16쪽 참조.

이 싫어서 ……", "세상이 미워서 ……"라고 했다. 그 사람은 삶에 대한 보다 근원적인 문제에 부딪혀 삶의 의미를 상실한 것이다. 그렇지만 그가 삶의 의미를 보다 더 넓은 시각, 즉 나와 남과의 관계, 삶의 본질적 의미 등을 다각도로 성찰했다면, 다른 상황이 전개되었을지도 모른다. 다시 말해 현실에 대한 재발견이 필요했을 것이다. 이러한 상황은 철학적인 문제이기도 하다. 물론 자살의 문제를 두고 철학자들 간에 이견이 있을 수 있다. 세네카는 자살을 인간만이 가질 수 있는 특권이라고 했는가 하면, 소크라테스는 자살은 인간에 있어서 가장 큰 죄라고 하였다. 그러나 어쨌든 인간의 생명이란 인간 스스로에 의해 발생된 것이 아니라는 점에서 인간이 자기 생명을 제거한다는 것은 무책임한 일임에 틀림이 없다.

제2장
현실과 이상

   현실과 이상은 대립된 개념으로 인식되고 있는 것이 사실이다. 말하자면 이상이란 우리가 끝내 도달할 수 없는 우리들의 마음속에서만 관념적으로 존재하는 상태인 것이다. 그럼에도 불구하고 우리들은 이상을 향해 그 기대를 저버리지 않는다. 언젠가는 도달 가능한 우리들의 궁극적 목표인 것처럼 말이다. 칸트는 인간 지식은 오성이 사물의 현실성과 가능성 사이에 구별을 짓지 않을 수 없는 성격을 갖고 있다고 보고, 이 '현실'과 '가능' 사이의 차이는 인간 이하의 존재에도 없고 인간 이상의 존재에도 없이 오로지 인간에게만 있는 것이라고 하였다. 가능의 문제는 인간에 있어서만 생기는 일이요, 그것은 인간에게 '파생적 지성'이 있기 때문이다. 인간에게 파생적 지성이 있는 것은 인간에게 생각하는 능력이 있기 때문이며, 이는 신의 지성인 원형 지성으로부터 파생된 것이라고 보는 것이다. 신은 순수현실이며, 따라서 신이 그 마음에 품는 모든 것은 현실적인 것이라는 것이다.[15] 이 같은 오성의 능력은 사물의 현실성과 가능성을 분별하는 성격의 것이면서 동시에 그것은 실천이성에 관한 성격도 포함한다. 그리하여 윤리학자들은 현실세계의

---

15) 에른스트 캇시러 지음, 최명관 옮김, 『인간이란 무엇인가』, 서광사(1990), 94 – 95쪽 참조.

여러 한계를 넓히고 심지어는 이를 초월하려고 시도하기도 한다.

플라톤의 말을 빌리면, 우리들은 본래 영혼의 상태에서 살았는데 어느 순간 육체의 미망에 사로잡혀 이상으로부터 멀어졌다는 것이다. 밀턴도 실낙원(失樂園)을 노래하면서도 언젠가는 복락원(復樂園)할 것을 노래한다. 이 노래를 분석해 보면, 인간이 비록 낙원을 상실했지만, 언젠가는 다시 낙원을 회복할 것이라는 기대를 드러내는 것이다. 종교도 다름이 아니라 잃어버린 이상향을 찾아간다는 것이 핵심이다. 기독교의 구원이란 결국은 잃어버린 낙원(이상향)을 되찾음이요, 불교의 극락세계도 결국 인간이 찾아가야 할 이상향이다.

이렇게 보면 이상은 관념으로만 존재하는 것이 아니라, 우리들 인간이 언젠가는 찾아가야 할 본래의 고향인 셈이다. 그러므로 이상이란 관념 속에만 존재하는 것이 아니라, 현실적으로도 존재할 세계이다. 만일 인간이 자기의 잠재 능력을 완전히 발휘한다면, 인간이 원하는 상태에 충분히 도달할 것이다. 그것이 다름 아닌 이상이라고 생각한 상태이다.

레이번(Reyburn)은 헤겔의 "이성적인 것은 현실적인 것이요, 현실적인 것은 이성적이다"라는 명제를 해석하여 "진정한 이상은 가구적(假構的) 가설물이 아니라, 사실로부터 생기는 것"으로 이해하고, "참된 이상은 조직이 있어야 하고, 법칙에 좇아야만 실현된다. 즉, 실현될 이상은 사실에 적합해야 하고 사실들의 특징과 요구를 받아들여 심리해야 한다"[16]고 풀이하였다.

20세기 가장 영향력 있는 유토피아 사상가인 블로흐(Bloch)는 긍정적인 사회변화를 위해 아직 실현되지 않은 잠재력이 언제나 있

---

16) Reyburn, op. cit., p.126.

게 마련이라고 주장한다. 그는 『희망의 원칙』에서 유토피아는 여전히 아직은 실현되지 않았지만 실현될 가능성은 충분한, 지평에 놓여 있다고 말하고, 인간의 삶을 바람직한 것으로 만들고 보다 나은 삶을 가능케 하는 것은 우리들의 유토피아적 열망과 희망이라고 강조하였다.[17]

유토피아에 대한 끊임없는 인간의 희망은 현재의 현실적인 사태에 수동적으로 묵묵히 따르는 것이 아니라, 가능하게 있을 여지를 마련한다. 인간의 자연적 타성을 극복하고 인간에게 새로운 능력, 즉 인간이 우주를 끊임없이 재형성하는 능력을 갖게 하는 것은 이와 같은 인간이 갖고 있는 오성의 상징적 사고이다. 인간은 현실에 살면서도 끊임없이 이상을 향해 나아가려고 하는 것은 그것이 가능하기 때문이다. 어떤 면에서 보면 인간의 역사는 불가능을 가능으로 전환시켜 온 인간의 발자취일지도 모른다. 인간이 이상을 관념적으로나마 떠올리는 깃은 그것이 본래적인 것이기 때문인지도 모른다.

제2절 윤리와 정치의 상호작용
-현실과 이상의 조화의 한 사례-

정치의 궁극적인 목표는 무엇인가? 정치는 우리들의 삶에 가장 밀접하게 관련되어 있으며, 이것을 철학적으로 탐구하는 정치철학은 사회 내에서의 다양한 갈등을 조정하여 안정된 사회를 유지해

---

17) 졸저, 『새천년의 희망』, 성지사(2000), 63쪽 참조.

나갈 수 있는 방법과 과정 등을 탐구한다. 물론 일반철학도 정치철학적 문제의식과 결합될 수밖에 없으므로 실천적 문제의식을 갖지 않을 수 없다. 정치도 철학도 결국은 인간이 바라는 삶을 살도록 여건을 조성하는 작용이기 때문이다. 플라톤이 4가지 덕을 올바로 실천함으로써 정의로운 사회인 이상 국가에 도달할 수 있다고 한 것은 바로 인간의 이상이 실현된 사회를 지칭한 것이다. 여기서 플라톤이 주장한 이상 국가의 실현의 조건을 보라. 그는 경제의 부흥이나 과학의 발달을 거론하지 않고 윤리적 실천을 통해 그것이 가능함을 역설한 것이다.

우리가 현실적으로 부딪치는 가장 보편적이고 또 어려운 문제도 이러한 사정을 포함한다. 미국의 한 철학 카운슬링을 통해 나타난 문제와 그 해결의 예를 보자.

마이클은 어느 조그마한 고을의 읍장으로서 지역 현안으로 인해 고심하여 그 해결책을 철학에서 찾아보려고 하였다. 즉, 한 종교단체가 그 마을에 에이즈환자를 위한 호스피스 병원을 설립할 계획을 세웠다. 그러나 마을 사람들은 그 계획을 맹렬히 반대했다. 호스피스 창립자들은 제반 법칙 요건을 충족시켰지만, 지역 사회의 도움이나 그 프로젝트에 관한 공공의 승인을 추구하지는 않았다.

에이즈에 대한 막연한 공포 때문에 반대운동을 펼치는 마을 사람들은 읍장인 마이클에게 마을 회의의 소집을 요구했다. 말할 것도 없이 회의 목적은 호스피스 병원 설립을 원천 봉쇄하려는 의도였다.

이 양쪽 사람 모두에게는 윤리적·전략적 문제가 있었다. 이에 대해 마이클은 자기를 읍장으로 뽑아 준 사람들에 대한 책임감과 호스피스 제도에 대한 개인적 호감 사이에서 갈등을 느꼈다. 그는 종교단체가 지역 사회를 위해 좋은 일을 하고 있다고 확신했다. 그런데도 지역 사람들은 막무가내로 반대했다. 그를 읍장으로 뽑아 준 사람들은 이 새로운 계획을 저지시키라고 요구했다.

이를 아리스토텔레스의 사상을 통해 해결책을 찾아보자. 마이클은 정의라는 미덕에 집중했는데, 아리스토텔레스는 지도자에게 있어서 공평이 정의의 핵심이라고 말했다. 기존의 범위를 넘어서는 상황이 발생하면 공평하게 일처리를 해야 한다는 것이다. 마이클은 아리스토텔레스의 사상을 빌려 지역 사회의 공동선과 주민의 특별한 이해관계에 대해서 정치가가 책임져야 한다는 생각을 가졌다. 그리하여 마이클은 자신의 마을이 당면한 문제를 공평하게 처리하는 해결 방안을 찾아 나섰다. 그는 지역 사회의 구성원이기도 한 호스피스 그룹에게 그들의 프로그램에 대해 지역 주민들과 직접적이고 개방적인 대화를 나눌 것을 촉구했다. 반대하는 주민들에게는 호스피스 제도를 실시해도 건강상의 위험은 전혀 없다는 것을 설득했다. 그러면서 제출된 호스피스 프로그램을 보다 객관적으로 검토할 것을 촉구했다. 아무런 근거도 없는 공포를 떨쳐 버리고 여러 사람들을 도와줄 수 있는 프로그램을 냉정히 살펴보라고 호소했다.

마이클은 이 방향이 자기가 맨 처음에 가려고 했던 길이라고 느꼈다. 그것은 그를 뽑아 준 주민의 의사를 대표하면서도 지역 사회의 공동선을 지향하는 것이었다.

종교단체는 지역 사회와 반대자들을 상대로 설득 작업을 계속했으나 아무런 성과 없이 주민들의 반대는 극에 달했다. 마이클은 소송으로 결판 낼 것을 결정했다. 그리하여 호스피스 제도를 중지시

켜 달라는 소송은 법정에서 패배했고 마을에는 호스피스 제도가
정착되었다.

그런데 마이클은 법정의 최종 결과에 대해서 만족했지만 소송까
지 하게 함으로써 자신의 원칙을 지키지 못했다는 느낌도 들었다.
하지만 그 일을 다 끝내 놓고 나서 돌이켜 보아도 그 전쟁터를 빠
져나오는 방법으로 그것보다 더 훌륭한 방법은 없었다.

윤리적으로 행동하려는 사람에게 때때로 적대적인 태도를 보이
는 이 세상에서 그처럼 윤리적으로 행동한 마이클은 칭찬받아야
마땅하다. 그 결과에 이르는 과정이 비록 순탄한 길은 아니었지만
결과가 좋았다는 사실에서 마이클은 목적론적인 위안을 얻을 수
있었다.

이 같은 사례는 특수한 것이 아니다. 우리나라에서도 비일비재하
며, 현하의 님비현상과 함께 공공의 프로젝트를 시행해 나가기가
여간 까다로운 것이 아니다. 마을 주민들은 사려 깊이 생각하고 행
동하지는 않는다. 어떤 프로젝트가 시행됨으로써 과연 그 마을에
이익이 되는가가 기본 조건이다. 이를 약간 극단적으로 표현하면,
지역이기주의 외의 다른 것이 아니다. 공공의 복리증진과 쾌적하고
풍요로운 시정을 영위하기 위해서 필요한 사업은 얼마든지 있으며,
그것을 계획하고 시행할 때마다 반대에 부딪히면 어떻게 일을 추
진해 나갈 수 있는가? 이에 윤리와 정치의 상호작용이 조화를 이루
어야 할 필요성이 절실해진다. 그리하여 아리스토텔레스는 정치학
과 윤리학을 실천철학의 범주에 포함시켰다. 그러므로 공동체의 작
용을 원만히 수행해 나가기 위해서는 윤리적·정치적·법률적 고
려가 충분히 검토되고 주민들과의 원만한 대화를 통해 최대다수에

게 최대의 이익이 되는 선에서 추진되어야 한다. 갈수록 심해지는 지역이기주의, 그리고 님비현상은 지속적인(일상적인) 철학적 대화를 통해 풀어 나갈 수 있을 것이다.

제3절 앎이란 무엇인가

우리들이 살아가다 보면, 항상 어떤 문제(problem)에 부딪히게 마련이다. 이 경우 문제란 그것을 해결하지 않고는 그것이 우리들에게 고통과 어려움을 겪게 하게 마련이다. 그러므로 문제란 우리가 해결하지 않으면 안 될 상태를 가리킨다. 우리에게 만족을 가져다주지 못하는 상황은 어떤 것이든 그것은 문제 상황이다. 그리고 우리가 문제에 부딪히면 그것을 반드시 해결해야 한다. 문제를 해결하기 위해 가장 요구되는 것이 무엇인가? 그것은 그 문제의 원인과 과정 등, 그 내용을 알아야 하고, 또한 그것을 해결할 방법도 강구해야 한다. 문제를 해결하기 위해 요구되는 첫째의 것은 바로 앎이다. 알아야만 문제를 해결할 수 있다. 그리하여 인간은 앎을 추구하는 성향을 가졌다. 인간이 살아가는 데 있어서 앎은 가장 우선의 것이다. 따라서 이 앎은 철학적 요구이기도 하다. 철학이 애지(愛知, philosophy)의 학인 이유다. 그러므로 문제는 앎을 통해서 해결된다.

그러면 문제는 어떤 경우에 생겨나는가? 우리에게 생겨나는 문제란 바로 우리들의 삶의 모습이기도 하다. 문제는 기술적인 측면에서, 그리고 우리들의 행동의 측면에서, 그리고 존재적인 경우에도 생긴다. 따라서 기술적으로 알아야 하고, 행동을 위해서도 알아야 하며, 존재적인 차원에서도 알아야 한다.

예컨대, 우리에게는 살아가면서 필요한 것들이 많다. 우선 살 집이 있어야 하고, 입을 옷이 있어야 하며, 먹을 것이 있어야 한다. 집을 짓고, 옷을 지으며, 먹을 것을 만들어야 하며, 이를 위해서는 기술적인 앎이 요구된다. 기술적인 앎이란 제작과 생산의 기술이라고 할 수 있을 것이다. 영어의 기술을 뜻하는 'art'는 예술을 의미하기도 한다. 예술은 기술과 같은 의미를 갖는다. 그러므로 예술에 관한 앎도 기술적인 앎에 속한다.

그다음에 우리는 행동함에 있어서도 앎이 필요하다. 어떻게 행동하는 것이 바람직한 것인가 하는 것이다. 우리에게는 인간으로서 요구되는 행동이 있다. 아무렇게나 행동할 수는 없다. 그리하여 우리에게는 행동의 기준이 있다. 그것은 인간이 더불어 사는 존재이기 때문이다. 나의 행동이 다른 사람에게 불쾌감을 주거나 해를 끼쳐서는 안 된다. 이 같은 바람직한 행동을 사람다운 행동이라 한다. 이 같은 행동을 위한 앎을 '실천적 앎'이라고 한다. 이 실천적 앎을 통해 우리가 행동하는 그 원리가 바로 윤리이다. 아마도 오늘날처럼 윤리적 행동이 요구되는 때는 없었지 않나 생각된다. 개인은 물론 국가, 기업에서도 절실히 윤리가 요구된다.

그러나 그러한 앎보다 더 고차적인 앎이 있다. 그것은 우리들의 행동이나 기술을 초월해 있는 존재들에 대한 앎이다. 그것은 존재에 관한 앎이다. 즉, 존재론적 혹은 형이상학적 앎이라 하겠다. 이 앎은 앞의 앎의 근거가 된다. 아리스토텔레스는 윤리적(실천적)인

앎보다 이론적인 앎을 고차적인 것이라 하였다.

지금까지 우리는 앎을 문제를 해결하기 위한 도구로 이해해 왔으나 앎은 그 자체로서의 목적도 있다. 즉, 앎 자체가 목적이기도 하다. 우리는 앎을 얻었을 때 희열을 느낀다. 말하자면 우리는 안다는 것 자체에 대해 기쁨을 느낀다. 그것은 인간의 본성이기도 하다. 우리에게 가장 모욕적인 언사가 있다면 그것은 바로 '무식하다'는 말일 것이다.

인간뿐만 아니라, 동물들도 앎을 추구한다고 할 수 있다. 예컨대, 사자가 먹잇감인 누를 공격하는 데에도 전략이 있다. 이 전략은 앎의 바탕이다. 앎은 행동하는 모든 존재자들의 가장 기본적인 요소요, 성향이다. 그러므로 '애지의 학'으로서의 철학은 바로 현실이다.

제4절 철학과 과학의 융합

분석철학자 M. 쉴릭(Moritz Schlick)은 "과학은 진리의 발견이요, 철학은 의미의 발견"이라고 말했다. 과학이 밝히려고 하는 것은 사실의 진위에 있으며, 철학은 그것이 어떤 의미를 지니는가를 추구한다는 말이다. 우리는 보통 과학이야말로 사실적이고 철학은 관념적이라고 생각한다. 그러나 인간은 사실에 대한 진위의 파악을 최종적인 목표로 삼지는 않는다. 궁극적으로는 그 사실이 우리에게 어떤 의미가 있는가가 더 중요하다. 인간이 이성을 가지고 있음은 생각하는 존재임을 지시한다. 즉, 인간은 의미를 추구하는 존재다.

이렇게 보면 철학은 과학의 바탕인 동시에 과학의 궁극적 목표이기도 하다. 오늘날 과학은 첨단을 달리고 있으며, 그 발전은 끝이 보이지 않을 정도로 빠른 속도로 진화하고 있다. 인간은 과학을 통해 신에게 도전하고 있다. 그러나 인간이 인간인 이상 과학의 끝은 존재하지 않는다. 말하자면, 인간의 욕구가 과학을 통해 결코 완전 충족에 도달하는 일은 결코 없을 것이다.

첨단과학의 발전과 더불어 일어나는 뚜렷한 경향은 창의성에 대한 관심이고 그 창의성의 원천은 철학임을 인식하고 있다. 이러한 과정을 통해 과학은 철학과 만남을 추구하고 있다. 어찌 보면, '만학의 여왕'이었던 애지(愛知, philosophia)로서의 철학을 떠났던 과학이 이제 다시 고향으로 복귀하고 있는 모습이다. 과학은 결코 철학을 떠나 존재할 수 없다. 만일 과학이야말로 현실적인 학문이라면 그 바탕으로서의 철학이 현실을 떠난 것일 수 없음은 자명하다.

요사이 철학과 과학을 통섭하자는 생각이 설득력을 얻고 있다. '통섭'이라는 용어는 자연철학자 W. 휴얼(William Whewell)이 『귀납적 과학의 철학(*The Philosophy of the Inductive Science*)』에서 사용한 'consilience'를 E. 윌슨(Edward Willson)이 일반화시켰다. 그는 "사물에 널리 통하는 원리로 학문의 큰 줄기를 잡고자" 『통섭』(*Consilience*)을 저술하였다고 한다.

통섭은 분석과 종합을 포괄하며, 그것은 또한 일방적이 아니라 상호 영향적이다. 과학과 철학은 현실을 두고 상호 영향을 주며, 융합적이다.

생물학자 최재천 교수는 뇌의 진화는 '생존의 뇌', '감정의 뇌', '사고의 뇌'의 단계를 거쳐 '생각하는 뇌'의 단계로 진화했다고 보고, 이 '설명하는 뇌'는 다름 아닌 '통섭의 뇌'이며, 그것은 인문학을 절대로 필요로 한다는 것이다. "학문이란 어차피 인문학으로 시작하여 인문학으로 마무리하는 것"이기 때문이라는 것이다. 또 인간정신의 가장 위대한 과업은 예전에도 그랬고 지금도 여전히 인문학과 자연과학의 만남이라는 것이다. 또한 인문학적 소양이 결여된 자연과학은 결코 통섭의 경지에 이를 수 없으며, 인문학의 바탕 위에 수학과 자연과학으로 무장한 다음에야 전공으로 뛰어들어야 한다는 것이다.[18]

어차피 과학도 인간이 하는 것이므로, 그 주체로서의 인간에 따라 과학의 성격도 규정될 수 있다. 흔히 우리들이 인식하는 것처럼, 인간의 활동이 과학적일 수 있는 것인가? 분명한 것은 과학은 인간의 능력의 결과일 수밖에 없다는 사실이다. 그러다 보니 인간의 능력에 따라 과학의 이론도 변화해 왔다. 어떻게 보면 과학사는 기존의 이론이 새로운 이론에 의해 극복되어 온 역사이기도 하다. 예컨대, 물질의 낙하에 대한 인간의 인식은 시대에 따라 변했다. 사과가 떨어지는 것은 그 사과의 본래 고향이 땅이었으므로 그것의 귀소 본능에 의하여 땅으로 떨어진다는 아리스토텔레스의 이론은 뉴턴의 만유인력 법칙이 받아들여지기까지는 그 당시로서는 당연한 진리였으며, 천동설을 철저히 신봉했던 프톨레마이오스의 이론은 코페르니쿠스의 지동설이 인정될 때까지는 진리였다. 이처럼 과학은 어차피 인간 활동의 소산일 수밖에 없으므로, '과학적'이라는 말은 결국 '인간적'이라는 말과 통한다.[19]

---

18) 에드워드 윌슨, 최재천·장대익 옮김, 『(지식의 대통합) 통섭』, 사이언스북스(2005), 18-22쪽 참조.

제5절 종교와 현실

(1) 종교와 철학과 현실

종교와 철학의 문제만큼 논란의 여지를 많이 갖고 있는 주제도 드물 것이다. 일반적으로 종교는 믿음의 문제요, 철학은 사유의 문제라고 생각한다. 인간은 존재와 존재자의 문제에 매달려 왔다. 우리들의 삶의 문제를 해결하기 위해서 그 근원적 존재를 문제 삼는 것은 당연할 뿐만 아니라, 그 문제를 외면할 수 없기 때문이다. 그런데 이 경우 존재의 문제는 두 가지 점으로 구분된다. 하나는 존재론적인 존재 자체의 문제요, 또 하나는 인간사를 주관한다고 보는 신의 문제이다. 이 두 가지는 한 점에서 만나며, 동일하다. 우리가 존재 자체의 문제를 추구하기 위해서는 추상적 사고가 동원되며, 신은 믿음을 통해서 추구된다. 추상적 사고는 철학의 일이고, 믿음은 종교의 영역이다. 만일 그들이 추구하는 대상이 동일한 것이라면 철학과 종교는 한 점에서 만날 수밖에 없다. 그리하여 헤겔은 정신의 최고 단계인 절대정신의 내용에 종교와 철학을 포함시킨다. 즉, 종교와 철학은 내용은 같고 추구하는 방식에서 차이가 있을 뿐이라는 것이다. 종교는 계시를 통한 추구이고, 철학은 사유를 통한 추구이다.[20]

---

19) 김용준, 『과학이란 무엇인가』, 해동문화사(1990), 144쪽 참조.

20) G. W. F. Hegel, *Enzyklopädie der philosophischen Wissenschaften* Ⅲ, § 553-577 참조. cf. 헤겔과는 달리, 쉴라이어마하는 실천은 예술이요, 사변은 학문이며 종교는 무한자에 대한 느낌과 취향이라고 규정한다. 따라서 종교는 사변의 영역은 물론 실천의 영역으

　　그리하여 헤겔은 그러한 사실을 전제로, "우리들의 목적으로 의식되어야 할 것은, 종교는 모두에게 이미 전제된 것이며, 우리가 단지 파악해 보고자 하는 재료라는 사실"[21]이라고 언급한 바 있다. 종교에서는 신은 필연적인 개념이다. 그리하여 헤겔은 "신이야말로 만유의 출발점이며 종착점"[22]이라고 하였다.

　　이 같은 견해에 동의한다면, 믿음이란 인간 주체의 선택적 행위일 수는 없다. 다시 말하면 종교는 그것을 선택하는 사람에게만 의미 있는 것이고, 그것을 선택하지 않는 사람에게는 무의미한 것은 아니다. 생활 가운데 종교적 심정을 느껴 보지 않은 사람은 없을 것이다. 문화신학자 폴 틸리히는 문화의 동심원 구조를 상정하고 그 핵심의 위치에 종교를 배치한 바 있으며, 모든 예술적 장르는 굿으로부터 유래되었다고 하는 사실에 비추어 보면, 그것들이 종교적 심정에서 유래되었다고 봐도 틀림없는 사실이다. 뿐만 아니라, 음악, 미술, 문학 등 모든 예술은 종교와 더불어 발전해 왔다.

　　이렇게 보면 종교는 인간으로부터 뗄 수 없는 문화 활동의 한 부분이다. 그러므로 종교는 인간의 선택지가 아니라, 하나의 필연적인 요소이다. '종교인'과 '비종교인'의 차이는 종교 자체의 소유 여부에 의한 구분이 아니고, 다만 종교공동체에의 소속 여부의 차이일 뿐이다.

로부터 벗어나 있다는 사실만을 통해 그 고유한 영역과 특징을 갖는다고 주장한다. 그러나 종교가 이들 사변과 옆자리를 차지하면서, 공통의 장은 비로소 완전히 채워지며, 인간 본성은 이러한 종교의 측면에 의해서 완성된다고 설명한다. 그러므로 종교 없이 사변과 실천을 소유하려고 하는 것은 무모한 오만이며, 신에 대한 적대행위라고 주장한다. F. D. E. Schleiermacher, 최신한 옮김, 『종교론』, 한들(1997), 57 – 8쪽 참조.

21) 헤겔, 최신한 옮김, 『종교철학』, 지식산업사(1999), 17쪽.

22) 같은 책, 12쪽.

삐스칼도 합리주의적인 사고의 장점을 잘 알고 있었지만, 마음의 작용에 대해서 중시하고 신앙의 가치와 필연성도 잘 알고 있었다. 그는 "오성이 아니라, 마음이 하느님을 느낀다. 하느님이 오성에게가 아니라, 마음에게 느껴진다고 하는 바로 여기에 신앙이 성립된다"[23]고 하였다. 그러니까 그에 있어서, 신앙·마음·느낌·본능 등도 참된 인식에로 나아가며, 그들의 논리를 가지고 있다.

그리하여 헤겔은 종교-철학이 이 두 요소의 대립을 조정하고 화해시켜야 한다고 주장한다. 그리하여 헤겔은 철학은 곧 신학이며, 신학에 대한 몰두라고 하였다.[24] 우리가 존재의 문제를 논할 때, 일반적으로 존재의 의미와 개념, 그리고 존재의 양태 등을 논할 경우, 그것을 '존재론'이라고 하나, 거기에 피안적인 의미가 들어가면 그것을 형이상학이라고 한다. 이 형이상학에 신을 연관시키면 그것은 신학이 된다.

헤겔의 이 절대정신은 정신이 발달된 최고 경지의 것으로서 그것은 인간에게 현실적인 것이다. 그러므로 종교도 엄연히 현실적이며, 따라서 종교철학도 현실적이다. 만일 종교가 현실을 떠나 존재한다면, 그것은 허공에 뜬 종교일 뿐이다. 종교도 분명 인간의 종교요, 인간이 타고난 인간성의 본질 속에 종교적 본성이 내재해 있다.

그러므로 종교현상은 우리들에게 엄연한 현실로 나타난다. 그런데 그러한 현실도 두 가지 특유한 사실에 직면한다. 그것은 종교가 주장하는 가치 절대성이며, 다른 하나는 종교의 상대성과 종교 현상의 다양성이다. 여기서 종교의 절대성이란 실존적 차원이고, 상

---

23) 파스칼, 『빵세』 IV, 278.
24) 헤겔, 위의 책, 12쪽 참조.

대성이란 문화적 차원이라는 범주를 설정하며, 절대성은 본질적 기능이고, 다양성은 문화 - 역사적 기능이라고 이해한다 할지라도, 삶 자체는 실존적인 의미와 문화 - 역사적인 차원을 다 포괄하는 것이라고 본다면, 그러한 이원론적인 논리를 쉽게 받아들이기는 어려울 것이므로, 이에 대해 회의적이거나 상대적으로 반응하는 경우도 있을 수 있을 것이지만, 이를 포괄적으로 이해함으로써 종교에 대한 이해를 폭넓고 바람직한 방향으로 받아들임으로써 우리의 삶에 풍족함을 얻을 수 있을 것이다.

종교는 분명 우리들이 창조한 문화 현상이며, 인간이 의도하건 의도하지 않건 간에 부딪히는 경험이기도 하다. 종교 경험은 궁극적인 실재로 경험된 것에 대한 반응이며, 또 궁극적인 실재라고 파악된 것에 대한 전존재(全存在)의 전체적 반응인데, 그것은 인간이 경험할 수 있는 여러 경험 중에서 가장 강렬하다는 것이다. 따라서 그러한 경험은 실제적이다.[25] 여기서 우리가 유의해야 할 것은 그러한 종교 경험이 보편적인 것이라는 사실이다. 특정한 사람에게만 나타나는 것이 아니고 누구에게나 나타나는 현상이라는 것이며, 그것은 내적인 것으로 개인의 인성이나 공동체의 의식 속에 잠재해 있을 뿐만 아니라, 밖으로 표현된다고 하는 것이다.[26] 이 종교 경험은 이론적으로, 실천적으로, 사회적으로 표상됨으로써 타인도 다른 사람의 종교 경험을 간접적으로 체휼할 수 있다. 이 같은 사실에서 종교는 우리들의 삶에 보편적으로 나타나는 사실임에 틀림없다. 그 종교 경험은 그러나 사람에 따라 나타나는 정도가 다양하므

---

25) 鄭鎭弘, 『宗敎學序說』, 展望社(1985), 16 - 7쪽 참조.
26) 鄭鎭弘, 앞의 책, 31 - 2쪽 참조.

로, 그것이 강력하게 나타나는 사람에게는 절실한 현상이지만, 약
하게 나타나는 사람에게는 무관심의 대상이 되기도 한다.

　이러한 종교 경험이 보편적인 사실이라면, 그것은 분명 우리들의
삶의 한 부분이고, 따라서 이성적 사고능력을 가진 우리들 인간에
게 종교 경험 내지 종교적 사실이 전혀 무관심의 대상이 될 수는
없을 것이다. 말하자면 우리는 종교를 사유하지 않으면 안 될 것이
다. 우리의 정신 작용이 지·정·의의 요소를 갖고 있는 것도 다양
한 대상을 통합적으로 이해할 수 있는 장치이다. 우리들의 인식 작
용, 감정의 작용, 의지의 작용은 이들 3가지 정식작용의 요소들의
협동 작업에 의해서 이루어지는 것이다.

　그러므로 종교와 철학은 현실이다.

(2) 종교와 정치와 현실

　종교를 현실의 측면에서 다룰 때, 가장 핵심에 자리하는 것은 종
교와 정치의 관계이다. 정치야말로 현실 그 자체이며, 이것이 종교
와 관계를 갖게 된다는 것은 종교도 현실일 수밖에 없다는 의미가
함축된다.

　역사상 종교와 정치는 상보적이기도 하고 적대적이기도 해 왔다.
상당히 많은 나라에서 국교가 지정되어 국가적으로 종교가 신봉되
었으며, 한 국가에서는 그 국교가 변경되기도 하였다. 그것은 우리
역사에서 찾아볼 수 있다. 고려조에서 국교였던 불교는 조선조에 이
르러서는 오히려 억불숭유 정책으로 인해 불교가 배척되기도 했다.

오늘날도 서구사회의 대부분의 국가에서는 기독교가 국교화되어 오고 있어 이 지역의 문화는 기독교적 문화를 낳았다. 서유럽의 대부분의 국가에서 엄수되는 국경일 내지 기념일은 거의 기독교 교리로부터 유래하였으며, 이것은 서유럽 사회에서 기독교가 생활 속에 깊이 침투되어 왔음을 반증하는 사례이다.

특히 서구의 중세 사회를 지탱한 양대 지주가 봉건제도와 기독교였다는 것을 보아도 기독교(종교)가 이 사회에 생활 깊숙히 침투되어 있음을 나타내는 것이다. 물론 종교와 국가 권력이 좋은 관계만을 유지한 것은 아니다. 그러나 어떤 형태이든 국가와 종교는 긴밀하게 연관되어 있음을 알 수 있다.

예컨대, 초기의 기독교의 경우, 로마 제국은 기독교를 탄압하여 지하에서 박해를 받으며 종교를 신봉했던 초기 기독교, 아우구스티누스의 『신국론』에 따른 교회와 국가 간의 동맹, 그레고리 대제 때의 종교적 국가 통치, 교황에 의한 여러 나라들의 주관과 통치, 칼빈의 제네바 신정 등은 종교와 국가가 긴밀하게 연관된 소수의 사례이다.

이 같은 사례는 한국도 예외는 아니다. 고려 시대의 불교, 조선 시대의 유교, 조선 말기의 천주교 박해, 일제강점기의 기독교 탄압, 자유당 정권의 기독교 영합, 북한의 종교 탄압 등이 그것이다. 특히 불교는 삼국시대에는 왕실의 환대를 받았고, 고려 시대에 이르러서는 국정에 승려가 참가했고, 조선 왕조 시대에는 억불숭유 정책에 따라 유학이 정치권력의 바탕이 되었다.[27]

또 종교는 그것이 심리적인 기능이든, 사회적인 기능이든, 혹은

---

27) 그리스도교 철학연구소 편, 『현대사회와 종교』, 서광사(1987), 117쪽 참조.

문화적인 기능이든 사회의 통합 기능을 갖는다.

사회학자 뒤르켐(E. Durkheim)은 "정규적으로 사회의 일체감을 만드는 집합감정과 집합이념을 고무하고 재확충할 필요성을 느끼지 않는 사회란 있을 수 없다"[28]고 하여 종교를 사회의 감정이나 가치들을 표현하고 유지함으로써 사회생활을 원만하게 하는 하나의 광대한 상징체계로 보고, 종교는 현존하는 사회질서를 정당화시키는 거룩한 힘이라고도 하였다.

아마도 종교의 탄생과 더불어 정치와의 관계가 논란이 있어 왔다. 그만큼 종교는 우리들의 삶에 긴밀히 관계되어 왔다. 인간은 본성적으로 종교성을 타고났기 때문이다. 우리가 창출해 낸 모든 문화의 저변에 종교적 요소가 침잠해 있는 것이 사실이다. 만일 종교가 없었다면, 음악과 미술, 그리고 문학이 있을 수 있었을까 싶다. 사유하는 인간으로서 감정을 가진 인간으로서 도덕적 의지를 가진 인간에게 종교는 필연이고, 현실이다.

---

28) Emile Durkheim, *The Elementary Forms of the Religious Life*, trans. Joseph W. Swain(New York: Free Press, 1965), 474−5쪽 재인용.

제3장
철학의 주체로서의 인간

인간의 현실적 사실의 하나는 인간이 이성을 갖고 사유한다는 것이고, 그것은 인간이 인간일 수 있는 가장 큰 특성이다. 이성을 갖고 사유한다는 것은 인간이 철학하는 존재라는 것과 같다. 인간은 의식하건 의식하지 않건 어차피 철학하는 존재다. 인간은 이성을 갖고 태어난 존재이므로 인간이 존재하면서부터 철학을 했다고 볼 수 있다. 그러므로 인간이 철학한다는 것은 그것이 인간의 가장 두드러진 현실이다.

이같이 철학하는 인간이 갖고 있는 인간적 본질은 인간 존재를 의미하는 것과 인간 존재에 주어진 모든 것 속에 포함되어 있는 완전하고도 구체적인 인간을 의미하는 것으로서 그러한 인간은 총체성과 완결성을 갖는다. 즉, 인간은 육체적이고, 정신적이며, 자유롭고, 개인적인 인간으로서 전체적으로 세계와 존재와의 복잡한 관계에 있어서 윤리적인 것의 근거이다. 인간은 환경과 이웃과의 관계, 이익공동체, 혈연공동체(가정, 국가 등)에 대한 관계에서 윤리적 태도를 요구받으며, 따라서 인간은 이 세계에 대한 자신의 위치로부터 윤리적 가치와 의무가 발생한다. 이 같은 총체성 속에 처한 인간이 추구하는 모든 가치는 윤리적 가치에 의하여 포괄된다.

인간은 또한 인간 현존재의 다이내믹하면서 완전성을 추구하려는 관점은 존재로부터 당위에로 넘어가는 것을 매개시킬 수 있다. 이것은 인간이 그 존재 자체에 머물러 있지 않고, 우리가 있는 그 상태로부터 우리가 있어야 할 상태를 인식할 수 있는 것이다. 우리가 있어야 할 상태란 인간이 인간적인 상태에로 완성되어 감을 의미한다. 여기서 윤리적 당위가 작용한다. 윤리적 당위는 다른 인간과의 인간의 공동체에 대하는 태도와 직업상의 의무와 지위에 따르는 의무 등을 충족시키는 방향으로 작용하며, 그것은 보다 넓은 내재적 가치를 지향하는 데서 비롯되며, 이러한 모든 가치들과 의무들은 인간의 고유한 본질을 나타내 주는 절대적이며 선험적인 목표에 맞춰져 있는 것이다.

이 같은 인간의 본질적인 성향은 이론과 실천의 측면을 갖고 가치를 추구하는 것으로 나타났다. 우리의 삶의 과정에서는 실천의 문제가 더 의미 있는 것으로 보이지만 철학에서는 이론과 실천의 우위성에 대한 견해는 일치되지 않았다.

제1절 고대인의 인간관

어떤 곳에서와 마찬가지로, 신화는 허구적인 것이 자각되지 않은 시대의 산물이며, 이것은 곧 미개인의 사유에 기인한다. 말하자면, 신화는 모순과 부조리에 대한 인식이 부족하고 유별하는 능력이 미숙한 시대에 나타나게 되며, 그리스에서 이 신화로부터 합리적인 이성적 사유가 출현했다는 것은 허구성이 없고 현실에 맞는 인식을 추구하려는 그리스인들의 보다 성숙한 능력의 결과였다. 뿐만 아니라, 이 같은 존재의 문제를 합리적으로 추구하려고 한 것은 보존의 문제를 해결하려고 한 그들의 노력의 결과였다.

그런데 철학의 출발은 인간이 아니라, 자연에 대한 의문으로부터였다. 즉, 최초의 철학적 사고는 자연에 대한 의문으로부터 시작된 것이다. 최초로 합리적 사유를 개시한 탈레스를 비롯한 밀레토스 학파의 철학자들은 우주와 세계의 근원이 무엇인가에 관심을 가졌다. 이것은 인간의 관심이 여러 감각 중 시각에서 비롯됨을 드러낸 사례이다(인간의 감각 중 시각이 차지하는 비중이 가장 크다.). 이후 자연에 대한 관심은 근 200년이나 지속되었고, 원자론을 끝으로 자연에 대한 관심의 방향은 인간으로 돌려지게 되었다. 즉, 외적 관심으로부터 내적 관심으로 전환된 것이다. 물론 앞서의 자연에 대한 관심과 탐구가 철학사에 커다란 족적을 남김과 동시에 많은 영향을 주었으며, 중요한 시사점을 제공해 주기도 한 것이 사실이다.

자연에 대한 관심이 어느 정도 충족되자 관심을 돌린 것이 인간이었던 것이다. 자연철학의 마지막 주자라 할 수 있는 데모크리토스는 인간을 우주의 중심체로 보고, 인간을 '소우주(microcosmos)'라고 하였다. 그리하여 소피스트들은 인간을 중심에 두고 사고하였다. "인간은 만물의 척도"라는 프로타고라스의 명제는 이 시대의 철학을 대표하는 것으로서 전체적 관점에서 보면 인간중심주의적 사고라 할 수 있으며—인간은 인간 중심으로 사고하게 되어 있는지도 모르지만—, 그것이야말로 주관적 사고의 산물이었다.

철학은 인간만이 할 수 있고, 따라서 인간이 철학의 주체임을 확인시켜 준다. 프로타고라스에 의하면, 우리의 지각이란—그에게는 인간만이 지각하는 동물이다.— 우리의 감각기관과 외물의 관계 외의 다른 것이 아니므로, 인간이 어떻게 지각하는가에 따라 지각 내용이 달라질 수 있으며, 그것이 지식으로 남는다. 그리하여 "인간은 만물의 척도"요, "존재하고 있는 것에 대해서는 그것들이 있다는 사실의 척도요, 없는 것들에 대해서는 그것들이 있지 않다는 것의 척도"였다. 그리하여 인간은 진리의 척도일 뿐만 아니라, 모든 가치, 규범, 법률, 이념 및 이상의 척도이기도 하다. 이 같은 인간관의 바탕에는 지각의 상대주의가 깔려 있으며, 그것은 또한 진리에 대한 회의주의이기도 했다. 이 같은 그의 사상은 소크라테스에 의해 비판을 받지만, 전체적인 관점에서 볼 때, 인권을 높이 강조한 주장이기도 했다. 현대철학의 한 갈래인 미국의 실용주의를 선취했으며, 상대주의 철학의 선구였다.

여기서 분명히 지적할 수 있는 것은 철학의 주체로서의 인간을 크게 부각시켰다는 사실이다. 물론 그들의 주장은 지식이나 진리의 보편성이나 객관성, 절대성의 측면에서는 받아들이기 어려운 점이 있으나, 인간만이 철학적 사유의 주체로서 존재할 수 있다는 점에서 보면, 그 나름의 의의를 찾아볼 수 있을 것이다.

소크라테스의 철학의 중심은 행복이었으며, 그것은 참된 앎을 통한 윤리를 통해서 실현 가능한 것이었다. 그 후의 플라톤, 아리스토텔레스에 이르는 인간에 있어서 핵심적인 가치는 행복의 성취였다. 플라톤은 지혜, 용기, 절제, 정의의 4주덕을 통해, 아리스토텔레스는 이론적인 덕과 함께 실천적인 덕의 실천을 통해 행복을 성취하는 것이었다. 그러므로 그들에게 있어서 국가는 개인들의 윤리적 실천을 가능하게 함으로써 행복한 삶을 살게 해 주는 역할과 기능을 수행하는 공동체였다. 아리스토텔레스에게는 개인과 가족은 근원이 되는 현실이며, 이것이 국가철학을 규정한다.[29]

제2절 중세의 인간관

중세를 규정하는 특징은 정치·경제 분야에서의 봉건제도와 문화·사상적인 영역에서의 기독교였다. 이 시대의 기독교는 거의 절대적이었으며, 초기에는 교황의 세력은 군주를 압도하였다. 이 시대의 철학도 기독교 교리를 바탕으로 한 교부철학과 스콜라철학이 양대 철학을 형성했으며, 문화의 모든 영역에서 기독교는 절대적이었다. 이 시대의 캐치프레이즈는 "철학은 신학의 시녀"였다. 따라서 개인의 주체적 판단은 허용될 수 없었다. 모든 가치나 삶의 의미도 신을 본위로 하여 성립되었다. 이것은 그리스적 인간중심주의의 큰 후퇴였다. 신본주의가 지배함으로써 인간의 이성은 크게 위축될 수밖에 없었으며, 따라서 철학은 기독교 교리의 합리화를 위해 수용된 기독교 변증철학이었다. 따라서 인간의 가치는 신에게 귀속되있고, 신을 떠난 어떠한 사상이나 문화도 용납될 수 없었다. 그러므로 이성에 있어서 이 시대는 암흑시대(dark age)였다.

그것은 기독교 교부들과 수사들이 철학의 중심에 있었기 때문이다. 그리하여 교부철학은 영신지도자, 설교가, 성서해석자, 신학자 및 호교가(護敎家)들의 저술에 바탕을 두고 형성되었다. 물론 이들의 저술들은 그리스도교의 선교를 목적으로 삼기는 하나, 성질상 철학에 속하는 것은 분명하였다.

이들은 세계의 질서와 아름다움에 마주치게 되면 이 조화의 원인으로서의 신적인 세계창조가 있다는 관념을 저절로 이해하게 됨

---

29) 힐쉬베르거, 앞의 책, 294쪽 참조.

으로써 신의 존재를 인정하게 되는 공통적인 감각을 갖고 있었다. 그런데 이들은 신의 창조와 더불어 로고스의 문제를 중시한다. 즉, 로고스는 그 정신적 이데아적 원형이며, 인간으로 하여금 '단순한 세속적인 것'과 '인간적인 것'을 넘어서서 신과 연결시켜 주는 윤리적인 당위를 가진 척도이며, 그 내용은 씨앗으로서의 소질이며, 이 소질이 그리스도교를 철학과 연결시켜 준다.

인간을 보는 중세의 입장은 신의 피조물로서의 존재다. 중세인들에게 인간은 피조물들 중 최고의 존재다. 그러나 천사의 존재를 인간의 상위에 놓고 보는 잘못을 범하고 있음도 중세의 일반적인 생각이다(기독교 성서에 의하면 천사는 신의 종이며, 심부름꾼이며, 인간은 신의 아들이다.).―물론 오늘날에도 그렇게 생각하는 사람들이 대부분이다.― 그리하여 인간은 모든 것들을 자기 밑에 거느리는 하나의 소우주로서의 존재로서 하느님의 모습을 닮아 창조되었다고 본다.[30] 인간은 로고스에 참여함으로써 신의 정신을 닮아 있으므로 신의 본질을 어느 정도까지는 이해하기도 한다. 그리고 인간은 선과 악의 중간에 처해 있으며, 따라서 인간은 선과 악을 모두 행할 가능성을 지니고 있다. 그러므로 인간이 처음 신으로부터 창조되었던 본성에 따르면, 인간은 죄의 노예는 아니다. 말하자면 인간에게는 자유가 주어져 있었다는 것이다. 이 같은 견해는 아우구스티누스에게도 있으나 그가 절대적 예정설을 주장한 것은 이것과 조화되지는 않는다. 절대적 예정설에 의하면, 인간에게는 자유행동의 여지가 있을 수 없다.

중세에 있어서 영혼은 인간의 중요한 요소이다. 영혼은 정신이

---

30) 창세기 1장 27절 참조.

며, 신을 닮아 있다. 그런 점에서 영혼은 아리스토텔레스에서처럼 생기로서 생명의 원리가 아니고, 엔텔레케이아도 아니다. 물론 영혼은 불멸이다.

아우구스티누스는 인간을 하나의 통일체로 본다. 이 경우의 통일체는 영혼이 육체를 소유하고 이용하고 지배함을 의미한다. 그는 『영혼의 크기』(13권 22장)에서 "영혼은 육체를 지배하도록 이성이 주어져 있는 일종의 실체"라고 하였다.[31] 그는 영혼을 본래적 인간으로 육체를 그것의 부속물로 인식하였다. 플라톤이 인간은 본래 영혼이었고 육체는 그것의 무덤이라고 했던 것을 공유하는 셈이다.

스콜라철학의 중심인물인 아퀴나스도 인간에 있어서 영혼의 문제는 그 핵심에 놓여 있다. 그는 자기운동, 영양, 생식, 감각, 욕구 능력 등을 가짐으로써 다른 물체들과 구별된다고 보고, 이런 실체를 살아 있는 물체라고 하였으며, 단순한 물체에 주어져 있는 것보다 더 많은 것들이 주어져 있는 것이 바로 영혼이라고 보았다. 물론 그러한 생각은 아리스토텔레스의 영혼관을 받아들인 것이기는 하나, 아퀴나스는 이에 더하여 인간이 이성을 가진 생물임을 지적하면서 사고와 이성적인 의지를 가진 존재이므로 인간의 영혼은 비물질적인 것임을 강조한다. 따라서 인간의 영혼은 정신적인 것으로서 자립해서 존재하는 어떤 것이어야 하며, 그리하여 하나의 실체이다.[32] 그런데 아퀴나스는 신체와 영혼의 합성을 주장하는 아리스토텔레스와는 달리 이 두 가지를 나란히 있는 것으로, 즉 통일체로 보는 플라톤과 아우구스티누스의 경향과 같이한다. 토마스는 영

---

31) 힐쉬베르거, 앞의 책, 430쪽 참조.
32) T. 아퀴나스, 『신학대전』 I, 75. 2.

혼은 그것에 의해서 스스로가 자존하게 되는 그런 존재를 신체적인 질료에다 나누어 줌으로써 신체와 영혼이 통일된다고 덧붙임으로써 아우구스티누스의 견해에 접근한다.[33]

제3절 근세의 인간관

"우리는 세계를 인식하지 않고 창조한다. 세계의 과정은 인간정신의 역사이다. 삶이란 교리와 가치를 창조하는 바의 것이다. 인간이 자유롭게 되고 살 수 있기 위해서는 하느님이 죽지 않으면 안 된다. 실존하는 것은 존재보다 더 근본적이다" [34]

이 말은 칸트와 독일 관념론 및 기타 사상가들이 선언할 만한 외침이다. 이것은 신본주의에 억눌린 인간 해방의 외침이며, 근세적인 소리다. 르네상스는 신본주의로부터의 해방을 의미하지만, 또 한편으로는 인간의 자아의식과 책임의식의 자각이기도 하다. 인간은 스스로의 능력을 발휘하여 자립적이고 독립적으로 그 창조성을 발휘할 수 있다. 근세는 이러한 자각을 일깨워 준 시기이다. 그리하여 개인에 대한 존경심이 고양되고, 기성의 관습이나 권위에 대한 굴종은 타파되었으며, 인간 이성의 비판력에 대한 신뢰감이 배양되었다.

근세는 중세에 대한 반동적인 분위기에서 출발했다. 신본주의의

---

33) 같은 책, 76, 1 ad 5 참조.
34) 힐쉬베르거, 앞의 책 하, 50쪽.

중세적 사회분위기는 로마에서의 르네상스를 계기로 옛 그리스적인 인간의 이성을 회복시키자는 방향으로 전개되었다. '문예부흥'으로 지칭되는 르네상스는 바로 인간중심주의였던 그리스의 문학과 예술을 회복시키자는 운동이었으며, 이는 곧 신본주의를 과감히 벗어나서 인간 본위의 모습을 찾아가자는 것이었다. 근세인들은 우주의 중심에 인간이 있고 인간 이외의 모든 존재는 인간을 위해 존재하는 것으로 간주하였다.

또한 종교개혁운동은 교황권의 절대성에 대한 도전이었으며, 이로 말미암아 개인은 종교적 신앙의 기본적 문제들을 스스로의 양심에 비추어 해결할 권리와 의무를 갖게 되었다. 이 같은 개혁운동은 사람들로 하여금 개인주의를 지향하도록 하였으며, 그들의 윤리관의 중심도 현실생활의 가치에 두게 되었다. 즉, 그들이 지향하는 것은 즐거운 인생, 좋은 인간관계, 그리고 경제적, 정치적 현실의 재건에 미치는 종교적 신앙생활, 그리고 신이 내려 주신 자연적 보물을 향유할 수 있는 권리를 찾는 것이었다.

이 같은 경향은 보다 현실에로의 접근을 의미한다. 합리론이라 해서 현실의 경험을 배제하거나 외면한 것은 결코 아니다. 데카르트의 경우에도 그가 원리적으로는 경험을 이용하는 것에 동의를 하고 있음에도 불구하고 이것을 보다 확실하게 하기 위해 철저하게 합리적 사유를 지향했던 것이다. 그리하여 그는 '방법적 회의'를 통해 사유하는 주관적 자아를 발견하고 이를 토대로 인식의 문제를 해결하려고 하였다.

모든 합리론자들에게 일반적이지만, 데카르트에 있어서 보편적인 것, 개념적인 것에 대한 지나친 사랑, 개별적인 것, 개념적으로 파악할 수 없는 것에 대한 무관심, 그리고 존재 전체를 이성적으로 꿰뚫어 볼 수 있다는 것을 신념으로 갖고 있었다. 그리고 그의 사유의 중심에는 의식이라는 말이 있었다. 그리하여 『성찰』(Ⅲ, 1)에서 서술한 것처럼, 의식은 회의, 긍정, 부정, 지식의 부족, 무지, 의지, 거절, 상상, 감각 등과 같은 것들과 또 사상이 아닌 것까지도 의식에 내포시킨다. 그는 철저하게 합리론적이다. 그에게 또 중요한 부분은 실체론이다. 그의 철학이 <코기토>(Cogito)와 더불어 주어지는 것은 인식론적인 문제이며, 의식작용의 목표는 '사물들의 본성'이므로, 그에 있어서, 본성, 본질, 사물, 사물의 근거 등의 술어는 필수적이다.

그가 실체론에서 정신과 물체의 상호 독립성을 주장하면서도 인간에 있어서 영혼(정신)과 육체의 독립성을 주장한 것은 상당한 딜레마에 빠지게 한 바, 그는 송과선을 통해 상호작용이 이루어진다는 이론을 정립했는데 이는 실제에 있어서 정신과 육체 간의 상호작용이 이루어지는 사실에 대한 궁색한 합리화가 아니었나 싶다. 그렇지만 해부학의 권위자였던 그가 나름대로 인간의 신체 기능에 대해 파악을 하고 있었을 것으로 보아 그의 주장에 대한 분석이 필요할지도 모른다. 그가 『철학원리』(Ⅰ, 51)에서 실체의 정의를 "존재하고 있기 위해서 다른 어떤 것도 필요로 하지 않는 그런 방법으로 존재하는 것"이라고 한 것에 비춰 보면, 그의 실체론은 완전해 보이지는 않는다. 그러나 스피노자는 같은 실체 정의를 전제로 실체는 신밖에 없으며, 정신과 물체는 실체의 양 속성에 지나지 않는다고 파악했다.

스피노자는 세계관과 인생관에 관한 17세기의 사상을 포괄하고 있으며, 그는 삶의 일반적인 내용을 이루고 있는 것들이 모두 공허하고 무의미하다는 것을 경험을 통해 깨닫고 참된 선이 있는 것인지를 탐구하려고 했으며, 인간에게 중요한 관념들을 종교적 − 윤리적으로 구상해 보려고 하였다. 스피노자는 기하학적인 체계를 도입하여 인간의 문제를 종교적 − 윤리적으로 추구해 나가려고 했으므로 그의 철학은 합리론의 성격을 띠면서도 현실을 중시했던 것으로 보인다. 그가 추구한 최고의 선은 자연과 자연법칙의 영원한 질서에 뿌리박고 있으며, 인간이 갖고 있는 일정한 본성으로 나아가게 하는 모든 것을 가리킨다. 그러므로 재산, 명예, 감각적인 쾌락 등은 우리들의 존재를 유지시켜 주기보다는 부패하게 한다고 생각했다. 스피노자의 철학은 윤리적이면서도 현실적인 것으로 보인다.

근세 경험론의 선구자 베이컨은 학문에 관한 언급에서 학문을 목적이기보다는 수단으로 생각했다. 그는 지적 생활의 즐거움보다는 지식이 실생활에 미치는 결과를 중시하였다. 그에 있어서 철학은 눈에 보이는 세계와 인생을 그 대상으로 삼는다. 그런 입장에서 베이컨은 자연과학의 영향과 또 자연과학이 실생활에 미치는 결과, 그리고 과학연구의 귀중함에 대해 크게 강조하였다.

한편 세속주의자라고 평가되는 홉스는 자연을 전제로 하여 이에 맞추어 모든 것을 추구해 나가야 한다고 생각하였다. 즉, 자연의 법칙을 기본으로 하여 이에 맞추어 나갈 것을 강조하였다. 그가 생각한 자연의 법칙의 제일은 인간은 인간에게 허용된 모든 수단을 강구하여 평화를 추구해야 한다는 것이었다. 그런데 통치권을 수반하지 않은 평화란 가능하지 않으므로, 우선 통치권이 수립되어야 하며, 이를 위해 사람들은 국가를 능히 평화롭게 다스릴 수 있는 권력자에게 자기들의 모든 자연의 권리를 내맡겨야 하며, 그것은 바로 자연의 법칙에 포함되는 것이라고 보았다. 따라서 인간은 독립된 개인으로서 행동할 수 없으며, 계약에 의해 통치권을 위임받은 통치자 밑에 묶여 있는 존재라고 보아야 한다는 것이다.

그 밖에 홉스는 자연의 법칙으로서 약속을 이행할 것, 남에게 신세를 지거든 감사의 뜻을 표명할 것, 남을 위하여 도움이 되도록 헌신할 것, 죄를 뉘우친 사람들에게 자애를 베풀 것, 복수를 부끄러이 여기고 삼갈 것, 겸손하고 공정할 것, 폭식과 주정을 삼갈 것 등을 포함시켰다.

그리고 그는 인간을 그의 유물론에 입각해서 설명했는데, 그러다 보니 그는 인간을 감각적인 존재 이외의 다른 것이 아닌 것으로 이해할 수밖에 없었다. 즉, 오성과 이성은 감각적인 것이며, 인간의 행위는 감각의 자극과 감각의 반작용의 힘이 작용한 것이라고 하였다. 그에 의하면, 인간도 감각의 기계적인 장치에 사로잡혀 있어 동물들과 차이가 없다. 그리하여 우리는 감각적인 느낌에서 우리들에게 유쾌함을 가져다주는 것이라고 생각하는 것은 긍정하고, 불쾌한 것은 가치 없는 것이라 하여 거부한다.

학문이 최고의 가치를 가지는 것은 우리들이 결과를 내다보고 계산해서 우리들의 이익과 삶을 촉진시키는 데 이용할 수 있다는 것이다.

근세에 있어서 가장 중요시되었던 것은 인식의 문제였으며, 인간은 세계를 인식할 때, 세계 속에 내재하거나 신 안에 간직되어 있는 진리를 관조하는 것이 아니라, 세계를 인식적 조작의 대상으로 삼았으며, 세계질서를 나름대로 인간 자신의 의도에 따라 포착하기도 했다. 따라서 신은 인간 인식과 행위의 궁극적인 목적으로 설정되는 것이 아니라, 인간이 세계를 인식할 때 요청되는 존재자로 간주하는 경향이 대세를 이루었다.[35] 이 같은 경향은 신으로부터 내세의 구원이나 은총을 기대하기보다는 현세적인 삶을 더욱 안전하게 영위하기 위해서 신을 끌어들인 셈이다. 그리고 신을 포함한 자연을 인식할 때에도 초자연적인 빛이나 은총의 빛에 의존하지 않고 인간에게 천부적으로 있는 자연의 빛, 즉 이성의 빛에 따라 능동적으로 세계의 구조를 인식한다.

또 인식의 문제에서 언급해야 할 것은—이것은 주로 경험론의 입장이지만— "감각에 먼저 주어져 있지 않은 것은 지식에도 있을 수 없다"는 논리이다. 모든 지식은 그것이 내적·반성적 경험이든 외적·감각적 경험이든 모든 지식이 경험에서 비롯되기 때문에 경험의 영역을 벗어나 있을 수 없다는 것이 그들의 논리였다. 이에 파스칼은 "우리는 단순히 이성만을 가지고 진리를 인식하는 것이 아니라, 마음을 가지고서도 진리를 인식한다. 우리는 뒤의 방법으로 가장 높은 원리(실재, 공간, 시간, 운동, 수 등)들을 인식한다. …… 원리들은 느껴지고, 결론들은 추리된다"[36]고 말했는데 이 말은 우리의 인식은 이성과 경험이 종합되어 이루어짐을 의미한다. 우리들의 인식작용, 감각작용, 의지작용은 모두 우리들의 정신 작용인 지·정·의의 협동에 의해서 이루어진다는 것이 필자의 생각이며, 따라서 그것은 인식에 있어서의 사실이다.

이들 인간에 관한 생각들은 매우 현실적임을 느끼게 한다. 현실

---

35) 서양근대철학회 편, 『서양근대철학』, 창작과 비평사, 2001. 69쪽 참조.

36) 파스칼, 『빵세』 Ⅳ, 282.

생활에 밀착된 사고요, 인식이었다. 이것은 물론 매우 당연한 일이다. 철학이란 인간의 참된 가치를 찾기 위한 노력이요, 그것은 현실로부터 동떨어진 것이 결코 아니기 때문이다.

제4절 실존주의의 인간관

헤겔 철학의 반동으로 등장한 실존주의는 비합리주의를 지향하면서 인간의 주체성에 대한 새로운 자각을 추구한 철학적 흐름이었다. 자본주의의 발흥, 세계대전을 겪으면서 빈부의 격차가 벌어지고, 인간소외 현상이 두드러지게 나타나면서 인간 자신이 인간에 부딪혀 오는 모순을 극복하지 못한 채 인간적 갈등과 분쟁과 투쟁 속에 살아가는 모습에서 심각한 고뇌를 엿본 결과, 인간은 인간 자신의 본질에 대해 고민하게 되었으며, 그 같은 고민으로부터 실존적 체험에 이르게 되었다. 야스퍼스가 존재의 취약성에 대한 의식을 갖게 되었다든가, 하이데거가 '죽음에의 선구'를 결단하는 체험에 이르렀다든가, 사르트르가 '전반적인 구토감'을 느낀 것이 그것들이다.

이 같은 실존적 체험은 추상적이거나 관념적으로 파악되는 것이 아니라, 절대적으로 현실적으로 파악되며, 그것은 주체성에 대한 자각이기도 하다. 이 주체성은 창조적인 의미로 이해되는 것으로, 인간은 자기 자신을 자유로이 창조한다는 것이다. 그리하여 인간은 하나의 미완성의 개방적인 현실로서 가장 긴밀하게 세계, 그리고 다른 인간들과 본질적으로 결합되어 나타난다. 따라서 실존적인 인간은 언제나 홀로 결단을 내린다. 자기 자신이 책임을 지고, 행동을 감행하고, 신뢰를 가져야 한다.

키르케고르의 "주체성이 진리이다"

키르케고르의 실존주의는 헤겔의 "전체성이 진리이다"에 대한 반동철학이다. 헤겔에 있어서는 전체적인 세계 그 자체가 주체이며, 역사는 그 시대의 전개이다. 말하자면, 주·객 합일의 초개인적인 '정신'만이 존재하고 인간의 현실적인 개체적 주체성은 이 보편자 안에 용해되고 만다는 것이 헤겔의 "전체성이 진리이다"이다. 이에 대해 키르케고르는 그 같은 헤겔적 입장은 '지금 여기에 있는 나 자신', 즉, 현실적인 존재인 '실존'이 결여되어 있다고 보았다. 이 실존은 보편적인 형상적 본질에 용해될 수 없는 현실 존재이다. 따라서 그는 주체적 진리를 구하는 것에 큰 의미를 두었다. 그리하여 "주체성이야말로 진리이며, 주체성이 현실이다"

키르케고르는 헤겔이 국가와 종교를 융합한 데 대해 헤겔이 초세속적이어야 할 기독교를 세속화하고 합리화했다고 비판하고, 그는 기독교 신앙을 전제로 하여 '신 앞에 선 단독자'인 자기를 발견함으로써 진정한 실존을 찾을 수 있다고 주장했다. 그는 개인의 결단을 통해, 신이 화육을 수행함으로써 인간화한 사실에 대한 역설적 신앙을 통해 결단함으로써 그러한 경지에 도달할 수 있다는 것이다. 그것은 "단독자가 단독자로서 절대자와의 절대적인 관계"에서는 역설적 결단인 것이다. 이 같은 단계에 도달하기 위해서는 3

단계의 실존적 자각의 단계를 거쳐야 한다는 것이다. 심미적 실존의 단계, 윤리적 실존의 단계를 거쳐 마지막으로 종교적 단계를 거침으로써 신과 나와의 단독적 만남이 이루어지고 거기서 진정한 자아를 깨닫는 것이다. 이 같은 그의 사상은 주체성이 진리임을 강조함으로써 보다 현실에 접근한 것처럼 보이나 '신 앞에 선 단독자'의 모습은 신비에 가까운 것일지도 모른다.

이 같은 실존의 단계는 우리가 일상을 통해 체험하는 단계이다. 우선 인간은 재치를 통해 쾌락적 삶을 추구함으로써 보다 행복한 삶을 지향하지만, 그것의 끝이 좌절감을 안겨 주는 것으로 나타남을 겪고 난 다음 양심을 통해 윤리적 삶을 다짐해서 삶의 가치를 추구해 보나 이것마저도 좌절을 맛보게 됨으로써 급기야는 종교적 실존에 도전하게 된다는 것이다. 이 과정은 우리가 현실적으로 겪게 되는 삶의 모습 그대로다.

니체의 "신은 죽었다(Gott ist tot)"

니체의 경우도 지극히 현실적이다. 우리는 니체가 반기독교적인 입장을 지녔던 것으로 파악하고 있지만, 그가 기독교를 공격한 것은 이상적인 신앙이나, 초월적인 존재에 대한 신앙을 반대해서가 아니라, 그가 생의 본질로 본 '힘에의 의지(Wille zur Macht)'에 대한 기독교적 인식의 잘못 때문이었다. 즉, 인간의 삶이라는 것은 본질적으로 이 '힘에의 의지'의 구현인데, 기독교는 그것을 완전히 망각해 버리고 오로지 자기 밖의 신에게서만 그것을 구하려고 한다는 점에서 '노예도덕'에 머물러 있다는 것이었다. 이 '힘에의 의지'란 부단히 강해지려고 하는 굳센 의지이며, 이것이 인간의 삶의 본질이다. 이 같은 사상을 바탕으로 그는 강자와 약자를 구별하고, 강자를 옹호하고 찬양하는 입장을 보였다. 그리하여 그가 이상으로 하는 최고의 인간의 경지는 바로 초인(超人, Übermensch)이었다. 초인이란 인간을 초월한 존재가 아니라, 바로 인간이 도달해야 할 궁극의 경지이다. 초인은 이 '힘에의 의지'를 구현한 사람이다. 이 같은 니체의 사상의 바탕은 인간의 이상은 바로 인간이 이룰 수 있는 것으로서 그의 사상이야말로 현실 바로 그것이었다. 니체는 기독교의 신을 초인으로 대체한 셈이다. 기독교의 궁극의 목표도 신에 다가감이요, 신의 성전(고전 3:16)이다.

야스퍼스의 "한계상황"

야스퍼스를 보자. 야스퍼스는 정신과 의사로서 정신병에 걸린 예술가의 인물과 작품연구를 통해 과학의 한계를 절감하고 철학적 성찰을 통해서 인간의 정신적 문제를 해결할 수 있다고 보고 스스로 철학자의 길로 들어섰다. 그는 심리학으로부터 '실존해명'으로 전환하면서 『변명과 전망』에서 "이 심리학은 이미 사실의 경험적 확인이나 사건의 규칙에 그치지 않고 인간에게 그가 무엇인가, 또 그가 무엇을 할 수 있는가, 또한 그가 어디에 도달할 수 있는가를 보여 주는 영혼의 여러 가능성의 소묘였다. 이러한 통찰은 내가 본래 무엇이 되고자 하는가 하는 것을 내적 행위에서 선택하기 위한 자유에의 호소로 생각되었다"고 쓰고 있다. 여기서 그는 정신에 있어서의 현실적 고뇌를 철학적 사색을 통해 돌파구를 찾으려는 모습을 보여 준다. 그는 현대의 정신적 상황을 '병든 사회'로 진단하고, 인간은 어쩔 수 없이 한계상황—죽음, 고뇌, 싸움, 죄책 등—에 부딪히게 되어 있음을 자각하고 이 체험에 의해 본래적인 실존 자체를 각성함과 동시에 이를 통해 초월자에 직면할 수 있음을 깨닫는다. 한계상황에 부딪히는 것은 어쩔 수 없이 유한한 인간이 갖는 운명이며, 이 상황에서 좌절하고 절망을 느낀 실존이 좌절과 초탈, 한계와 돌파의 상호 부정적 모순 속에서 마주치는 포월자(包越者)를 통해 실존을 자각한다는 것이다. 그에 따르면 인간 실존은 단일하고 고독한 존재이지만, 인간은 폐쇄적으로만 존재하는 것이 아니라, 실존의 상호 교섭을 통해 진정한 자주적 연대로 전진하기도 한다. 이 같은 야스퍼스의 생각은 현대인이 현실적으로 겪는 사실이며, 이 현대인이 직면하는 문제의 가장 큰 부분은 정신적 문제임이 분명하다. 야스퍼스 자신이 의사직을 벗어 버리고 철학을 선택한 것도 그러한 현실적 고뇌로부터 비롯된 것이라 하겠다.

하이데거의 "인간은 세계 – 내 – 존재"

하이데거의 인간 실존의 모습은 세계 – 내 – 존재로서 주변세계와 공동세계에 처해 있다는 것이다. 그는 주변세계에서 인간 실존의 모습이 한편으로 자연과 더불어 자연 속에서 배려(Besorgen)를 통해 교섭하여 존재하고 있으며 다른 한편으로는 공동세계에서 다른 현존재, 즉 다른 인간과 더불어 타인에 대한 고려(Fürsorgen)를 통해 존재하고 있다는 것이다. 그가 말하는 현존재로서의 인간은 세계 속에 던져진 존재로서 일상성 속에 살아가는 불안을 동반하여 살아가지만, 선구적 결단을 통해 투기(投企)함으로써 불안을 떨쳐 버린다, 이것은 과거를 짊어지면서 미래를 향하여 결의하는 것이다. 하이데거의 궁극적 관심은 존재의 의미에 대한 구체적 완성이었다.

사르트르의 "실존은 본질에 앞선다"

사르트르의 실존은 더욱 현실적이다. 그의 중심 명제는 "실존은 본질에 앞선다"는 것이다. 즉, 현존재는 존재자의 본질에 앞선다는 말이다. 여기서 현존재란 존재의 모습이 현실로서 드러난 것이며, 존재를 의식하는 인간의 존재 모습이 현존재다. 사르트르의 표현으로 존재자는 즉자적으로(즉 자기 속에) 있다. 그러므로 존재물은 신의 관념에 따라서 성장하는 것이 아니라, 존재물이 먼저 있다는 것이다. 사르트르는 철저한 현상주의를 표방한다. 현상 뒤에는 칸트적인 물자체도, 아리스토텔레스적인 실체도 없다.

제4장
실천이성의 현실성

제1절 행위의 주체로서의 실천이성

　우리들의 행위란 단순히 물리적인 동작에 그치는 것이 아니다. 우리의 행위는 정신이 주체가 되어 몸이 정신과 합동으로 행동을 드러낼 때 성립한다. 인간만은 개념적 사유능력을 가지고 있으며, 일반 동물과는 달리 의무의식에 따라 행동하는 존재이다. 인간만이 이성적 동물이기 때문이다. 우리의 행위 중 내면적인 상태에 머무르는 것이 인식이나 판단 등이며, 그것이 외면적으로 드러나는 것이 행동이다. 전자는 순수이성 혹은 이론이성에 의해 이루어지는 것이며 후자는 실천이성에 의해 이루어진다. 즉, 이성은 이론이성과 실천이성으로 구분될 수 있다. 우리의 행위가 바람직한 것이 되기 위해서는 그 행위의 기준이 전제되어야 하며, 그것을 판단하게 하는 것이 실천이성이다. 말하자면 실천이성은 우리들의 모든 행위를 명령하는 내면의 자기명령의 원천이다. 실천이성은 우리들로 하여금 도덕적, 윤리적 행위를 가능케 하는 능력이다. 우리에게 실천이성이 있음으로써 우리들은 비로소 도덕적, 윤리적 행위를 할 수 있다.

　만일 인간이 도덕적, 윤리적 행위를 외면한다면, 인간은 내면의 행복을 느끼지 못할 것이다. 인간은 양심에 따라 행동하고 그 성과가 나타났을 때, 가치와 보람을 느끼기 때문이다. 우리가 양심에 따라 행동하지 않을 경우, 우리들에게 정신적 고통이 따르게 되며, 이 정신적 고통은 육체적 고통보다 더 괴롭다. 이 양심에 따라 행동한다 함은 실천이성의 명령에 따라 행동함 이외의 다른 것이 아니다. 우리가 윤리적 행동을 한다는 것은 단순히 주어진 의무를 수행한다는 차원에서만이 아니라, 그렇게 함으로써 우리는 기쁨을 얻게 된다는 것이다. 인간은 그렇게 태어났기 때문이리라. 칸트에 의하면, 실천이성에 의해 인간은 (행동)해야 하므로 행동하지 않을 수 없는 존재이다. 이 같은 원리는 이론 이성이 할 수 없는 것을 채워 준다.

제2절 아리스토텔레스의 실천이성

아리스토텔레스는 이론이성과 실천이성을 구분한다. 이론이성은 이지적 덕을 가리키며, 지혜, 정신(nous) 및 지식으로서 진리에 대한 순수한 직관능력이며, 실천이성은 윤리적 덕을 지닌 것으로서 기술(techne)과 사려(pronesis)나 현명함의 완전성을 가지며, 그것은 응용적인 지식에 해당된다. 그는 철학의 마지막 과제로서 실천의 문제를 다룬다. 그가 실천의 문제에 무게를 두는 것은 그가 보다 현실에 접근하고 있음을 보여 준다. 그는 그 실천의 바탕을 윤리적 덕으로 보고, 덕은 분명한 목적을 지니고 있으며, 단순한 지식과는 다른 정신적인 힘으로서의 의지를 수반하는 것으로 본다. 그는 윤리적 덕을 육체와 육체의 욕망을 영혼이 지배하는 것으로 제시함으로써 더욱 현실적인 면을 드러낸다.

아리스토텔레스에 있어서 우리들 인간의 궁극적 목표는 실천이다. 그 실천을 통해 우리는 행복(eudaimonia)에 도달할 수 있기 때문이다. 행복은 쾌락이나 즐거움을 포함한다. 그러나 쾌락이나 즐거움이 행복의 본질일 수는 없다. 쾌락이나 즐거움이 행복의 본질이라면 인간 이외의 다른 동물들도 행복하다고 할 수 있다. 아리스토텔레스는 행복이 단순히 그런 데서 얻어지는 것이 아니라 윤리적 선을 통해 실현되는 것으로 본다. 그리하여 행복의 본질과 윤리적 선의 원리란 인간의 본질적인 특성이 발휘되는 데 있다고 본다. 아리스토텔레스는 이에 대해 인간이 자기의 본질과 그 본질에 뿌리박고 있는 사명을 알고 있고, 또 그렇게 함으로써 자기의 존재의의를 충족시켜 나갈 때 그런 인간이 선함과 동시에 행복하다고 설명한다.37)

아리스토텔레스에 있어서 이상적인 인간성은 보편적인 인간성이며, 그런 사람은 덕이 있는 사람이다. 이상적인 인간성을 가진 인간은 행복해야 하고 선하므로, 그런 사람은 덕이 있어야 한다.

그런데 그의 행복론은 덕에만 집중되어 있는 것은 아니다. 물론 정신적, 윤리적인 가치들이 행복의 본질적인 바탕이기는 하지만, 이 행복이 보다 완전하기 위해서는 인간의 내면적인 성질 이외에도 일련의 외적인 선들도 따라야 한다는 것이다. 그가 말하는 외적인 선이란 고귀한 집에 태어나는 것, 삶의 원숙함과 완성, 부유함과 걱정이 없는 것, 수공업자와 상인들이 종사해야 하는 속물적인

---

37) 아리스토텔레스, 『니코마코스윤리학』 Ⅰ권, 6장 및 9장 참조.

노동에서 벗어나는 것, 높은 지위, 자식과 가정, 친구, 건강, 아름다움, 사교생활 및 교양 등이다.[38] 이처럼 내적인 가치와 외적인 가치가 동시에 소유되고 실현되어야 행복할 수 있다는 것이다. 따라서 그에 있어서는 행복도 최고의 도달점인 현실태이다. 그런 점에서 아리스토텔레스야말로 매우 현실적인 사람이다. 아리스토텔레스에서처럼 철학은 결코 하늘 위에 떠 있는 뜬구름은 아니다.

그에게 있어서 윤리적인 선의 원리는 다른 것이 아니다. 그것은 바로 인간의 본성에 알맞은 질서이다. 즉, 인간의 본성에 알맞게 행동할 때 쾌락이 따른다. 따라서 윤리적으로 정당한 사람은 선이 쾌락을 가져다주기 때문에 선을 행하는 것이 아니라, 선 자체를 위해서 그것을 행한다. 그러니까 행복을 위해서 행복을 추구하는 것이 아니라 윤리적으로 올바른 행동을 함으로써 행복이 따라온다. 그리하여 그는 실천철학을 논한 그의 <정치학>에서 "덕과 통찰력을 가지고 이것들에 알맞게 행동하는 정도에 따라, 누구든 그만큼 행복해진다는 것은 분명한 사실"[39]이라고 주장했다.

그의 실천이성의 핵심인 덕은 완전히 본성적으로 올바른 인간의 행위이며, 그것의 기초는 중용이다.

아리스토텔레스의 사상이 보다 현실적인 것으로 나타나는 것은 그가 훈련과 습관화를 강조하며 좋은 교육이 우리들의 행동에 크게 영향을 준다고 보는 관점에서 그러하다. 사람들은 집을 지음으

---

38) J. 힐쉬베르거, 앞의 책, 285쪽 참조. 기독교 성서의 주기도문의 가르침도 우리에게 주어진 현실을 강조하고 있다. "…… 뜻이 하늘에서 이룬 것같이 땅에서도 이루어지이다"에서 하늘과 땅에서 동시에 뜻이 이루어짐을 언급한 것은 이상(천국)과 현실(지상)의 조화를 암시한 것이라고 볼 수 있다(마태복음 6:10).

39) 아리스토텔레스, 『정치학』, 7권 1장 1323 b21.

로써 목수가 되고, 또 집을 잘 지음으로써 좋은 목수가 되며, 그림을 그림으로써 화가가 되고, 그림을 잘 그림으로써 좋은 화가가 된다. 마찬가지로 사람들은 자기를 억제하고, 올바르게 생각하고 행위 함으로써 절도 있고 정의로운 사람으로 될 수 있다.

그리고 아리스토텔레스의 철학은 정치를 윤리의 조직화로 규정한다. 인간은 사회 안에서 비로소 완성되며, 선도 사회 안에서 대규모로 실현된다고 본다.[40] 그리하여 그에게 있어서 국가의 가장 중심적인 과제는 윤리적이고 정신적으로 계발된 고귀한 인간성을 길러 내는 데 있다. 즉, 국가는 개인의 윤리적 완성을 도움으로써 개인에게 행복을 누리게 하는 데 그 원래적 목표를 둔다.

그 밖에 아리스토텔레스는 사회현실 속에서의 행동뿐만 아니라, 소유에 있어서도 중용의 삶을 강조한다. 즉, 지나치게 많은 재산은 낭비와 교만과 억압과 불법을 자행하도록 되어 있으며, 또 가난은 노예근성, 불만, 부패 및 내란의 어머니라는 것이다. 그리하여 이 경우 가장 알맞은 것은 사람들 사이에 모든 것이 공통적이라는 인식이다. 개인과 가족은 근원이 되는 현실이기 때문이라는 것이다. 그의 이 말은 현실을 살아가는 우리들에게 매우 의미 있는 언급이라고 생각된다. 더구나 오늘의 사회, 경제, 정치 등 우리의 여러 가지 현실을 감안해 볼 때, 아리스토텔레스의 생각은 참으로 많은 시사점을 던져 준다.

---

40) 아리스토텔레스, 『정치학』, 3권 9장 참조.

제3절 칸트의 실천이성의 문제

인간에 있어서 이성은 개념적 사유능력이며, 의무의식에 의해 행위를 하는 것은 인간의 본질적 특징이다. 칸트가 비판철학의 두 번째 태제로 『실천이성비판』을 쓴 것은 이 실천이성이 우리들 인간에 있어서 차지하고 있는 비중이 매우 크기 때문이었다. 그에 있어서 우리들 행동은 외적 작용에 의하여 발동되는 것이 아니라, 인간 자신의 내적 능력에 의해 발동된다.

칸트에 있어서 법철학, 국가철학, 종교철학 등은 윤리학과 함께 실천이성에 속하는 부문들이다. 물론 윤리학은 실천철학에 있어서 가장 핵심에 속한다. 여기서는 우리가 행동하는 데 있어서의 기준이 되는 도덕법칙의 문제가 그 바탕이 된다. 그에 있어서 도덕법칙은 경험적인 것은 아니며 근본적으로 '입법자'로서 나타나는 순수이성의 사실이다.[41] 이 사실은 당위와 자유라고 하는 두 가지 요소를 갖고 성립한다. 당위는 이성의 명령에 따르는 것으로서, 그것은 조건 지어진 욕망에다 기준과 목표를 세운다. 칸트는 도덕적인 법칙은 절대적인 필연성을 띠어야 하고 또 도덕법칙이 구속력을 갖는 근거가 인간의 본성에서 찾아져야 한다는 일반의 생각과 같이 그의 『실천이성비판』에서 여러 법칙들을 확정한다.

당위와 더불어 자유도 실천이성의 한 가지 엄연한 사실이다. 그런데 이 당위와 자유는 공히 무조건적이라는 특성을 가진다.

칸트에 있어서 실천이성은 의지를 규정하는 능력이다. 의지는 자

---

41) I. 칸트, 『칸트전집』, V.31 참조.

연적 욕망을 억제함과 동시에 경험적 동기에 의하여 규정되는 것을 배척하고 이성이 자기 자신에게 주는 법칙에 의하여 의지의 형식을 규정한다. 칸트가 중요시한 우리들 행동의 자율은 경험적인 객체에 좌우되지 않고 모든 인간의 이성적 의지에 타당한 법칙에만 따르는 것이다.

그러므로 칸트에게 있어서 실천이성은 윤리의 문제뿐만 아니라, 법철학, 국가철학, 종교철학 등도 포괄한다. 이 같은 입장은 아리스토텔레스의 경우와도 같다.

칸트는 "인간은 무엇인가?"라는 주제를 제시하고 이를 인식과 실천과 미학의 문제로 구분하였으며, 결국은 실천의 문제가 궁극적인 관심사인 것으로 드러났다. 칸트는 원래 성운설의 대가였으며, 그가 자연과학에 먼저 심취했었던 것은 인간의 문제가 자연과 정신, 혹은 물질과 정신 중의 어느 일방적인 측면의 문제로써 해결을 기대할 수 없음을 암시한 셈이다.

우리에게 자유, 신, 영혼불멸의 문제는 외면될 수 없는 대상이며, 그것은 이론이성으로서는 인식조차 할 수 없는 것이며, 오로지 실천이성을 통해서만 추구될 수 있는 것이다. 순수이성이 발견한 것은 인간 이성의 한계요, 따라서 순수이성은 이율배반에 빠질 뿐이다. 그것은 우리들에게 필연적으로 추구되어야 할 것이지만 오로지 실천이성으로만 추구가 가능하다는 점에서 칸트는 이를 '실천이성의 우위'라고 표현했다.

칸트는 세계 안에서나 세계 밖에서나 무조건적으로 선하다고 생각될 수 있는 것은 오로지 '선의지(양심)'뿐이라고 보고 그것은 본래적으로 선한 욕망에 의해 존재한다고 하였다. 이 선의지의 작용을 바탕으로 칸트는 실천이성이 따라야 할 3가지 기본준칙을 제시했다.

첫째는, "너의 의지의 격률이 항상 동시에 보편적 입법의 원리로서 타당하도록 행위 하라"이다. 이것은 당연히 인간행위는 충실해야 하고, 성실, 정직해야 함을 함축하는 것이다. 보편적 입법의 원리란 인간 누구에게나 주어져 있는 선의지를 통해 판단 가능한 것으로 생각할 수 있다.

둘째는, "너는 너의 인격에 있어서, 또 다른 사람의 인격에 있어서도, 인류를 동시에 목적으로 대우하지, 절대로 수단으로 대하지 않도록 행위 하라"이다. 이것은 타인과의 관계에서 내가 행동해야 할 준칙을 제시한 것이다. 이것은 인격과 인간성의 존귀함과 평등을 기본사상으로 하는 명법이다. 타인을 인격으로 대우할 때, 상호간 인간관계는 원만하게 이루어진다. 수수의 원리(주고받기)에 비추어 보더라도, 내가 남에게 베풀어 주면 결코 남도 나를 외면할 수 없다. 이것이 인간의 본성이기 때문이다.

칸트가 셋째로 주장하는 준칙은 "인격을 가진 자로 구성된 단체의 일원으로서 그 단체를 성립시키도록 행위 하라"이다. 이것은 제2준칙의 사회적 적용의 명법이다. 사회나 국가는 모두 인격을 가진 자들로 구성된 공동체이다. 인격을 지닌 사람들의 사회협동체에서의 생활을 존중할 것을 강조한 것이다.

칸트의 사상에서 도덕률은 무조건적인 것이며, 그것은 인간은 누구나 보편적인 선의지를 지니고 태어났다는 인식으로부터 비롯된다. 이 같은 사실은 어느 특정인에게만 해당되지 않고 인간이면 누구에게나 적용되어야 한다는 인식이다. 이 같은 기본준칙들이 인간

개개인이 갖고 있는 선의지를 통해서 실천됨으로써 나 개인은 물론 사회 전체가 명랑하고 행복해진다는 생각이다. 말하자면, 형식인 도덕법칙과 내용인 행복은 서로 모순되는 독립된 2원이 아니고 서로 결합할 수 있는 두 계기인 것이다. 그러므로 도덕과 행복의 결합은 최고선이다. 칸트가 도덕법칙으로서 기본준칙을 내세웠다고 해서 그를 '형식주의자'로 규정하기도 하지만 그가 내용을 또한 중요시했다는 점에서 그는 경험주의자일 수도 있다. 칸트야말로 관념론에 머문 자가 아니고, 현실과 경험도 중시했음을 엿볼 수 있다.

칸트에 있어서도 '실천적(praktisch)'이라는 술어는 매우 중요시된 것이었다.

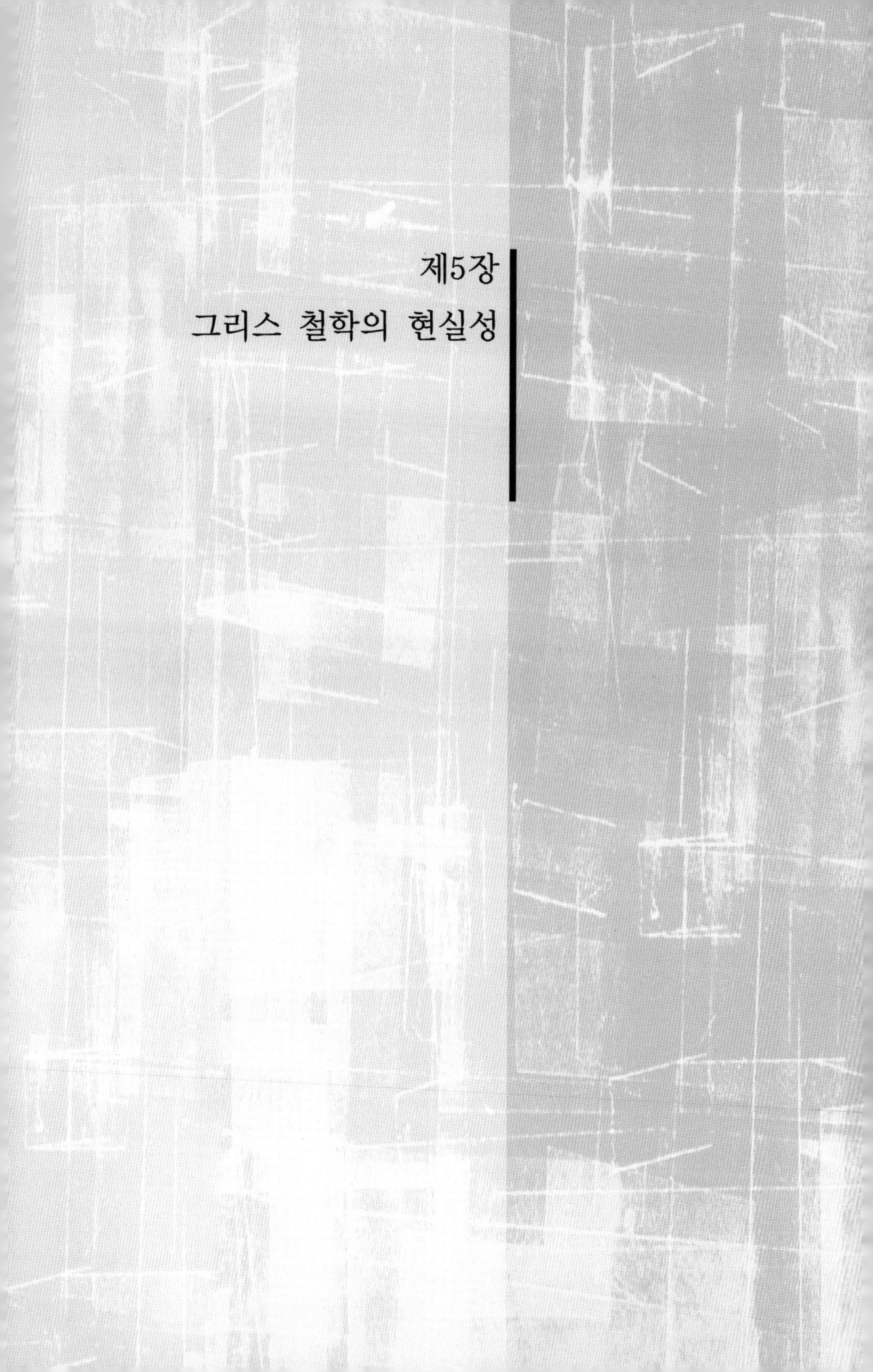

제5장
그리스 철학의 현실성

제1절 그리스인들의 현실성

　그리스인들이 철학사상 처음으로 철학을 개시할 수 있었던 것은 그들의 성격이 현실적이었던 데 기인한다. 흔히들 그리스를 신화의 나라라고 일컫는데, 그들이 만든 신화는 땅에서 떨어져 있는 것을 내용으로 한 것이 아니라, 바로 현실의 바람을 신화 속에 용해시켰던 것이다. 그리스의 신은 인간과 더불어 행동했고, 인간이 행하는 모든 것들을 동일하게 했다. 인간과 더불어 대화했을 뿐만 아니라, 인간과 사랑을 나누고, 인간에 대하여 질투하기도 했다. 아마도 신화의 대상인 신의 수가 무한했던 것은 그만큼 인간이 현실 속에서 갖고 있는 소원과 의식이 많았던 때문이라고 하겠다. 그런 점에서 보면 그리스인들은 종교적이라기보다는 현실적이었으며, 신비적이기보다는 자연주의적이었다고 보는 것이 옳을 것이다. 그리스인들이야말로 이성을 존중하는 기질을 소유한 사람들이었으므로 현실을 떠난 초월적인 대상이나, 이상적인 것을 추구하지는 않았다. 그들의 마음도 디오니소스적이기보다는 아폴로적인 성격이 강한 편이었다. 그리스인인 탈레스가 이성적 판단을 바탕으로 최초로 우주의 원질을 밝히려고 했던 것은 결코 우연한 일이 아니었고, 그리스의 그러한 풍토로부터 비롯된 것이었다.

　그들이 최초로 철학을 개시했던 사회적 배경은 그들이 이성을 존중하는 정신을 가졌으며, 도시국가 체제를 형성함으로써 공동체를 통한 결집이 강할 수 있었고, 반도국가로서 해양산업이 앞서 발달함으로써 경제적으로 여유가 있었다. 이와 같은 사회적 배경으로 그들은 앞서 철학에 눈을 뜰 수 있었다.

　물론 그리스인들이 이룩해 놓은 찬란한 모든 문화적 업적도 마찬가지다. 세계문화유산인 파르테논 신전을 비롯하여, 수많은 조각상, 건축물, 신전들, 아고라, 원형경기장 등 문화유산들도 투명한 이성을 사랑한 아폴로적인 그들의 현실주의적 기질이 만들어 낸 것이 아닌가 싶다.

제2절 플라톤 철학의 현실적 성격

　플라톤의 이데아(idea)는 관념적인 철학의 대표적인 개념이다. 그러면 이데아는 추상적인 관념에 불과한 것인가? 플라톤은 오히려 관념적인 현실이야말로 본래적인 현실이라고 주장한다. 존재자 중의 존재인 이데아는 있지 않을 수 없는 근원적인 것으로서, '있음'이라는 사실로부터 그것은 분명 현실적인 것이다. 라이프니츠의 설명처럼, 구체적으로 나타난 현실이란 참다운 존재성을 갖기 어렵다. 즉, 어떤 도형, 예컨대 원이라는 도형을 생각해 보자. 우리 눈에 나타난 원은 칠판에 그려지거나 종이 위에 그려진 것이다. 그러나 그러한 원은 원이 갖는 정의에 완전히 부합될 수는 없다. 어느 부분에서든 결함이 나타날 수밖에 없기 때문이다. 그러므로 진정한 원은 관념적인 원밖에 없다. 왜냐하면 이 관념의 원에게만 원의 여러 가지 법칙들이 타당할 수 있기 때문이다.

다른 관념에 있어서도 마찬가지다. 예컨대, 인간을 보자. 인간에 대한 어떤 정의가 세워졌다 할 때, 그 정의에 맞는 완전한 사람은 있기 어렵다. 더 나아가 이 세계에 존재하고 있는 모든 존재자들도 사정은 마찬가지다.

플라톤은 그리하여 현상계에 존재하고 있는 모든 존재자들은 진정한 존재의 조건을 갖추지 못하고 있으며, 그것은 진정한 존재로서의 그것들의 원형이 각 이데아들의 그림자에 불과하다고 한 것이다. 현실을 분명히 현실적으로 존재하고 있는 실재적인 것이라고 한다면 분명 이데아는 현실적인 존재이다.

그러므로 이데아는 단지 존재의 영역에만 국한되지 않는다. 말하자면, 이데아는 존재하는 것들의 모든 영역에 걸쳐 있다. 자연, 예술에까지도 모두 포함된다. 그에게 있어서 이데아는 실재(實在)의 문제와 직결된다.

그런 점에서 보면 플라톤 철학은 결코 관념적인 논의에만 머물러 있지 않았음을 알 수 있다. 그가 교육의 기능을 올바른 시민 양성에 두었으며, 국가의 기능은 시민들로 하여금 유덕한 생활을 이행함으로써 행복한 삶을 영위하게 하는 것으로 보았다는 점에서도 현실적이었음을 알 수 있다. 그런 바탕 위에서 그가 정치의 이상 형태를 '철인독재(哲人獨裁)'에 두었던 것도 같은 맥락에서 볼 수 있다. 그가 '철인독재'를 이상적인 정치형태로 보았던 것은 당시의 민주주의 형태의 중우(衆愚)적인 현실을 반성하는 입장에서 진정한 국가의 이상의 실현을 가능하게 할 방법이 무엇인가를 숙고했던 결과이기도 했던 것이다. 그에 있어서 철인(哲人)은 이상적인 인간이었다.

또 그가 인식의 문제를 제기한 국가론의 '동굴의 비유'[42]도 지극히 현실적인 사실을 암시한다. 그의 대화편『국가』에 나오는 '동굴의 비유'는 현실적으로 참된 인식을 위한 제안이다. 이 비유에 따르면, 인간은 마치 동굴의 감옥에 갇혀 있는 죄수와 같은 존재이다. 이 사람은 쇠사슬에 묶여 있으며 몸은 마음대로 움직일 수도 없고 오로지 벽만 바라볼 수 있다. 그러므로 벽에 비친 그림자가 그의 보는 것의 전부이며, 처음부터 벽만 쳐다보고 왔으므로 그것만이 참된 현실인 것으로 안다. 이 사람에게는 그것이 존재하는 것의 전부인 것이다. 이 사람이 존재의 세계를 제대로 알기 위해서는 자유의 몸이 되어 동굴 밖으로 나와 세상을 보아야 한다. 그런데 그들은 동굴 안의 벽면에 비친 것이 존재하는 것의 전부인 것으로 알고 있으므로 밖에 사는 사람들이 그 죄수들이 보고 들은 것이 참된 사실이 아니라고 말해 주어도 쉽게 인정하려 들지 않을 것이다. 그리하여 플라톤은 그 비유를 "동굴의 우상"이라고 불렀던 것이다. 철학이란 이러한 인간들을 깨우쳐 참된 존재의 세계로 인도해 주는 학문이다. 여기서 플라톤은 참된 인식을 위한 구체적인 방법을 제시하려고 하였으며, 그것은 현실적임에 틀림없다.

---

42) 플라톤,『국가』제7권(514ff).

제3절 아리스토텔레스 철학의 현실성

플라톤은 현상적으로 나타나 있는 모든 사물은 그것이 진정한 존재가 아니라고 했다. 그에 있어서 진정한 존재란 이데아이며, 개물로서 나타난 모든 사물은 그 이데아의 그림자에 불과하다는 것이다. 그러나 그 이데아는 일반적으로는 분명 현실은 아니다.

아리스토텔레스는 그와 같은 플라톤의 생각을 수용할 수 없었다. 그에게는 본질적인 존재로서 이데아를 설정한 플라톤의 입장을 거부하고 오히려 개물 속에 이데아적인 요소가 내포되어 있는 것으로 보았다. 아리스토텔레스에 있어서 개물은 진정한 실체였다. 개물은 현상적으로 나타난 사물이며, 그것은 현실적인 것이다. 그에게 잠된 존재리는 의미의 실체는 형상과 질료의 합성체다. 여기서의 형상이란 플라톤의 이데아의 이칭(異稱)이다. 그러므로 아리스토텔레스에 있어서 이데아는 현실 속의 한 부분이다. 즉, 이데아는 개물 속에 내재하는 것이다.

그에 있어서 현실은 가능성이 실현된 것이다.

아리스토텔레스는 플라톤의 아카데메이아에 들어간 초기에는 플라톤의 절대적인 영향하에 있었으나 후에 가서 플라톤 사상으로부터 멀어져 갔다. 시간의 흐름에 따라 플라톤적인 사상으로부터 이 세상에 대한 관심과 이 세상을 경험적으로 연구해 보겠다는 관심이 커졌다. 즉, 플라톤의 비현실적인 사상으로부터 현실적인 성격의 철학으로 전환되어 갔다는 말이다. 소위 그가 플라톤으로부터 독립하여 뤼케이온 학원을 운영한 이후의 시기에는 더욱 현실적인

학문을 지향했다. 이 시기에는 이미 형이상학이 초감각적인 세계에
관한 학문이 아니라 그의『형이상학』7·8·9권에서 볼 수 있는
것과 같이, 감각적으로 지각할 수 있는 하나하나의 실체에 관한 학
문으로 된다. 또 심리학, 윤리학 및 정치학도 구체적인 현실과 이
현실의 긍정적인 자료들을 다룬다.

그의 저작들의 면모를 보면, 대부분은 현실적인 내용을 다루는
것들로 되어 있다. 자연과학적인 저작은 물론, 윤리학 및 정치학적
저술들도 현실적인 성격을 띤 저작들로 되어 있다.

그리하여 아리스토텔레스의 전집을 편찬한 로스(D. D. Ross)는
"다른 세계, 즉 저쪽 편에 있는 세계로부터, 자연과 역사의 구체적
인 요인들에 대한 관심으로 옮겨 가고, 세계의 형상과 의미가 질료
로부터 분리되어 있는 것이 아니라, 질료 속에 뿌리박고 있다"고
확신하였다.

그의 형이상학에서 질료와 형상의 합성으로서의 실체는 현실적
인 존재요, 형상의 의미도 가능태로부터 현실태로 이루어진 것을
의미한다. 그러므로 아리스토텔레스에 있어서 모든 존재물의 운동
의 목적도 현실태이다.

고올케도 아리스토텔레스가 아소르로부터 아테네로 되돌아온 후
부터 자기의 학파가 구체적이고 개체적인 실체에 눈을 돌리게 되
었다고 설명한다. 여기서 새로운 가능태의 개념이 뚜렷하게 대두되
게 되자 <가능태와 현실태에 관한 이론>이 생기게 되고 따라서
아리스토텔레스는 가능태의 개념을 바탕으로 해서 옛날의 형상 개
념을 다시 받아들일 수 있게 된 것 같다.[43] 그의 가장 뚜렷한 변화

---

43) J. 힐쉬베르거, 앞의 책, 209쪽 참조.

는 구체적인 존재자로서의 실체에 관한 학문이 일종의 신학으로 확대되었다는 사실이다.

분트(M. Wundt)도 뤼케이온 시대의 초기에 아리스토텔레스는 구체적이고 감각적인 하나하나의 사물을 원래적인 뜻의 존재라고 확신했다고 한다.

그에 있어서는 현실적인 성격이 드러나지 않는 것은 거의 없어 보인다.

(1) 논리학의 현실적 특성

그의 『분석론』에 의하면, 논리학이란 정신을 분석하는 철학의 한 분야다. 해부학이 인간의 신체를 구성요소로 분해하는 것처럼, 논리학은 인간의 사고와 언어를 분석한다. 정신도 일정한 구소를 갖고 있으며, 따라서 여러 가시 요소들과 기본적인 기능들로 이루어져 있으며, 개념·판단 및 추리 등이 있다. 그런데 그는 논리학에서 경험의 세계를 다양하게 추구하고, 구체적인 것을 정리하고 분류하려고 하는 경향을 나타낸다. 말하자면, 그는 이론적인 측면뿐만 아니라, 실천적인 측면에서도 정신의 기본적인 형식을 연구한다. 이렇게 보면, 논리학은 이론적인 것일 뿐만 아니라, 실천적인 것이기도 하다. 우리가 아리스토텔레스의 논리학을 형식논리학이라고 부르지만, 그의 논리학은 단순히 형식논리학이 아니고, 실천적인 논리학이기도 하며, 그가 규정하듯이 학문의 예비학이다. 학문이 현실적이 아닐 수 없다면, 논리학은 현실적인 학문임에 틀림없다.

그의 『형이상학』에 "존재자는 있고, 비존재자는 있지 않다고 말하는 것은 참이다"라는 명제로부터 그의 객관주의 진리관을 엿볼 수 있다. 이 말로부터 다음과 같은 추리가 가능하다. 즉, "분리되어 있는 것을 분리되어 있다고 말하고, 결합해 있는 것을 결합해 있다고 말하는 사람은 진리를 말하고 있다. 그러나 반대로 현실에 반대하는 사람은 오류를 범한다"가 그것이다. 개념의 결합이 판단이라고 정의하는 경우, 이 말은 타당하다. 이 결합의 관계를 플라톤에 적용해 보면, 플라톤에 있어서는 로고스가 이미 현실 자체이며, 이것은 순수하게 이성적·분석적으로 개념의 내용으로부터 결합이 될 수 있는가, 없는가 하는 것이 결정되나 아리스토텔레스는 개념을 떠나 현실에 호소함으로써 플라톤과는 다른 입장을 취한다. 그러니까 그에 있어서는 로고스는 현실 자체가 아니라, 다만 사고 수단이요, 현실에로 나아가는 길일 뿐이다.

아리스토텔레스에 있어서 모든 학문의 목적은 본질을 분석하는 것이다. 그래서 엄밀한 의미에서 지식의 기초와 출발점은 본질 인식이다. 그런 점에서 '무엇이냐 하는 것'(본질)은 '……이다'(사실)고 하는 것보다 훨씬 큰 의미를 갖게 된다. 그런데 그가 본질 분석의 학문이 지향한 궁극목표라고 했을 때, 이것은 합리주의와 더불어 다시 플라톤주의의 일단을 드러내기도 한다. 즉, 이데아 안에만 본질을 포함한 현실(실재) 전체가 내포되어 있기 때문이다.

그러나 플라톤에 있어서는 본질 개념은 선천적인 것이며, 개별적인 것은 보편적인 것을 통해서 읽히고 이해되는 데 반해, 아리스토텔레스에 있어서는 개별적인 것이 먼저 알려지고 난 후 이를 바탕으로 보편적인 것이 알려지게 된다는 것이다. 그에 있어서 인식의 궁극적인 원천은 경험이다. 그리하여 분석론 후편에 "우리들이 경험의 도움을 받아 최초의 것을 인식해야 한다는 것은 분명하다"[44]고 했다. 니코마코스 윤리학에서도 "보편자는 항상 개별적인 사물들에서 생겨난다"[45]고 하였다.

그다음으로 아리스토텔레스의 영혼관을 보자.

인간에게 있어서 육체와 영혼은 분리되어 적대하고 있는 두 가지의 실체와 같은 관계를 갖는다. 이것들은 외적으로만 결합되어 있을 뿐이다. 후에 생각하기를, 육체와 영혼은 서로 관계가 없는 것이 아니라, 서로 협력을 하게 되나, 아직은 각기 독립적인 실체로 남아 있다는 것이다. 그러나 뒤에 영혼은 육체의 그 어느 곳에 깃들어 있는 생명력으로 된다는 것이다. 그는 영혼을 3가지로 구별하고 있는데 그것은 식물적 영혼, 동물적 영혼, 정신적 영혼이다. 그에 의하면 영혼은 전체로서 육체 진체 안에 있으며, 인간을 육체와 영혼으로 구성된 통일적인 실체로 보는 것이다. 이와 같이 영혼을 보는 것은 그 영혼이 관념적이거나 초월적인 것이 아니라, 바로 현실적으로 작용하고 있다는 견해인 것이다. 기능상으로 보면, 영혼은 우리들을 살게 하고, 지각을 하며, 생각을 하게 하는 요소이다.

"생명은 또한 신의 것이다. 왜냐하면 사유의 현실태가 생명이고, 신은 그 현실태이기 때문이다. 그리고 신의 자기의존적인 현실성은 가장 좋고 영원한 생명이다. 그러므로 우리는, 신은 살아 있는 존재요, 영원하고, 최고선이어서 신은 계속적이고 영원한 생명이며, 지속이라고 말한다"[46]

---

44) 아리스토텔레스, 『분석론』, 후편 2권 19장. 100 b4.
45) 아리스토텔레스, 『니코마코스윤리학』 6권 12장 1143 b4.

(2) 덕론의 현실성

아리스토텔레스는 이성을 이론이성과 실천이성으로 분류한다. 이 것은 보다 현실에 접근하는 그의 면모를 보여 주는 것이다. 그는 윤리적인 덕이라는 개념을 끌어들임으로써 한층 더 현실에 접근한 다. 즉, 윤리적인 덕은 분명한 목적을 지니고 있으며, 단순한 지식 과는 근본적으로 다른 정신적인 힘으로서의 의지라는 사실에 알맞 다. 그에 있어서 윤리적인 덕이란 육체와 육체의 욕망을 영혼이 지 배하는 것을 뜻하기 때문이다.

그는 윤리적인 덕을 개관하고, 이 덕들을 용기, 절제, 관대, 고결 함, 넓은 도량, 명예심, 온화함, 성실함, 우아함, 정의 및 우정 등으 로 그 특성에 따라 현상학적으로 서술하는데 이것은 새로운 현실 을 보다 정확하고 포괄적으로 묘사하는 그의 입장을 보여 준다.[47]

그는 덕의 발생을 문제 삼을 때도 냉철한 현실로 하여금 말을 하게 하고 있다. 그는 이 경우 본성적으로 타고난 선한 소질을 중 요시하고 이에 필요한 가치에 관한 지식을 존중하며, 선으로 나아 가려는 의식적인 노력을 강조한다.

앞서 지적한 것처럼, 사람들은 집을 지음으로써 목수가 되고, 집 을 잘 지음으로써 좋은 목수가 된다. 이와 마찬가지로 사람들은 실 제로 자기를 억제하고 또 올바르게 생각하고 행동함으로써만 절도 있고 정의로운 사람이 된다. 이러한 그의 생각은 매우 현실적인 착 상이다.

---

46) Aristoteles, *Metaphysica*, 1072.

47) 아리스토텔레스, 『니코마코스윤리학』, 4·5·7·8·9권 참조.

또 한 가지 국가형태의 발생, 유지, 몰락에 관한 아리스토텔레스의 연구는 현실에 가까운 것을 말해 주기도 한다.[48]

아리스토텔레스에 있어서 덕은 현실적인 실천적 행위의 바탕이다. 그에 있어서 덕은 현실의 삶에 있어서 좋은 삶을 위한 바탕이다. 따라서 정치에 관한 그의 생각도 매우 현실적이다.

그리하여 정치에 대한 이해는 윤리와 밀접히 관계된다. 그에 있어서 정치는 윤리를 커다랗게 조직화해 놓은 것이다. 인간은 사회 안에서 비로소 완성되며, 선도 사회 안에서만 실현되기 때문이다.[49] 그는 그의 『정치학』에서 인식의 문제, 교육의 문제, 윤리의 문제 등을 다루는데 그것은 정치는 인간의 궁극적 목표를 달성하게 하는 역할을 맡기 때문이다.

그가 국가의 본래적인 과제를 '선하고', '완전한' 생활을 하는 인간성을 길러주는 데 둔 깃은 인간이 행복한 삶을 실현하는 가장 근본적인 것으로 보았기 때문이다. 그러므로 우리는 국가 안에서만 유덕한 삶을 영위할 수 있으며, 따라서 정치는 시민으로 하여금 덕을 잘 실천하게 하는 작용이다.

제4절 스토아학파와 에피쿠로스학파의 도덕론의 실천성

이 학파들은 헬레니즘 시대를 대표한다. 헬레니즘 시대는 그리스

---

48) 아리스토텔레스, 『정치학』, 5, 6권 참조.
49) 아리스토텔레스, 『정치학』, 3권 9장, 『니코마코스윤리학』, 10권 10장 참조.

문화와 동방의 문화가 융합된 것으로서 그리스 시대에 비해 창조적 사유 대신에 박식을 존중하였다. 그리고 이 시대에 왕성한 활동을 벌인 철학자들은 그 바탕에 염세적인 경향을 나타냈으며, 또한 인간이 숙명적으로 타고난 유한성을 탄식하고, 싸움 없는 평화, 공격 없는 안전, 나아가서는 어떤 초자연적인 근원으로부터의 구원을 갈망하였다.[50] 그리하여 그들은 종교적 성향을 강하게 띠었으며, 각 종파들은 안심입명(安心立命)을 추구하는 경향을 띠었다. 스토아학파는 앞서의 소(小)소크라테스학파의 하나인 키니코스학파의 재생이라고 할 수 있으며, 에피쿠로스학파는 키레네학파의 재생이라고 할 수 있다. 이 학파들은 보다 현실에 접근하는 모습을 보였다.

스토아학파는 아리스토텔레스의 연장선상에 있다. 그들은 이론만으로는 충분치 못하다고 판단하고 실천적인 덕론에 중점을 둔다.

그들이 중점을 두는 덕론의 성격은 첫째, 행위의 생활이다. 그들은 노력과 팽팽한 긴장, 투쟁, '소크라테스의 강인함' 등을 사랑한다. 이 같은 그들의 입장은 덕이 그 가치를 실천에서 찾는다는 생각에서 비롯된다. 그들은 특히 페리파토스학파가 말하는 아카데메이아학파의 고귀한 인간과 같은 고귀한 이상과 배경의 본질과 그 직관에는 관심을 갖지 않고, 말과 사실을 구별할 것을 강조한다. 그들은 실천적인 생활에서 중요한 것, 즉 강하게 일을 하고, 결단에 따라 행동할 것을 덕의 중요한 바탕으로 본다. "괴로움을 참고 견디고, 쾌락을 버리라"고 주장한다. 그리고 우리들에게 필요한 것이 무엇이며, 또 무엇이 만물을 질서 지우는가를 묻고, 그것을 의지라고 말한다. 그리고 우리들을 기근과 함정에서 구해 주는 것도

---

50) S. P. 렘프레히트 저, 김태길 위 역, 『서양철학사』, 을유문화사(1992), 126쪽 참조.

의지라고 주장한다.[51] 그들이 말하는 의지란 실천의 핵심이다. 그들에 있어서 철학은 말이나 이론에 있지 않고 삶과 행위에 있다. 그리하여 그들은 행동의 구체적인 지침까지 제시한다. 예컨대, 밥을 먹을 때에는 밥에 대해서 이야기하지 말고 주어진 것을 먹으라고 실천을 주문한다. 스토아 철학자 세네카는 "정상적으로 일을 하는 사람은 어리석은 짓을 할 시간이 없다. 일을 하는 것은 게으름의 악덕을 내버리기 위한 가장 확실한 수단"(서간, 56쪽)이라고 하여 실천적 행위를 강조하였다. 더 나아가 그들은 공공생활에 적극적으로 참여할 것을 주장하기도 한다. 덕이 있는 사람이 되려면 활동적인 생활을 해야 한다고 주장한다.

그다음 덕론의 두 번째 성격은 부동심(Apatheia)의 삶에 대한 권고다. 이것은 행위를 바르게 실천하기 위한 바탕이다. 부동심이란 감정의 유혹에 흔들리지 않음을 의미한다. 따라서 우리는 정욕, 분노, 공포 등에 흔들려서는 안 되며, 동정이나 후회에 움직여서도 안 된다는 것이다. 그리하여 아우렐리우스는 어떤 것에 의해서도 흔들리지 않는 것을 첫째 계명이라고까지 하였다. 아파테이아(Apatheia)의 실천은 그리 간단한 것은 아닐 것이다. 이를 위해서는 확고한 지적 인식이 선행되지 않으면 안 되기 때문이다. 그래서 그들은 인간의 특성을 이성에 두었는데 이 이성은 세계를 지배하는 세계이성으로부터 받은 것이라는 생각을 전제로 하고 있다. 그들에 의하면 인간의 이성은 세계이성의 분신이므로 이것을 발휘하면 감정을 억제할 수 있으며, 또한 이성을 가진 모든 인간은 이성 때문에 누구나 평등하다고 하였다. 즉, 모든 인간은 차별이 없는 평등

51) 에픽테토스, 『에픽테토스』, 〈어록〉 2권 17 참조.

한 세계시민이라는 것이다. 그것이 바로 '세계시민주의' 즉, 코스모폴리터니즘(cosmopolitanism)이다.

스토아학파와 동시대의 철학자인 에피쿠로스학파 사람들은 인식은 오직 삶을 위해서만 있게 되는 것이며, 따라서 인식은 전적으로 공리성을 위해 이바지하는 것이라고 전제하고, 철학이란 활동이며, 이 활동에 대한 인식이 우리들에게 행복을 가져다준다고 생각했다. 그리고 그들의 윤리학적 견해를 보면, 쾌락을 그 중심에 두고 있다. 그들에 의하면, 쾌락은 복된 삶의 시작이요, 끝이라고 규정하고, 모든 선택과 노력은 신체의 건강과 영혼—그들에게 영혼은 육체의 연장이다.—의 휴식(평정)을 목표로 삼는다고 본다. 신체가 건강하고 영혼이 편안해야 행복한 삶을 누리기 때문이다. 그들이 염두에 두고 있는 쾌락이란 고통이 없고, 마음의 동요에서 해방되는 것이고 마음의 평화를 얻는 것이다. 이같이 그들은 정신적인 쾌락을 육체적인 것보다 중히 여겼으며, 이성과 사려를 통한 쾌락의 추구를 강조하였다.

에피쿠로스를 가장 좋아했던 인물이 마르크스였는데 이 같은 사실은 우리들로 하여금 에피쿠로스를 철저한 유물론자로서 물질적이고 육체적인 쾌락에 큰 가치를 둔 철학자로만 여기게 하기도 한다. 그러나 그는 진정한 쾌락은 정신적인 것이라고 하였으며, 인간의 선한 생활이란 외적인 변동이나 내적인 감정에 의해서 흔들리지 않는 생활(아타락시아)이라고 하였다.52)

그들은 행복이란 야망에 대한 성취의 정도라고 하였는데 행복의 양을 높이기 위해서는 성취의 크기를 높이든가 아니면 야망의 정

---

52) S. P. 렘프레히트, op. cit., 130쪽 참조.

도를 낮추어야 할 것인데 에피쿠로스학파 사람들은 성취를 늘리기보다는 야망을 줄일 것을 권장하였다. 이 같은 그들의 사고는 행복에 대한 지극히 현실적인 삶의 태도를 드러낸 것이라고 하겠다.

제6장

이성적인 것은 현실적이고 현실적인 것은 이성적인 것이다

− 헤겔 철학의 현실성 −

제1절 헤겔 철학의 성격

우리는 보통 헤겔 철학을 절대주의에 입각한 관념론이며, 정신을 위주로 한 철학으로서 현실과는 거리가 먼 철학으로 치부한다. 마치 헤겔 철학이야말로 물질과는 동떨어진 바탕 위에 놓인 철학이어서 현실적으로는 의미가 없는 관념적으로만 논의되는 것으로 안다. 그러나 이성을 가진 인간으로서 인간의 이성적인 측면이 인간의 가장 중요한 요소의 하나라는 것을 전제로 할 때 헤겔 철학이야말로 현실적인 것이라고 할 수 있다. 왜냐하면 인간의 이성은 엄연한 인간의 현실이기 때문이다.

어떤 의미에서 보면, 헤겔이 이성을 가진 존재로서의 인간을 철학의 중심 과제로 삼았다는 점에서 오히려 그가 참된 현실을 추구한 것이라고 할 수 있겠다. 헤겔은 그의 『엔치클로패디』에서 "일상 생활에서는 모든 망상, 과실, 악이나 악에 속하는 것, 보잘 것 없는 하찮은 현존까지도 제멋대로 현실성이라고 부른다"고 지적하고, 그러나 "보통 일반의 감정도 우연적인 현존을 현실적인 것이라고 부를 만한 것이라고 보지는 않는다. 우연적인 것은 있는 동시에 있지 않을 수도 있는 '가능적인 것의 가치'보다도 더한 가치가 없는 현존"53)이라고 주장하면서, 그가 현실성이라고 하는 말의 진정한 의미에 대해서 생각해 봐야 한다고 말하고, 『대논리학』에서 현실성을 논구하고 그것을 우연적인 것에서 구별했을 뿐만이 아니라, 정재(定在), 그 밖의 규정[범주]들에서도 구별했음을 상기시킨다.

그리고 헤겔은 현실성의 의미에 대해서 "철학의 내용은 현실이라는 것을 이해하는 것이 중요하다. 우리는 이 내용의 직접적 의식을 경험이라고 부른다. 세계를 주의 깊게 바라보는 사람이라면, 반드시 외적 및 내적인 현존재성의 광대한 영역 내에서 단지 현상에 지나지 않는 것, 곧 잠시적이고 무의미한 것과 그 자신 참으로 현실의 명칭에 합당한 것과를 구별할 것이다"라고 강조하고, 이어서 철학은 "현실이나 경험과 반드시 일치하여야 한다. 아니 철학과 현실의 일치야말로 적어도 어떤 철학의 진리성을 증명하는 외적인 시금석으로 볼 수 있고, 또 이 일치의 인식에 의하여 자각적 이성과 현실의 화해를 실현하는 것이 학문의 목적이라고 생각할 수 있다"[54]고 하였다. 이 같은 그의 언급은 그가 얼마나 철학의 현실성을 강조한 것인가 하는 것을 짐작할 수 있게 한다.

헤겔은 그의 『법철학강요』 서문에서 "이성적인 것은 현실적인 것이고, 현실적인 것은 이성적인 것이다"[55]라는 명제를 제시하고, 이 명제로부터 신이 세계를 지배한다고 하는 종교의 교설을 제시한 것은 매우 큰 의미가 있다고 하겠다. 그러나 이 명제의 철학적 의미를 이해하기 위해서는 신이 현실적이라는 것, 그리고 신만이 현실적이라는 것을 알 뿐만 아니라, 다시금 형식상으로 보아서 일

---

53) G. W. F. Hegel, *Enzyklopädie der philosophischen Wissenschaften I*, Suhrkamp § 6.

54) 같은 곳.

55) Hegel, *Grundlinien de Philosophie des Rechts*, Suhrkamp 1986 s.24.

반적으로 현존재의 일부분이 현상이라는 것, 따라서 현실도 그 일부분에 지나지 않는다는 것을 알아야 한다고 강조한다. 이 경우 현실은 분명 존재가 확실한 것, 참으로 존재하는 것을 가리키고 있음을 주목할 필요가 있다.

헤겔 철학의 이 명제는 그의 논리학·국가철학(법철학)·역사철학 등에서 중심적 위치에 놓여 있는 것으로 보아 현실적인 것과 이성적인 것의 일치가 그의 철학의 핵심에 놓여 있다고 할 수 있을 것이다.

헤겔에 있어서 정신은 현실 속에 있다. 그에 있어서 이성적인 것과 현실적인 것은 떨어져 있지 않다. 즉, "현실성은 본질과 실존의 통일이다"[56] "내외 통일이 절대적 현실성이다"(같은 곳) 본질은 겉으로 드러나 있지 않은 것이며, 실존은 겉으로 드러나 있는 것이다. 본질과 실존은 대립관계이기도 하다. 그러므로 진정한 존재는 이 양자의 통일이다. 그러므로 현실은 본질의 그림자이거나 그것의 가상은 더욱 아니다. 그런 짐에시 현실성은 실존보다 고차적이기도 하다.

그가 이 명제에서 나타내고자 한 것은 우리가 이성적 법칙을 개념적으로 파악해야 한다는 것이다. 그것은 단순히 머릿속에서 생각된 이상에 따라서 있어야 할 세계를 수립하는 것이 아니고, 존재하고 있는 이성적인 현실의 모습을 파악하는 것이 필요하다는 것이다.[57] 그러니까 헤겔은 현실 속에 있는 이성을 찾는다.

---

56) Hegel, *Wissenschaft der Logik* Ⅱ, in Werke in zwanzig Bänden 6, Suhrkamp Verlag, s.186.
57) 헤겔 저, 이동춘 역, 『법의 철학』, 박영사, 7쪽 참조.

현실성은 첫째, 절대적인 것 자체이며, 둘째, 본래적인 현실성, 가능성 및 필연성이 절대자의 형식적 계기, 혹은 절대자의 반성을 이루며, 셋째, 절대자와 그의 반성과의 통일은 절대적 관계 혹은 자기 자신에 대한 관계로서의 절대자, 즉 실체이다.[58]

우리가 겉으로 드러나 있는 모습을 현상이라고 부르는데 헤겔에 있어서 현상이란 실존이 스스로에게 규정을 가하고 형식을 부여한 경우의 그것을 의미한다.

현실성이란 실존이 그 근거나 반성된 것이 단적으로 계기를 이루고 있는 통일성이다. 헤겔이 "철학은 실천적 태도요, 주어진 것을 변형시키고 그것을 사유하며, 그것 안에 있는 법칙과 질서를 발견하는 권리를 수반한다"[59]고 한 것도 헤겔 철학의 현실적 성격의 한 표현이다.

제2절 헤겔 논리학의 현실성

헤겔은 논리학의 내용을 "자연과 그의 유한한 정신을 창조하기 이전 그의 영원한 본질 가운데 있는 신의 서술"[60]이라고 표현하고 있다. 이 말을 우선 대하면 매우 추상적이고 관념적인 생각으로부터 나온 언급으로 보인다. 그러나 앞서 지적한 것처럼 그에 있어서

---

58) 같은 곳 참조.

59) Hugh A. Rayburn, *The Ethical Theory of Hegel* – A Study of the Philosophy of Right, Oxford at the Clarendon Press, 1921. p.48.

60) Hegel, *Wissenschaft der Logik* I, Suhrkamp, 1986. s. 44.

신의 개념은 절대정신으로서 존재의 근원을 가리킨다. 존재세계가 필연적인 것이라면 신의 현실성을 외면할 수는 없을 것이다.

헤겔 논리학은 존재, 본질, 개념의 변증법적 통일의 과정을 다루며, 그것은 이성적인 것과 현실적인 것의 통일로 현상한다.

모든 존재는 현상화되며, 따라서 현상화된 존재는 본질 존재의 외적 표현이다. "현상화된 존재와 본질적인 존재는 서로가 단적으로 관계를 지닌 상태에 있다. 이런 점에서 실존은 세 번째로 본질적인 관계를 의미하는, 즉 현상화되는 것은 본질적인 것을 지시하는가 하면, 다시 이 본질은 그 자신의 현상 속에 있는 것이 된다. 결국 관계란 타재성(他在性)에로의 반성과 자체 내로의 반성 사이에 이루어진 아직도 불완전한 통합을 의미하거나 이러한 양자의 완전한 삼투(滲透)는 현실성에서 가능해진다"61)

하이데거가 존재의 본질을 구명하기 위해 현존재를 분석했던 것은 어차피 본질적인 존재는 현존재로 현상하게 마련이므로 현존재의 분석을 통해 본질을 추구할 수 있게 되는 것이다. 후설의 경우에도 현상학이란 결국 본질학이 된다. 현상학이 추구하는 것도 결국은 존재의 본질이기 때문이다.

헤겔이 현실성의 여러 가지 내용을 언급한 것을 살펴본다.

"본질적 관계는 현상과 내면, 혹은 현상과 본질과의 이상과 같은 동일성 속에서 이제 현실성으로 발돋움하게 된 것이다"62)

"현실성은 본질과 실존의 통일이다. 형체 없는 본질과 불안정한 현상 혹은 규정 없는 존속과 불안정한 다양성이 현실성에서 진리

---

61) Hegel, *Wissenschaft der Logik* II, Suhrkamp, s.125.
62) ibid., s.185.

를 지닌다”[63]

“내면과 외면의 통일은 절대적 현실성이다. 그러나 이러한 현실성은 우선 절대적인 것 그 자체에 지나지 않는다”[64]

“본래적 현실성, 현실성, 가능성과 필연성은 절대자의 형식적 계기와 절대자의 반성을 이룬다”(ibid., s.186)

“현실성은 실존보다도 고차적이다. 즉, 실존이 근거와 제약으로부터, 혹은 본질과 반성으로부터 현출된 직접성임으로 해서 이러한 직접성이 곧 즉자적으로 현실성이라고도 할 실재적인 반성인 것은 사실이지만, 여전히 이것은 반성과 직접성과의 정립된 통일은 아니다. 따라서 실존은 이제 그 스스로가 간직하고 있는 반성을 전개함에 따라 현상으로 이행한다”[65]

“이러한 실존이나 직접성과 즉자적 존재성, 더 나아가서는 근거나 반성된 것이 단적으로 계기를 이루고 있는 통일성이야말로 바로 현실성을 뜻한다. 이런 점에서 현실적인 것은 계시, 현현이라고 하겠으니 이 현실적인 것은 결코 그 스스로의 외면성으로 인해서 변화 테두리 속으로 말려드는 일도 없으려니와, 또한 그것은 어떤 타자 속에서의 스스로의 가현일 수도 없는 오직 자기현현일 뿐이다”[66]

“이제는 그 자체가 내면과 외면 간의 직접적인 형식 통일을 뜻하는 현실성이 자기반성의 규정과 대립되는 직접성이란 규정을 받게 된다. 즉, 이것은 가능성에 대립되는 현실성이 된다. 결국 이 양

---

63) ibid., s.186.
64) ibid.
65) ibid., s.201.
66) ibid., s.201.

자 상호 간의 관계가 어떤 하나의 제3자에 해당되거니와 여기서 현실적인 것은 자기 반성된 존재로서 규정되는가 하면, 또한 이 자기 반성된 존재는 직접적으로 실존하는 존재로서 규정되기도 하는 바, 이 3자는 곧 필연성이다. 그러나 처음에는 현실적인 것과 가능적인 것이 단지 형식적인 구별을 이룰 뿐이므로, 이들의 관계도 마찬가지로 형식적일뿐더러 더 나아가서 그것은 바로 그 현실적인 것과 가능적인 것이 다 같이 피정립적 존재에 지나지 않는 것, 즉 우연성 속에 깃들인 것이라고 할 수밖에 없다.

그러나 이제 우연성 속에서 현실적인 것과 가능적인 것은 다 같이 피정립적 존재성을 띰으로써 이제 그들은 다 같이 스스로 규정을 마련하게 된다. 그리하여 이제 둘째로 실재적 현실성이 등장하는가 하면, 더 나아가서는 실재적 가능성과 상대적 필연성도 발생하기에 이른다. 셋째, 마침내 상대적 필연성의 자기반성이 절대적 필연성을 낳게 되거니와 이것이 곧 절대적 가능성이며 현실성인 것이다"[67]

그렇게 보면 헤겔에게 있어서의 현실성이란 진정한 실제의 모습을 의미한다고 생각된다. 헤겔은 "일상생활에서는 모든 망상, 과실, 악이나 악에 속하는 것, 보잘 것 없는 하찮은 존재까지도 현실성이라고 부른다. 그러나 보통 일반의 감정도 우연적인 현존을 현실적인 것이라고 보지는 않는다. 우연적인 것은 있는 동시에 있지 않을 수도 있는 '가능적인 것의 가치'보다도 더한 가치가 없는 현존이다. 대논리학에서 나는 현실성을 논구했고, 현실성을 우연적인 것과 구별했을 뿐만 아니라, 정재, 현존, 그 밖의 규정들에서도 구별했던

---

67) ibid., s.202.

것"[68]이라고 말함으로써 플라톤에서와 같은 이데아의 그림자로서의 개물의 세계와는 다른 현상으로서의 현실을 말하고 있다. 오히려 그런 면에서는 아리스토텔레스와 가깝다.

그런 점에서 헤겔이 현실적인 것이라고 부르는 것은 칸트가 경험의 감각세계에서 발견한 최고의 범주이며, 사유의 깊은 법칙이 사물 세계에서 외적인 구체화와 적응을 갖는다는 사실에 부정적인 입장을 갖는 일반의 견해에 대해 헤겔은 비판한다.[69]

이렇게 보면 헤겔 철학은 현실과 동떨어진 관념의 철학이 아니라, 그 당시의 시대적 현실 문제를 정확히 반영했다고 하겠다. 생철학, 실존철학, 마르크스주의 철학, 실용철학, 등 현대철학이 헤겔 철학의 반동으로서 나타났다고 보는 것도 헤겔 철학이 현대에 있어서 그 뿌리가 되고 있음을 반증하는 것이다.

제3절 이론과 실천의 통일

헤겔의 실천철학의 성격을 띤 『법철학』의 서론은 이론과 실천의 통일에 관해 언급하고 있다. 그에 있어서 의지의 자유는 정신이 추구해야 할 궁극의 목표다. 그런데 자유란 정신의 속성이다. 그것은 무게가 물체의 근본규정이듯이 자유는 의지의 근본규정이다. 자유는 법의 체계 내에서 그 실현을 맛본다. 그래서 헤겔은 법의 체계

---

68) Hegel, *Enzyklopädie der philosophischen Wissenschaften* I, Suhrkamp, § 6.
69) Hugh A. Rayburn, op. cit., p.70.

는 실현된 자유의 왕국이라고 했다.[70]

이론과 실천을 논하기 위해서는 사유와 의지의 연관관계를 살펴보아야 한다. 정신은 사유일반이며, 사유를 통해 인간은 비로소 동물과 구별된다. 어떻게 보면 의지는 어떤 특수한 방식의 사유다.[71] 사유는 어떤 대상을 사유함으로써 그 대상을 사상으로 만들고 거기서 감성적인 것을 제거하는데 그것은 실천적 행위는 아니다. 말하자면 사유는 어떤 대상을 개념적으로 파악하는 것이다. 사유 주체로서의 자아는 어떤 대상을 알고 있을 때 그것과 관련하여 평안함을 얻는다. 세계를 개념적으로 파악했을 때, 그 사유 주체는 세계 안에서 평안할 수 있다. 대상에 대한 파악은 이론적 태도에 해당한다. 이에 대해 실천적 태도는 자아 그 자체로부터 시작하고, 우선 무엇보다도 사유에 대립된다(같은 곳). 그러나 이론적인 것은 본질적으로 실천적인 것 안에 포함된다. 왜냐하면 의지란 이론적인 것을 자신 안에 포함하고 있고 의지는 자신을 규정하기 때문이다. 즉 의지는 지성이 없이는 어떤 대상을 가질 수 없다. 그러므로 의지를 결여하면 이론적 태도를 취하는 것도 불가능하게 될 수도 있다는 것이다.

그리하여 레이번은 헤겔의 법철학을 연구하면서 "철학은 실천적 태도요, 주어진 것을 변형시키고 그것을 사유하며, 그것 안에 있는 법칙과 질서를 발견하는 권리를 수반한다"[72]고 해석한 바 있다. 철학은 이성을 가진 인간의 내적 요구의 필연성이다.

---

70) Hegel, *Rechtsphilosophie* § 4 참조.
71) ibid., § 4 보유 참조.
72) Hugh A. Reyburn, op. cit., p.48.

제4절 위안으로서의 철학

"나이가 들수록 더 유순해지며, 청년은 항상 불만에 차 있다. 왜냐하면 나이가 들면 무사(無私)롭게 열등한 것들을 참을 뿐만 아니라, 생의 진지함으로부터 보다 심오하게 배우고, 사물의 실체적이고도 견고한 국면에 눈을 돌리게 되는 판단의 성숙성을 갖게 되기 때문이다.

그러므로 철학이 갖도록 도와주는 통찰은, 실제의 세계가 바로 땅 위의 세계라는 것이다. …… 신이 세계를 지배하고 있다. 그 지배의 내용, 그의 계획의 구현이 세계사이다. 이것을 파악하는 일이 세계사 철학의 임무이다. 그리고 그 철학의 전제는, 이상이 스스로 성취하며, 그 이상에 합치하는 것만이 현실성을 갖는다는 것이다. 단순한 이상을 넘어선 신성한 이데아의 순수한 빛 앞에서는 광기의 어리석은 해프닝으로서의 세계의 외관은 사라지고 만다. 보통 현실이라고 불리는 것을 철학은 열등한 어떤 것으로 여겨 왔다. 이러한 사고방식은 소위 전적인 불행과, 이제까지 일어난 일들의 비정상적 광기에 대해서 위안을 느낀다. 그러나 그 위안은 일어나서는 안 되었던 어떤 악에 대한 대체물에 불과하며, 한계가 있는 편안함이다. 그러나 철학은 위안이 아니다. 그것은 더 나아가서 부당하게 보이는 현실을 이성적인 것으로 와해시키고 변형시키는 것이다"[73]

관념론자로서의 헤겔의 철저한 신념은 우리의 세계는 하늘이 아

---

73) G. W. F. Hegel, *Die Vernunft in der Geschichte*, Felix Meiner Verlag(1955) s.77f.

닌 땅 위에 있다는 것이다. 그가 핵심에 두고 있는 이성은 결코 땅으로부터 공중에 떠 있는 관념의 주체가 아니라, 바로 땅에 있는 현실의 주체로서의 능력이다. 철학은 인간 본질로부터 벗어났던 인간을 본래의 모습으로 돌려놓는 역할과 기능을 수행하는 것이다. 예수가 가르친 기도문에 "뜻이 하늘에서 이루어진 것 같이 땅에서도 이루어지이다"라고 기도한 것에서 천국은 하늘에서만이 아니라, 땅에서도 이루어져야 함을 암시한 것으로 볼 수 있는데 이것도 같은 맥락에서 이해된다. 그러니까 헤겔에 있어서 인륜적 이념의 현실태로서의 국가에 있어서도 완전한 국가가 하늘에 놓여 있다고 믿지는 않는다.

제5절 헤겔의 실천철학적 성격

(1) 인륜적 이념

헤겔은 궁극적으로는 철학이 현실적으로 어떻게 사회에 기여할 것인가를 염두에 둔 것으로 여겨진다. 그의 철학의 성격이 절대적 관념론의 형식으로 나타난 것은 이성을 가진 사유하는 존재로서의 인간의 특수성에 비추어 가장 정확하고 진실에 접근하는 존재의 모습을 찾아보려는 노력의 결과일 것이다. 그의 말년의 저작인 『법철학』은 그의 철학의 현실적 성격을 가장 뚜렷이 드러낸 것으로 보인다. 정신적 주체인 인간에게 궁극적인 목표는 자유의 실현이며, 그것은 정신의 발전단계에서 절대정신에 이르러 이루어질 것이었다. 정신은 외화되어 현실적인 것이 된다. 즉, 정신의 발전과정의 한 단계인 객관적 정신의 단계에서는 법과 도덕의 단계를 거쳐 인륜적 이념이 현실태로서 나타난 바, 그것이 가족과 시민사회, 그리고 국가이다. 그러므로 이 같은 사회 공동체의 출현은 그 구성원인 사람들의 계약의 결과가 아니라, 이념의 필연적 과정의 산물이다. 그리하여 그는 "윤리란 자유의 이념이며, 자기의지와 의욕을 스스로 의식하고, 이 자각적 행위에 의해 자기를 현실화하는 선이며 그러한 의미에서 살아 있는 선이다"[74]라고 하였다. 그리하여 그에 있어서는 "윤리란 자유의 개념이 현존재로 됨과 동시에 자각의 본성에 도달한 것이다"[75]

그러나 윤리를 실천하는 인간도 객관적인 입장에서 보면, 자기를 윤리적 인간임을 의식하고 있지는 않는다. 헤겔의 입장에서 보면 법률이란 완전하게 존재하는 규정이며, 사물의 본성으로부터 유출되는 규정이다. 그러므로 그에 있어서 법률이란 인간이 자의적으로 계약에 의해 규정할 수 없는 것이다.

(2) 인륜적 이념의 전개

인간이 행복하기 위해서 기본적으로 갖추어야 할 것은 덕이다. 이 같은 생각은 전통적인 철학적 입장으로서 플라톤이나 아리스토

---

74) 헤겔, 『법철학』, 142절.
75) 같은 곳.

텔레스의 계승이기도 하다. 헤겔은 유덕하기 위해서는 우리는 무엇을 하지 않으면 안 되며, 인간이 행해야 할 의무는 윤리적 공동체 안에서 비로소 알게 된다고 하였다. 그에 의하면, 이 덕은 개인이 소속하는 제 관계의 갖가지 의무에의 개인의 단순 소박한 적합성으로서 이를 성실이라 일컬을 수 있다. 성실로부터 덕이 우러나올 수 있으므로, 성실의 여러 가지 면은 여러 가지 덕이라 할 수 있다.[76]

윤리적인 것은 제 개인이 현실생활과 단순 소박하게 동일화된 경우에 그들 제 개인의 보편적 행위형식으로서, 즉 습속으로서 나타난다는 것이다. 습속이란 한 민족이나 겨레가 반복적인 삶의 형식을 수행함으로써 객관화된 것이다. 자연에는 자연법칙이 있고, 이에 따라 동물, 나무, 태양이 그것을 수행하는 것처럼, 습속은 자유의 정신에 속하는 법칙이지만, 이는 추상법이나 도덕이 아직 이에 이르지 않은 것으로서의 그것이다. 이 습속은 첫째, 단순히 자연적 의미에 대신해서 세워지고, 또 제 개인의 생활을 일관하는 영혼, 의미, 현실성인 면과, 둘째, 천성으로서의 윤리적 습관으로서의 면이 있어서 하나의 세계를 이루어 살고 있는 현존하는 정신이다.[77]

"추상법에 있어서는 특수성은 아직 개념의 특수성이 아니라, 단지 자연적 의미의 특수성에 불과하며, 도덕의 입장에서도 자기의식은 아직 정신적 의식은 아니기 때문이며, 도덕의 입장에서는 단지 주관이 자기 자신 안에 있어서의 가치만을 중요시한다. 주관은 선에 따르고 악에 반항하여 자기를 규정하기는 하지만, 아직 자의의 형식을 지니고 있는 데 반해, 윤리의 입장에서는 의미는 정신의 의

---

76) 같은 책, 150절 참조.
77) 같은 책, 151절 참조.

지로서 존재하며, 또한 자기에 적응한 실체적 내용을 지닌다"[78]

여기에 덧붙여 헤겔은 교육학에 관해 언급한다. "교육학이란 인간을 윤리적인 것으로 되게 하는 기술이다. 그것은 인간을 자연적인 것으로 보고, 인간을 개조시키는 것을 뜻한다. 즉, 인간의 제1의 자연을 제2의 정신적 자연으로 변하게 하고, 이렇게 해서 이 정신적인 것이 인간 가운데 습관이 되는 길을 가리킨다"[79] 이 같은 헤겔의 교육관은 오늘날의 상황에 비추어 보아도 매우 현실적인 견해가 아닐 수 없다. 오늘날의 교육도 인간을 바람직한 방향으로 변화시키는 일로 정의되는데 이 바람직한 인간이란 바로 윤리적인 인간이 아니고 무엇이겠는가?

습관은 윤리적인 것에도 필요하지만, 철학적 사유에도 필요하다는 것이다. 그 이유는 철학적 사유는 정신이 자의적 착상에 대하여 도야되고, 이 착상이 극복 타파되어서 이성적 사유가 자유롭게 활동할 것을 요구하기 때문이다.[80] 역시 인간의 중심은 정신이며, 궁극적으로는 육체보다는 정신에 귀결되게 마련이다. 정신이야말로 현실이다.

교육과 관련하여 헤겔은 고대 철학자들의 경우의 예를 들어 흥미롭게 표현하고 있다. 즉, 자기 자신을 윤리적으로 교육하는 최선의 방법을 묻는 어떤 부친의 질문에 대한 대답을 어떤 사람(피타고라스학파의 한 사람)의 입을 빌려 "당신의 자식을 좋은 법률을 가진 국가의 시민이 되게 하는 것"으로 표현했다. 고대 사회에서는

---

78) 같은 곳.

79) 같은 곳.

80) 같은 곳 참조.

교육의 목표를 훌륭한 시민을 기르는 것이라고 보았었다. 역시 훌륭한 시민이란 우선 자기 개인의 인격을 닦은 후에라야 국민으로서도 훌륭한 존재가 되는 것이라고 볼 때 그의 생각은 매우 현실적이라 생각된다. 흔히 윤리적인 삶이나 생각이 현실과는 거리가 멀게 느껴진다는 생각을 갖는 사람이 있을 수 있을지 모르나 헤겔의 견해로 볼 때, 윤리적인 것은 선과 같이 추상적인 것이 아니고, 오히려 강조된 의미에서 현실적이라고 하겠다. 그리하여 정신은 현실성을 가지고 있으며, 이 현실성의 우유태가 모든 개인이다.[81]

(3) 현실로서의 인륜적 이념의 공동체

헤겔이 생각하는 기본적인 사회 공동체는 그 구성원의 사회계약의 소산이 결코 아니고, 필연적으로 발전하는 정신의 전개과성에 나타나는 단계적 현실태이다. 이념은 정신으로서 자기를 아는 것과 동시에 현실적이기도 한 것으로서만 존재한다는 것이다. 그에 의하면, 정신은 자기 자신을 객관화하는 작용이며, 자기의 제 계기라는 형식을 통해서 나타나는 운동이기 때문이다.

그가 말하는 객관적 정신의 셋째 단계로 나타나는 윤리가 외적으로 나타난 모습은 가족, 시민사회, 그리고 국가이다. 즉, 가족은 직접적 혹은 자연적인 윤리적 정신의 현현이며, 시민사회는 독립적 개별자로서의 성원들이 결합해서 나타난 모습으로서 이는 하나의 형식적 보편성을 이루는 결합태이다. 그리하여 이 결합태는 그 성

---

81) 같은 책, 156절 보유 참조.

원의 욕구에 의하여, 또한 인격 및 소유의 안전을 보장하는 수단으로서의 법률체제에 의하여, 또는 그들의 특수이익과 공동이익을 위한 외면적 질서에 의하여 생긴다. 그리고 국가는 최고의 윤리적 이념의 현실태이다. 그의 국가도 사회 중의 가장 완벽하고 강력한 토대로서의 공동체라는 일반적인 인식에서 벗어나 있지 않다. 따라서 국가는 실체적 보편자의 목적을 나타내고 또 현실화한 것, 또한 이 보편자에 봉사한 공공생활의 목적을 나타내고 또 현실화한 것에 귀착된 것이다.[82]

가족

"가족은 정신의 직접적 실체성이므로, 정신의 자기 감정적 통일, 즉 사랑을 자기의 규정으로 한다"[83] 가족에서 나타나는 사랑이란 나와 타자와의 통일이라는 의식을 가리킨다. 사랑은 결합을 전제로 하는 것이기 때문이다. 그러므로 사랑에 있어서는 개인은 개인으로서만 고립하고 있지는 않으며, 개인의 고립태를 방기함으로써 비로소 개인의 자기의식이 획득되는 것이며, 개인이 타자와의 통일 및 타자와 개인과의 통일을 안다고 자각함으로써 획득되는 것이다. 가족이란 인륜적 실체로서 두 사람이 사랑을 통해 결합하는 것이다. 그러므로 사랑은 가족을 형성하는 핵심적인 것이다. 그런데 사랑은 감정이며, 그것은 자연적인 것이라고 하는 형식에 있어서의 윤리이다. 또 사랑은 모순을 야기하는 것인 동시에 모순을 해소시키는 것

---

82) 같은 책, 157절 참조.
83) 같은 책, 158절.

이기도 한다는 점에서 헤겔은 사랑을 오성이 풀 수 없는 가장 커다란 모순이라고 하기도 하였다.[84] 사랑에는 감성적인 것이 포함되기 때문이다.

헤겔은 가족의 완결을 위한 3가지 요소를 혼인, 소유와 재산 및 이의 관리, 그리고 자녀의 교육 및 가족의 해체로 들었다. 혼인은 가족의 직접적 개념이요, 소유 및 재산은 가족의 외면적 현존재요, 자녀의 교육 및 가족의 해체는 시민사회를 형성하기 위한 가족의 확대를 가리킨다고 하겠다.

여기서 헤겔이 강조하고자 하는 것은 혼인이 윤리적 관계라는 점이다. 말하자면, 사랑을 바탕으로 한 계약에 의한 상호관계라는 생각을 조잡한 것이라고 비판하고 이를 법적으로 윤리적인 사랑으로 규정해야 한다고 강조한다. 왜냐하면, 사랑이란 감정이므로 모든 점에 있어서 우연적이고 이 우연성은 윤리적인 것이 취해서는 안 되는 것이기 때문이라는 것이다. 그리고 사랑에 있어서 나는 나만을 위한 자립적 인격이려고 하지 않으며, 또한 나는 나 아닌 하나의 타 인격에서 나를 얻고, 반대로 하나의 타 인격도 나 안에서 자신을 얻는다[85]고 함으로써 가족은 나와 타인의 관계를 원만하게 유지하게 하는 실체임을 강조한다.

시민사회

헤겔에 있어서의 시민사회는 일반 정치학이나 사회학에서 다루

---

84) 같은 곳, 보유 참조.
85) 같은 책, 159절, 보유 참조.

어지는 개념과는 다르고 칸트적인 의미와도 다르다. 헤겔에 의하면, 시민사회는 그 형성 시기는 국가보다 늦지만, 정신의 발전과정상으로는 가족과 국가의 중간에 나타나는 인륜적 차별태이다. 그러므로 시민사회는 헤겔에 있어서는 실체적인 의미보다는 관념적인 의미가 강하다고 할 수 있을 것이다. 말하자면 시민사회와 국가를 외형적으로는 구별할 수 없다. 즉, 국가 속에 시민사회는 하나의 현실태로 내재한다. 그것은 성원들의 욕망에 의해 성립되고, 사람과 그 소유와를 안전하게 하는 법제에 의해서 생기며, 그들의 특수하고도 공통된 이해를 위한 외적 질서에 의해서 성립한다. 그리하여 시민사회는 '욕망의 체계', '사법' 단계를 거쳐 '복지행정 및 직업단체'로 전개된다. 헤겔에 의하면, 시민사회는 유형적인 형식은 갖추고 있지 않으면서 국가 속에서 기능적으로 존재한다. 시민사회는 인간의 물질적 욕망을 실현시키는 기능을 담당하는 것으로 볼 수 있다.

그러므로 헤겔은 시민사회에서 욕망충족이 가능한 것으로 본다. 그는 플라톤이 구상했던 계획경제보다도 유기적인 시민사회에서의 경제적 무정부상태가 더 좋은 일을 할 수 있다고 생각하기도 했다.[86)]

국가

일반적으로 국가는 인류가 창안한 공동체 중에 가장 완전하고 확실한 제도이다. 그러나 헤겔에게는 국가는 "스스로를 사유하고 자기를 인식하며, 그 아는 한에 있어서 그 아는 바를 수행하는 자

---

86) Findlay, J. N., *Hegel: A Re-examination*, 1958, p.320 참조.

명한 실체적 의지로서의 인륜적 정신"[87]이다. 그러므로 국가는 인륜적 이념이 현실적으로 드러난 현실태이다.

헤겔에 있어서, 국가는 그 구성원 간의 사회계약에 의해서 성립되는 제도가 아니고, 객관적 정신이 3번째 단계로 현실적으로 드러난 존재이다. 따라서 개인은 국가의 성원인 경우에만 개인 자신 객관성, 진리 및 윤리를 가지므로, 개인의 최고의 의무는 국가의 성원인 것에 있다는 것이다. 헤겔은 이념적 근대국가—헤겔은 이 국가를 최고의 이상적인 것으로 보았다.—는 "특수성에 대한 자유를 허락해야 하고, 개인들의 복지를 고려해야 하며, 개인들의 사적 권리를 옹호해야 한다"고 주장한다. 또 이 국가는 가족과 시민사회에 대해서 외부적 필연성이요, 고차적 지배력이지만, 타면에 있어서 가족과 시민사회의 내재적 목적이기도 하다는 것이다. 이것은 국가의 보편적 궁극목적과 개인들의 특수적 이해를 통일하는 기능을 수행하는 강력한 힘이 있다는 것이다. 또한 이념적 국가는 유기적 헌법의 객관적 측면 이외에 전통, 종교, 도덕적 확신 등에 의해 결합된 하나의 문화적 공동체의 생활이라는 면도 갖는다는 것이다. 따라서 애국심은 당연히 중대한 것으로 강조된다. 물론 헤겔의 국가는 입헌군주제를 가장 이상적인 것으로 보아 현대적 개념으로는 걸맞지 않아 보일는지는 몰라도 그가 당시 프로이센 상황에 비추어 언급한 것을 감안하면 매우 현실적인 구상이기도 하다.

헤겔은 관념론의 완결자로서 자칫 현실과는 거리가 먼 철학적 견해를 갖고 있는 것으로 오해되기도 한다. 그러나 앞서 서술한 바와 같이 현실의 영역을 총체적인 인간에 비추어 볼 때 헤겔이야말

---

87) 헤겔, 『법철학』, 257절.

로 현실적인 철학자가 아닌가 한다. 물질보다 정신의 현실이 인간에게는 더 절실하다.

제7장
실존은 현실이다
- 실존철학의 현실성 -

철학도 유행을 따라 변한다. 물론 철학의 본질적인 내용이 변하는 것은 아니다. 헤겔이 이미 시사했듯이 철학은 '시대의 아들'이다. 철학이 시대의 아들이라면, 철학이란 현실의 반영일 수밖에 없지 않겠는가? 시대의 변화에 따라 철학이 변화한다는 것은 그만큼 철학은 그것이 처한 시대를 드러내 준다고 볼 것이고, 각 시대마다 그때의 상황이 바로 현실인 것이다.

실존철학은 유행철학이라고도 말한다. 그것은 한 시대를 풍미하고서 사람들의 관심에서 멀어졌기 때문이다. 물론 어느 철학도 마찬가지일 것이다. 특히 실존철학에서 그러한 느낌을 갖는 것은 이 실존철학이 시대의 절박한 상황을 절실하게 반영했기 때문일 것이다.

산업사회의 도래와 더불어 절대적 합리주의의 조류로 인해 빠른 속도로 진행하는 물질적 가치관의 팽배에 따른 빈부의 격차로 인해 인간소외의 문제가 심각하게 대두되면서, 인간의 진정한 참다운 모습은 무엇인가를 고민하게 되었다. 이에 더하여 세계대전으로 인한 인명의 살상과 파괴, 이로 인해 우리들에게는 절망과 허무감이 엄습하게 되었다.

그리하여 인류는 기계 속의 일원으로서 주체적 자유를 상실하고 인간과 인간 사이에는 불신과 소외감이 증대하게 되었으며, 이러한 시대적 상황 속에서 인간은 보다 더 구체적이고 더 생생한 현실적인 인간의 생을 문제 삼게 되었다.

제1절 실존철학의 일반적 특징

실존철학은 한마디로 규정해서 설명하기는 어렵다. 실존철학자마다 독특한 견해를 갖고 있으므로, 우선은 전체에 공통되는 특징을 살펴본다.

실존(Existenz)이란 본질에 대한 대립개념으로서 밖으로 드러난 모습의 존재를 가리킨다. 따라서 그것은 추상적이고 보편적이고 본질적인 성격으로부터 보다 현실적이고, 구체적이며, 사실적이고 주체를 의식하는 '개별자로서의 나'를 가리키기도 한다.

또 실존은 객관화될 수 없고 대상화될 수 없는 '내면성', 그리고 '주체성'을 지닌 존재라는 데에 주된 핵심이 있다.

실존철학의 배경은 앞서 지적한 외적인 것 외에 헤겔 철학에 대한 반동으로서의 철학이라고도 할 수 있다. 그것은 지나친 합리주의로 인해 인간의 본래성이나, 주체성 등 객관화할 수 없는 대상에 대한 문제가 소홀했던 점에 대한 반성의 의미를 지니고 있기도 하다. 그런 점에서 실존철학은 '비합리성', '부조리', '우연성' 등을 특징으로 하는 것으로 이해된다.

실존철학은 스스로의 유한성과 허무성에 대한 불안으로부터 이를 초월하고자 하는 강한 의지를 갖는다. 그리하여 실존철학은 '불안'의 기분을 분석하여 '이성적 존재자'에서부터 '감성적 유한자'인 인간규정으로 향하게 한다. 그리고 실존철학이 궁극적으로 귀착하고자 하는 것은 인간이 갖고 있는 여러 가지 모순이나 부조리로부터의 진정한 의미의 '본래적 인간'이다. 많은 실존철학자들은 인간이 주체성을 상실하고, 본래적 자기로부터 이탈된 존재라고 규정하고, 인간이 스스로의 유한성을 자각하고 과감히 죽음 앞에 직면함으로써 새로운 가능성을 찾아 참된 자기를 회복하는 것을 실존철학의 과제로 본다.

실존철학이야말로 인간의 가장 절실한 현실에서 발로된 철학이었다. 실존철학은 20세기에 있어서 가장 유행적인 철학이었던 것은 그러한 사실 때문이었다.

칸트는 형이상학의 가능성에 관한 뚜렷한 신념을 가지고 그것을 단순히 현실화할 수 없는 영원한 소질로서 주어진 가능성이 아니라, 거의 '실증적'인 가능성을 염두에 두었는데 그것이 수학과 순수한 자연과학에 의해서 보장되는 것으로 생각했던 것이다.

그러나 실존철학자들에게는 형이상학은 결코 주어진 현실은 아니었다. 그들에게는 오히려 형이상학은 인간이 이 세상에 존재함과 동시에 시원적으로 주어진 '현실'을 반영한다.

대체로 실존철학은 신의 문제가 핵심에 놓인다. 신의 실존을 강력하게 전제하거나 반대로 신의 존재를 강력히 부정하는 입장으로 갈린다. 그리하여 유신론적 실존주의와 무신론적 실존주의로 구별되는 것이 일반적이다. 키에르케고르, 야스퍼스, 마르셀 등은 실존의 바탕을 신에 두고 있으며, 니체, 하이데거, 사르트르 등은 신의 부재를 중시한다. 따라서 유신론적 실존주의자들은 인간의 궁극적인 본질을 신에 두는 반면, 무신론적 실존주의자들은 인간이 내면적으로 갖고 있는 의지에 둔다고 할 수 있을 것이다. 그러나 유신론이든 무신론이든 인간의 주체적 의식을 중요시하는 것은 공통적이다.

제2절 실존철학자들

(1) 신을 부정한 실존철학자들

니체(F. Nietsche)

니체를 떠올리다 보면, 그의 상표격인 "신은 죽었다(Gott ist tot)"라는 명제가 떠오른다. 그런데 이 말은 단지 존재론적 관점에서만 해석할 수는 없다. 그가 생각한 신은 우리 정신의 투사이며, 최고의 초감각적 존재뿐만 아니라, 우리의 삶에 의의와 가치를 부여하는 최고가치의 원천으로서의 그 무엇인 존재이다.[88]

그러므로 그가 생각한 신은 어쩌면 당시의 기독교적인 행태에 대한 비판적 견해에서 비롯된 것일 수도 있다.

니체는 인간의 궁극적 목표를 '초인'에 두고 이것은 인간 내면에 있는 '힘에의 의지'를 구현한 존재를 가리켰고, 그 '힘에의 의지'란 어떤 역경에도 굴하지 않는 인간 내면의 삶을 향한 강한 의지를 의미했다. 니체가 볼 때, 당시의 기독교의 도덕은 그가 강조한 이 '힘에의 의지(Wille zur Macht)'를 망각한 채 오로지 모든 것을 신에 의지해서 해결하려는 노예도덕이었다. 이에 니체는 기독교의 도덕에 대한 강한 비판의 뜻을 가지고 있었다.

니체가 외친 죽은 신은 과거의 낡은 신이었다면, 그가 새로이 제시한 신은 차안적이고 현실적이며, 지상적인 신이었다고 할 수 있

---

88) 박준택, 『현대철학사상』, 박영사, 1984, 105쪽 참조.

을 것이다. 그런 신은 또한 생동하고, 창조적인 디오니소스적인 신이다.[89] 그것은 초인이다.

니체 사상에서 인간 본질의 핵심인 '힘에의 의지'는 결국 가치에의 의지이며, 그것은 또 인간 존재를 유지시키고 향상시키는 근본 조건이기도 하다. 그러므로 그의 가치에의 의지는 가치를 전환함으로써 현존재의 자기소외를 지양하는 것이 되기도 한다. 니체에 있어서 이 가치전환의 소극적 측면이 '허무주의'이며, 그것의 적극적인 측면에서 표현된 것이 '영겁회귀' 사상이다.

니체의 핵심인 '힘에의 의지'는 인간의 내면에 자리 잡고 있는 인간 본질로서 이를 구현하는 것이 인생의 본령이다. 그런데 기독교가 이를 깡그리 망각했다는 것이다. 이 '힘에의 의지'를 부단히 발휘함으로써 인간은 스스로 가치를 창조하며, 삶을 향상시켜 나갈 수 있는 것이다.

니체의 이 같은 주장에서 우리는 그것이 우리의 삶의 현실에 그대로 관련됨을 느낄 수 있다. 우리가 역경에 부딪치는 것은 인간의 본래적 상황이며, 이를 극복함으로써 보람과 가치를 느끼게 될 것이다. 니체의 "신은 죽었다"의 선언은 기독교계에 충격이었지만 오히려 이를 계기로 기독교는 소극적이고 퇴폐적인 사고에서 벗어나 능동적이고 적극적인 분위기로 반전할 수 있었다.

토인비의 "도전과 응전의 원리"는 니체처럼 '힘에의 의지'의 발동을 통해서 실현 가능할 것이다.

---

89) 니체의 입장에서 생의 본질을 '힘에의 의지'라고 볼 때, 당연히 그에게는 아폴로보다는 디오니소스가 선호된다. 아폴로가 정태적인 데 비해 디오니소스는 역동적이고 생동감 있는 신이기 때문이다. 이 같은 견해는 그의 철학뿐만 아니라, 예술, 문학에서도 나타난다.

하이데거(M. Heidegger)

하이데거 자신은 자기를 실존주의 철학자라기보다는 '존재론자'로 불리기를 원한다. 그는 존재자가 아닌 존재 자체를 탐구하는 존재론을 내세운다. 그는 자기 이전의 형이상학이 존재가 아닌 존재자만을 추구해 왔다고 보고, 이를 '존재망각'이라고 하였다. 그리하여 하이데거는 현존재의 분석을 통해 존재를 구명한다고 하였다. 그런데 그는 현존재의 근본적 성격의 기초를 이루는 것은 '세계내존재(In‒der‒welt‒sein)'라 하였다. 현존재는 세계내존재인 것이다. 그러면 여기서 세계란 어떤 것인가?

현존재는 일상성 속에 살아가는 존재로서 첫째, 배려(Besorge)로써 관계를 갖는 주변세계가 그 하나요, 둘째, 고려(Fürsorge)로써 관계하는 공동세계가 그것이다.

주변세계(Umwelt)란 환경으로서의 세계이며, 현존재인 인간을 에워싸고 있는 주변 환경의 세계인데, 인간은 이 세계 속에서 삶의 수단을 획득한다. 그리하여 현존재가 만나는 존재자는 도구의 의미를 갖는다. 예컨대, 망치, 즉 '두드리는 도구'는 못을 박기 위해 있고, 이 못은 시계를 고정시키기 위해 있으며, 이 시계는 현존재의 시간 계획을 위하여, 또 그것은 인간 존재의 어떤 가능성 때문에 있다.[90] 이들 도구가 존재하는 방식은 용재성(用材性, Zuhandenheit)이다. 이 용재성은 '손안의 존재'를 가리키는 말로서 그것은 '둘러봄'이다.

이에 반해 공동세계(Mitwelt)란 다른 사람들과의 관계 속에 존재

---

90) F. 짐머만, 지음, 이기상 옮김, 『실존철학』, 서광사, 1977, 186쪽 참조.

하는 세계이다. 그리하여 인간의 현존재의 모습은 '더불어 있음'이다. 여기서의 현존재는 고려를 통해 다른 현존재와 관계를 맺으며, 일상성 속에 살아간다. 다른 사람들과의 관계는 배려가 아니라, 고려에 의한다. 이 고려의 양태는 서로 지나쳐 버림, 무관심, 사랑, 존경 등으로 나타난다. 그러나 살아가다 보면, 고려를 결(缺)하게 되고, 서로 무관심하게 되며, 제각각 애매하게 되어 진정한 자기를 상실하게 되는데, 이렇게 되는 현존재는 그저 평범한 세인(世人, das Man)이 되어 본래적 인간으로부터 멀어지게 된다는 것이다. 이같이 현존재가 세인 속에 해소되어 스스로를 상실해 버린 현존재의 일상적인 상태가 '퇴락'이며, 이것이 바로 본래성을 상실한 인간인 것이다.

하이데거는 인간은 그처럼 세계에 내던져진 상태에 있으며, 이를 피투성(被投性)이라 하였는데 이로부터 인간은 불안을 안게 되었다고 한다. 왜냐하면 세계에 내던져진 인간은 그 스스로가 어디로부터 왔으며, 어디로 가야 할 것인지를 알지 못하기 때문이다. 그러나 인간은 '이해'라는 기능을 통해 늘 그것이 개시하는 것을 향해서 가능성 속에 돌진하여 감으로써 '기투(企投, Entwurf)'한다는 것이다. 이것은 다른 말로 하면, 인간은 죽음 앞에 선 존재임을 깨닫는 순간 불안이 엄습하며, 이를 회피하려고만 함으로써 더욱 불안에 빠지게 된다는 것이다. 그러므로 '기투'란 선구적 결단을 통해 죽음 앞에 과감히 자신을 내던지는 것이다. 그럼으로써 우리는 불안을 떨쳐 버릴 수 있다.

하이데거의 철학은 우리 현실을 그대로 반영하고 있음을 알 수 있다. 우리가 관여하고 있는 세계는 우리들에게 삶의 수단을 제공

해 주는 주변의 세계와 우리가 맺고 있는 다른 사람들과의 유대는
바로 하이데거의 주변세계와 공동세계의 모습이다.

하이데거가 세계에 대해 고려하고 배려함으로써 인간의 실존을
찾아 나간다는 생각은 바로 우리가 현실의 삶의 세계에서 어떻게
살아가야 할 것인지를 암시해 준 것으로 해석해도 틀리지는 않을
것이다.

사르트르(J. P. Sartre)

실존이란 명칭은 사르트르가 1945년 행한 연설, "실존주의는 휴
머니즘이다(L'existentialisme est un humanisme)"에서 유래된 것으로
알려져 있다. 그는 스스로를 실존주의자로 표방하는 행동주의적 실
존주의자이다. 무신론적 실존주의를 표방하는 사르트르는 존재개념
을 완전히 전환하여 그것은 이제 신적인 것도 아니고 지고의 것도
아니며, 어떤 완전성을 지닌 진리도 아니라고 하였다.

그는 존재에 관해서 다음과 같이 언급한다. "본질적인 것, 그것
은 우연이다. 워낙 존재란 필연이 아니라는 뜻이다. 존재란 단지
'거기에 있다'는 것뿐이다. 존재하는 것이 나타나서 만나게끔 자신
을 내맡긴다. 그러나 결코 그것을 연역할 수는 없다. …… 어떠한
필연적 존재도 존재하는 것을 설명할 수는 없다. 우연성이란 지워
버릴 수 있는 외관이나 가상이 아니다. 이 우연성은 절대적인 것이
며, 그래서 완전히 부조리하다"[91]

그리하여 그가 내세우는 가장 중요한 명제는 "실존이 본질에 앞

---

[91] 박준택, 앞의 책, 178쪽 전재.

선다"는 것이다. 일면에서 우리는 실존은 현실이라고 생각한다. 그렇게 보면 현실이 본질적인 것보다 중요하다는 말이 될 수도 있다.

사르트르에 의하면, 인간은 맨 처음엔 아무것도 아니었으며, 후에 이르러서야 비로소 인간이 되었으며, 따라서 인간은 스스로 만든 것이 되는 것이다. 그의 이 말은 인간의 본성이 있을 수가 없음을 드러낸 것이다. 그러므로 실존이 본질에 앞선다는 것이다. 이 말은 우리에게 매우 의미 있는 것을 일깨워 준다. 그는 인간이 실존한다는 것은 미래에 스스로를 던진다는 것을 의미하며, 또 실존이 본질에 앞선다는 것은 인간이 스스로 있는 것에 대해 책임이 있다는 것을 의미하는 것이라고 하였다. 이 경우의 책임은 개인에 관한 것만이 아니라, 전 인류에게도 책임을 지는 것이라고 하였다.

이렇게 보면 인간존재란 부단히 스스로를 기투(企投)하는 것으로서만 존재하며, 이러한 자기의 가능성에의 기투는 인간의 가능성의 선택이기도 하다. 그런 점에서 선택한다는 것과 기투한다는 것은 인간에 있어서 동일한 것이 된다.

사르트르에서 인간이 스스로를 이루어 가며, 스스로를 기투하고 선택한다는 것, 이것이야말로 인간의 현실이며, 인간에 있어서 책임을 필수화하는 철학이라고 하겠다. 기독교에서처럼 인간은 신의 은총을 통해서 구원과 축복을 받는다는 것을 인정한다 하더라도, 그러한 은총은 아무런 대가 없이 주어지는 것은 결코 아님을 알아야 하고, 신이 은총을 내리는 조건이란 인간의 노력의 정점에서야 가능한 것이라고 보면, 무신론의 입장에서 인간의 책임을 강조한 이 같은 견해는 매우 의미가 있어 보인다.

그래서 사르트르는 "모든 철학은 실천적인 것이며, 언뜻 보기에는 관상적으로 보이는 철학도 그러하다"고 하면서, "철학은 실천에서 나오며, 그 실천만이 그 철학을 지지하고, 또한 그 실천을 철학만이 분명하게 하는 것이거니와, 그와 같은 실천이 살아 있는 한에 있어서 철학은 유효한 것임을 지속한다"고 말했다.

과연 사르트르는 신의 존재를 부정하는가? 그에 의하면, 실존주의는 신이 존재하지 않는다는 의미로서의 무신론적인 것은 아니며, 그것은 차라리 신이 존재한다손 치더라도 아무것도 변경시키지 않는다는 것이다. 그리하여 사람은 자신을 되찾아야 하며 만약 신이 존재한다는 유효한 증명이 있다 해도 인간 자신 이외에는 인간을 구원하지 못한다는 것이 납득되어야 할 것이라고 그는 주장한다. 이것은 매우 중요한 시사이다. 왜냐하면 신은 결코 인간이 자기의 책임을 다하지 않고서는 결코 구원의 은사를 주지 않기 때문이다. 신은 인간을 무조건 구원하는 것이 아니라, 인간이 구원을 얻을 수 있는 조건을 완수했을 때에만 구원의 은사를 주는 것이다. "구하라, 주실 것이요, 찾으라, 찾을 것이요, 문을 두드리라, 열릴 것이다"(마태복음 7:7)라는 성서의 구절은 바로 인간에게 제시한 인간 책임의 영역이다. 구하지 않는 자에게는 결코 주지 않으며, 찾지 않는 자에게는 찾아 주지 않고, 문을 두드리지 않는 자에게 문을 열어 주지 않는 것이 신의 약속인 것이다.

사르트르에 있어서 "실존주의는 행동의 이론이다"[92]

---

92) 사르트르 저, 王嗣英 譯, 『실존주의는 휴머니즘이다』, 청솔출판사, 1983, 54쪽 참조.

(2) 신의 존재를 긍정한 실존철학자들

키르케고르(Sören Kierkegaard)

우리는 키르케고르를 실존철학의 선구자라고 한다. 실존철학의 기본개념들은 그에게서 유래된 것들이 대부분이다. 키르케고르는 특히 헤겔과 대극을 이룬다. 헤겔이 사변에 바탕을 두고 전체성을 중심으로 하여 논리를 전개했다면, 키르케고르는 개별자의 주체성을 중시하는 입장에서 현실존재로서의 실존에 중심을 두었다. 헤겔을 논하는 장에서 우리는 헤겔의 철학적 성격도 현실을 중시한다는 논의를 폈다. 실천과 행위라는 측면에서의 현실성의 견지에서 보면 헤겔의 그것은 비현실적인 것으로 비칠 수 있으나 엄연히 헤겔의 사변도 정신의 주체로서의 인간과 세계의 현실을 논한 것이라는 데 큰 무리는 없다고 본다. 그리니 기르게고르는 헤겔 철힉에 반동적인 실존의 개념을 통해 헤겔을 강하게 비판한다. 그리하여 그는 "헤겔은 사유하고 사유하며 또 사유하였다. 마침내는 인간임을 멈추고 순수사유가 되어 버리도록 사유하였다"고 말하고, 헤겔의 존재는 어디까지나 사유된 존재이며—실천이 아닌— 현실적 존재로서의 실존이 아니라고 하였다. 키르케고르가 볼 때, 헤겔은 존재를 다만 실천 밖에서 정관할 뿐이며, 따라서 거기에는 진정한 윤리가 있을 수 없다는 것이다. 헤겔의 "전체성이 진리"에 대해 그에게는 "주체성이 진리"이다. 그리하여 그는 구체적이고 현실적이고 개별적 주체적인 자기존재를 중시한다.

키르케고르의 실존은 신을 전제로 한다. 인간이 궁극적으로 도달해야 할 실존은 바로 '신 앞에 선 단독자'이다. 그리하여 그가 말하는 실존은 신 앞에 자기 스스로를 자각하여 자기가 진정한 자기를 회복하는 것이다. 그러나 신 앞에 단독자로서 서는 일은 간단하지 않다. 적어도 인간은 몇 단계의 실존 과정을 거쳐 참된 실존에 이르게 된다는 것이다.

이 실존과정을 거치는 동안 인간은 몇 번의 절망과 좌절을 겪는다. 첫째의 단계는 미적 실존의 단계다. 이 단계에서 인간은 재치를 통해 쾌락을 추구함으로써 인간의 가치를 찾아보려고 한다. 이 단계의 실존은 원심적이어서 오로지 쾌락만을 추구하고, 마침내 이기적 쾌락에 빠져 결국은 쾌락의 노예가 되어 어쩔 수 없이 권태에 사로잡히게 되어 현실과의 불균형 때문에 자기부정적인 의식을 갖게 된다. 향락에 빠져들면 들수록 그 좌절과 절망은 더욱 커지게 된다. 절망에 빠진 미적 실존은 이제 새로운 단계인 윤리적 실존을 지향하게 된다. 여기에서는 양심이 동원된다. 즉, 양심을 통해 윤리적 삶을 지향하고자 하는 구심적 실존의 단계이다. 여기서는 진지함이 있고, 충실과 겸손이 있으며, 책임의식을 갖는 현실적 생활태도를 갖게 된다. 여기서는 반복이 미덕이다. 이것은 권태가 극복된 상태이다. 그러나 윤리적 실존도 진정한 실존은 아니다. 도덕률을 전제로 하는 실존은 아직은 보편적으로 모든 인간을 이 단계에 끌어들일 수 없어 좌절하고 만다. 여기에는 아직 신 앞에 단독자로서 서지 못했기 때문이다. 이제 인간실존은 쾌락으로서도, 양심에 의한 윤리적 삶으로서도, 진정한 실존에 도달하지 못하고, 드디어는 종교에 결단한다. 좌절과 절망을 겪은 끝에 결단에 의해서 종교적 실존 단계로 도약한다. 여기에서는 유한하고 또한 무한한 역설

(paradox)—신인 예수가 인간으로 화육했다는 사실—을 받아들임으로써 비로소 신 앞에 단독자의 모습으로 서게 된다. 키르케고르에 있어서는 종교적 실존이라고 해서 모든 종교가 여기에 부합되는 것은 아니다. 기독교적인 역설을 받아들일 수 있는 종교만이 진정한 실존의 궁극적인 목표에 도달할 수 있다고 보는 것이다.

이같이 그에게 있어서는 실존과 초월의 상관성이라는 규정 아래 실존을 논했던 것이다.

그런데 키르케고르의 실존의 단계는 우리의 현실적인 삶의 모습이다. 인간은 우선은 쾌락을 통해 인생의 가치를 느껴 보려고 한다. 그러나 쾌락의 뒤끝이 언제나 좋지 않다. 허탈감만이 남는다. 그리하여 인간은 곧 후회하기도 한다. 그 다음에는 양심적으로 살아 보려고 한다. 그러나 이것도 끝내는 좌절에 휩싸인다. 혼자서 양심을 지켜보려고 하나 다른 사람들이 동의해 주지 않는다. 결국은 아이러니(irony)에 직면하여 쓴웃음을 웃고 만다. 그리고 절망한다. 이제 인간은 인간 자신의 힘으로는 설망을 극복할 힘을 잃고 체념에 빠져 버린다. 결국은 인간의 초월적 존재에 내맡겨 보고자 한다. 이것이 인생의 모습인 것 같다.

실존이란 무엇인가? 진정한 자기의 주체성을 자각하는 인간 존재이다. 이것은 바로 현실에서 누구나 직면하는 우리들의 삶의 모습이다. 그러므로 인간은 누구나 실존을 의식하며 보다 참되게, 즉 의미 있게 살아 보려고 한다. 그러나 그의 삶이 드러나는 모습은 다양하다. 철학이야말로 현실적이다.

야스퍼스(K. Jaspers)

야스퍼스는 처음엔 의학을 공부하였다가 그다음에 심리학을 공부하고 의사가 되었다. 의사로서 정신병 환자를 치료하는 과정에서 의사로서의 한계를 느끼고 철학으로 관심을 바꾸었다. 이와 같은 사례에서 보듯이, 인간이란 존재가 갖고 있는 다양한 성격과 구조는 어느 일방적인 부문에 대한 연구만으로는 한계에 부딪힘을 느끼는 것은 현대사회에서는 더욱 많아지고 있다. 요사이 특히 심인성 질병 치료에 있어서는 종래의 의학적인 방법 이외에 아주 다양한 방법이 동원되고 있음을 본다. 음악이나 미술을 통한 치료라든가, 기를 통한 치료, 심리, 철학 상담을 통한 치료 등 헤아릴 수 없이 많은 치료방법이 개발 활용되고 있다. 이와 같은 현상은 인간이란 존재의 특성으로부터 기인한다. 야스퍼스 외에도 여러 방면의 전공자들이 철학으로 전향한 사례가 많다.

야스퍼스는 현대사회를 기계와 기술과 대중의 시대라고 진단하고, 이러한 상황으로부터 인간은 자기를 상실했다고 평했다. 말하자면 인간은 기계의 부분품 이상의 것이 못 되며, 개성보다는 비본래적인 '기능'만을 문제 삼는 사회가 되어 버렸다는 것이다. 평등과 획일이 팽배한 현대사회는 모든 것이 수평화되고 정신적으로 무력화되어 버려 절망과 허무, 상실감 등으로 병든 사회가 되어 버렸다는 것이다.

야스퍼스는 주로 현대사회가 처한 정신적 위기에 관심을 집중하고, 그것을 실존적 자각을 통해 해결하려 하였다. 그는 인간의 실존은 교제하는 실존으로서 다른 존재와의 교제를 통해서 현실적이

된다고 보는 동시에 또한 인간 실존을 '상황내실존'으로 규정하고, 현실적이고 개별적인 상황을 분석하고, 이 상황에서 좌절을 맛보며 이를 극복할 수 있는 길을 제시한다. 그에 의하면, 상황이란 자연적이 아닌 역사적, 사회적인 것이나, 운명적인 것과 같은 상황으로서 한계적인 상황이 있음을 인식시킨다. 이 한계상황은 인간의 힘으로서는 어쩔 수 없는 것으로서, 인간을 초월하는 포월자를 통해서만 한계상황을 극복할 수 있음을 깨우쳤다. 우리에게는 싸움과 고뇌, 그리고 죄책감과 죽음의 상황이 있는데 그것들은 우리가 어떤 힘으로도 어쩔 수 없는 상황들이다. 즉, 우리들은 싸움이란 상황을 피할 수 없고 어떠한 형태로든 괴로운 상황에 부딪히게 마련이고, 죄책감으로 고통을 감수할 수밖에 없으며, 언젠가는 죽을 수밖에 없는 존재이다. 이러한 상황에 부딪혀 우리들은 좌절과 절망을 느끼게 되는데, 여기서 좌절만 한다면 그 인간은 폐인이 될 수밖에 없다. 그러나 이 좌절은 오히려 역으로 우리에게 희망으로 다가선다. 즉, 인간실존은 좌절을 통해서 내면적으로 '초월자'에게 당도한다. 물론 이 초월자는 최후의 포괄자인 신인데 이 신은 대상화할 수 없는 존재이므로 암호를 통해서만 우리들에게 알려지므로, 우리는 이 암호를 해독함으로써만 이 초월자를 체험할 수 있다. 이 암호를 해독한다는 것은 인간이 본래적 자기 자신이 됨으로써 초월자의 소리를 듣는 것을 의미한다.

결국, 인간 실존은 '철학적 신앙'—기독교적인 계시종교적 신앙과는 다른—을 통해 신을 만남으로써 진정한 실존을 자각한다.

이처럼 야스퍼스에 있어서도 현대사회의 절박한 상황에 직면한 데서부터 이러한 절망적인 상황을 어떻게 극복할 것인가 하는 데서 많은 고뇌를 거쳐 나온 철학이 바로 야스퍼스 철학이다. 이러한 상황은 의식을 가진 인간 누구에게나 보편적인 것이며, 공통의 현실인 것이다. 이 현실에 대한 대처를 위한 고뇌가 철학의 옷을 입고 우리들 앞에 나타난 것이다. 철학은 결코 우리들로부터 멀리 떨어져 있는 것이 아니고 현실 속에 있다.

그에게 있어서 정신은 역사적인 통일성과 시간적인 사건으로서 현실적이다. 그것은 단적으로 존재하는 것이 아니고, 그때마다 역사적이며, 직업이념, 문화이념, 민중이념 등에서 전개되면서 그것이 처한 장소에 의해 규정된다. 말하자면 그것은 역사성을 갖는 형태를 띠며, 이것을 받아들이는 여부가 한 시대의 모습을 형성한다.[93] 그리고 우리가 관계하는 사실은 세계에서 이루어지며, 따라서 세계는 우리가 접근할 수 있게 되는 모든 현상들이 우리와 만나는 근거이다.

마르셀(G. Marcel)

마르셀은 현실적이고 실제적인 철학을 중시하였다. 그는 살아 있는 현실에 부딪치지 않는 철학은 '소극적 철학'이요, 현실의 구체적 개별성을 말하는 스스로의 철학이야말로 '적극적 철학'이라고 생각하였다. 단연 '적극적 철학'이 진정한 철학이다. 더 나아가 살아 있는 현실을 성실하고 겸허하게 탐구하는 자세를 굳게 가졌다.

기독교에 깊이 심취해 있던 그는 주체성을 강조한 키르케고르의 철학은 긍정적으로 보면서도 그것이 단순하다고 하여 그의 '사랑의

---

93) vgl. K. Jaspers, *Von der Wahrheit, philosophische Logik*, v.1(München, 1947), s.616.

어울림(교제)’에 의해서 극복하려고 노력했으며, 니체의 실존철학을 높이 평가하면서도 그것의 개인주의적인 면과 힘에의 의지 사상에 대해서도 비판하고 이를 ‘사랑의 어울림’에 의해서 극복하고자 했다.

마르셀도 야스퍼스처럼 현대 세계를 ‘병든 세계’, ‘부서진 세계’라고 진단하고 인간의 기계화, 기술화, 대중화가 이를 심화시켰다고 분석하였다.

그런데 마르셀의 사상의 중심을 이루는 것은 ‘소유’와 ‘존재’의 분석이다. 즉, 그는 세계를 이 소유와 존재의 세계로 구별한다.

‘소유의 세계’란 인간이 존재의 원천에서 소외되어 객관화되고 사물화된 세계를 가리킨다. 이것은 과학적인 것을 최고의 가치로 삼고 기계화, 기술화로 인해 부서진 ‘문제의 세계’이다. 이 세계는 자타(自他)의 대립, 주객(主客)의 대립이 있으며, 다툼과 불안과 절망이 얽혀 있는 긴장의 세계이다.

소유함은 언젠가는 소유되는 역전의 결과를 가져오게 마련이기 때문이다. 그러므로 ‘소유의 세계’에서는 인간의 진정한 가치와 본질적인 행복을 얻을 수 없다.

소유의 세계를 극복한다는 것은 무엇을 말하는가? 그것은 ‘존재의 세계’로 나아가는 것이다. ‘존재의 세계’는 철학적이고 종교적인 세계로서 주체적이고 실존적인 세계를 이른다. 존재를 지향하는 이 세계에서는 주체적인 반성을 통해 객관화로부터 자기의 주체성을 회복시켜 본질적인 것 앞에 서게 하는 것이다. 그에 있어서 인간의 문제는 결국 ‘나’의 문제로 환원되고, ‘나’를 아는 것은 나의 ‘주체성’을 자각하는 것이고, ‘나’의 주체성의 자각은 과학적이고 객관적인 탐구에 의해서 이루어질 수는 없는 것으로 그것이 신비적인 것이기도 하다. 이 같은 생각은 결국 신을 '당신'으로 인식하는 신앙으로 귀결되며, 여기에 '성실'과 '사랑'을 통해 영원성을 인식하는 것이 진정한 실존으로 보며, 따라서 그것은 종교적 실존이라고 하였다.

마르셀의 실존철학은 일견 신비주의적인 것으로 보이기도 한다. 그러나 종교란 것이 인간에게 있어서 선택지로만 머물러 있는 것이 아니라는 것을 인식한다면, 종교도 엄연히 우리들 인간의 현실적 모습인 것이다. 말하자면, 우리가 종교를 선택하건 선택하지 않건 간에 종교는 우리 인간에게는 필연적이다. 어느 특정 종교단체에 가입해야만 종교인인 것은 아니다. 신앙의 행태는 다양하며, 인간은 종교적인 소양을 누구나 갖고 있기 때문이다.

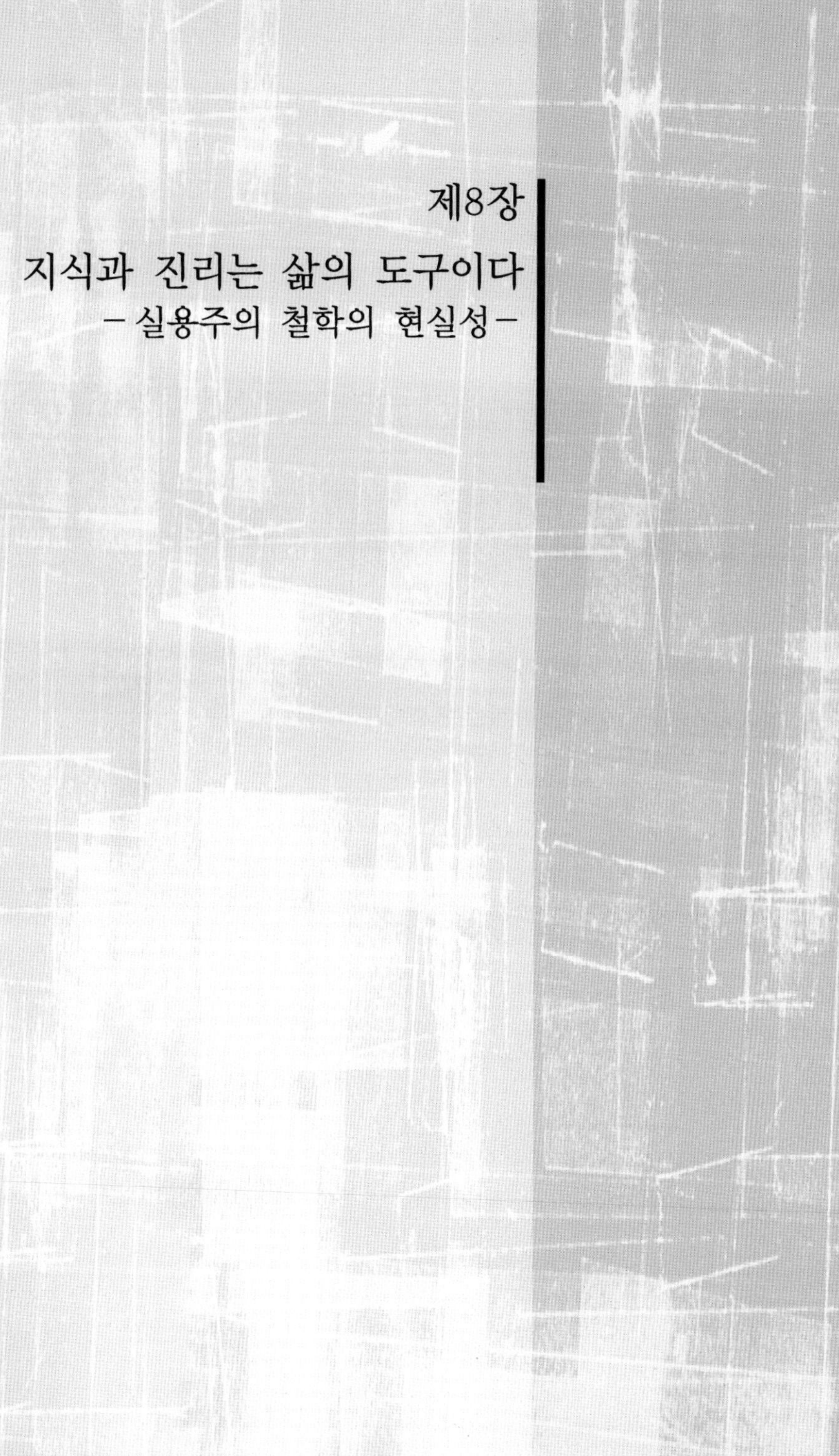

제8장
지식과 진리는 삶의 도구이다
- 실용주의 철학의 현실성 -

우리가 지식을 습득하고 진리를 추구하는 것은 궁극적으로 어디에 목적이 있는 것인가? 근대 경험주의 철학자들에게 지식을 획득하기 위한 학문의 활동은 삶을 위한 것이었다. 즉, 학문을 하는 것은 자연을 효율적으로 지배함으로써 우리의 삶을 풍요롭고 편리하게 하기 위함이었다.

미국을 중심으로 활발히 전개되었던 실용주의 철학도 그 궁극 목적을 인간의 삶과 행동에 두었다. 그리하여 그들에게는 유용성이야말로 진리와 지식의 기준이었다. 그러니까 아무리 옳은 학문적 내용이라 할지라도 그것이 쓸모(유용성)가 없다면 그것은 올바른 지식이나 진리가 되지 못한다.

실용주의 철학은 미국의 철학이요, 미국인의 사고방식이다. 그러나 그것은 미국 특유의 철학이나 미국만의 철학이라고 할 수는 없다. 미국의 철학도 서구의 철학과 문화를 계승한 것일 뿐만 아니라, 유럽 사상에 뿌리박고 있음을 부정할 수는 없다. 어떤 이는 미국철학이 또한 서구 문화에 신선한 공헌을 하고 있음을 인정해야 한다고도 했다.[94]

철학사상은 시대의 반영으로서 시대가 달라지면, 철학의 관심도 달라지거나 줄어들기도 한다. 실용주의는 신실용주의가 등장하듯이 한때 우리들의 관심 밖으로 밀려나는 듯했으나, 로티의『철학과 자

---

94) S. 람프레히트,『서양철학사』, 을유문화사, 1992, 640쪽 참조.

연의 거울』을 계기로 그것은 새롭게 부활하고 있다. 한때 현대철학을 주도했던 분석철학이 '분석을 위한 분석'에 매달리다 그 생명력을 소진하면서 거기에 대한 대안으로 실용주의가 부활하고 있는 것이다.

실용주의가 실용을 표방하는 것은 그것이 인식에 있어서 사변보다는 실천과 행위에 우선을 둔다는 것이다. 이 같은 태도는 광범위한 실천을 바탕으로 한 자유, 자율, 새로움, 발전이라는 것을 중시하고 그것으로부터 인식을 넘어 가치의 영역으로까지 고양해 나가게 한다.

한 가지 흥미로운 것은 분석철학의 한 유파인 논리실증주의자들의 과학적 철학관이 실용주의와 일종의 상승작용을 하면서 발전했다는 점이다. 즉, 참 또는 거짓으로 판단될 수 없는 명제를 무의미한 것으로 간주하는 그들의 검증이론이 실용주의의 실용의 개념과 매우 유사하게 보였다는 것이다. 그리하여 로티는 철학의 과학화가 철학의 고유한 기능을 포기한 셈이라는 인식을 갖는다. 그러나 오늘날 과학과 철학의 융합 내지는 통섭의 문제가 활발히 논의되고 있는 점은 학문의 기원이 철학에 있었음을 상기시킨다.

그러므로 실용주의는 관념의 속박으로부터 벗어나 이론보다는 실천을, 그리고 삶의 우선성을 내세우는 철학이라고 하겠다.

제1절 퍼스(C. S. Peirce)의 '행동의 준칙'

퍼스의 기본적인 관심은 탐구의 방법이었다. 또 그는 논리적인 면을 중시했기 때문에 과학적인 철학자라는 평을 받기도 했다. 칸트가 실천이성을 논하는 곳에서 '실천적(praktisch)'이라는 용어를 중시했다고 한다면, 퍼스는 오히려 '실용적 혹은 실제적(pragmatisch)'이라는 용어를 중시하였다. 여기서 '실천적'이라는 말이 우리의 행위를 드러내는 데 사용되는 용어라면, 실용적, 실제적이라는 말은 좀 더 포괄적인 현실을 드러내는 표현으로 보인다.

그는 논리를 추구한 논문 「우리의 관념을 확실하게 하는 방법」에서 우리들은 우리들의 관념과 명제를 밝히면서 사고를 통해 확신을 얻고, 이 확신으로부터 올바른 행동이 도출된다고 보았다. 우리가 소신 있고 바르게 행동하기 위해서는 '행동의 준칙'이 주어져야 하며, 이를 위해 사고가 바르게 주어져야 한다는 것이다.

우리는 퍼스의 방법을 '실험실의 사고법'이라고 부르는데 그것은 그가 모든 것을 '실험'의 문제로 생각했음을 지적한 것으로 실험적 사고는 우리의 행위를 결과에서 보려는 데 그 특징이 있다.

이상의 퍼스의 생각은 매우 현실적임을 느낄 수 있다. 퍼스의 철학은 우리가 현실생활에서 얻을 수 있는 가장 쓸모 있는 결과를 산출하기 위한 노력에 바탕을 두고 있다고 보겠다.

제2절 제임스(W. James)의 '믿으려는 의지'

　제임스는 심리학과 의학을 공부한 후에 철학자로서 활동을 한 사람으로 사색과 성찰에 있어서도 근본적으로 치료적 관심을 가지고 있었다. 그는 사실들에 직면하는 도덕적 책무를 느꼈지만, 사람들이 과학적 발견에서 주워 모을 수 있는 모든 진리를 정직하게 받아들인 후, 이를 통해 풍부하고 행복한 생활을 하도록 돕고자 하였다.

　그는 치료적 관심으로부터 종전의 결정론적인 학설에 대해 비판하였는데, 그것은 이 학설들이 미래를 과거의 일상적인 양태들의 반복에 국한시킴으로써 새로운 여러 가지 가능성을 부인하기 때문이었다. 그는 그의 논문 「믿으려는 의지」에서 우리의 의욕적 성질이 여러 가지 점에서 우리의 생활 과정에서 갖는 여러 가지 신념을 결정하는 것을 논한다. 그는 여기서 의지력이 신념을 지배한다는 것을 인정하고, 이런 지배가 인간의 의견에 관한 현실적인 심리학을 제공하는 것으로 보았다. 인간이 갖고 있는 심리나 의지는 인간의 가장 기본적인 작용들이고 인간의 삶의 의미와 맛을 결정짓는다. 그의 이 같은 심리와 의지에 대한 강한 신념은 모순을 내포한 학설들도 용납할 아량을 갖게 하였다. 그에 의하면, 세계 자체가 모순당착으로 가득 차 있기 때문이다. 그는 이론에 있어서는 해결할 수 없는 문제를 실제에 있어서 용기 있는 사람들—이들은 합리적 사고에 의해서만 행동하지는 않는 사람들—이 영광스런 승리에로 전환시킬 수 있을 수 있다고 본다. 그는 후에 실용주의적 견해를 드러낸다. 그는 "지각과 사고가 거기(의식 속에) 있는 것은 오직 행동을 위해서"[95]라고 주장하였다. 그런데 그는 인간이 지·정·의의 작용을 갖고 있음을 염두에 두고 있다. 그래서 그는 인식작용과 의지작용이 상호 유기적으로 상호 협조함을 의식한 것 같다. 그는 인식작용은 진정한 계몽을 주지 않는 한, 그것은 의지작용으로 하여금 보다 좋은 결과를 낳게 할 수 없다고 하였다.

그의 중요한 입장은 실용주의자라는 데 있다. 즉, 그는 모든 것을 실용주의 입장에서 생각한다. 그가 말하는 실용주의란 논쟁에 있어서 사용되는 여러 관념을 제각기 가져오는 실제적 결과를 찾아가 봄으로써 각 관념을 해석하고 시도하는 것이다. 그는 이론들은 수단이요, 관념들은 행동의 계획이라고 하였다. 이론은 과거 경험의 총화가 아니고 신념들은 과거의 모상이 아니며, 변화하는 세계에서는 과거의 최선의 공식들도 끊임없이 재검토되고 재보강되고 재구성되지 않으면 안 된다고 하였다. 한 관념은 그것이 현실세계에 유용하게 영향을 끼칠 때 참이며, 관념은 그것이 만족스러운 결과들을 낳을 때 작용한다는 것이다. 제임스는 관념의 작용에 대해서 말한다. 작용의 하나는 우리의 기대들이 관찰된 사실들에서 검증되는 것이고 다른 하나는 우리들 자신이 나날의 일을 치러 가는 용기에 있어서 강화되고 또 우리가 지금은 소유하고 있지 않은 환희들에 대한 우리들의 희망 속에서 위안을 받는 일이다. 제임스는 어떤 관념이든지 "그 자체 신념으로서 쓸모 있는 것이라면" 그것은 참된 관념이라는 것이다. 그리하여 진리란 영원히 타당한 어떤 것이 아니라, 그때그때의 우리들의 행위를 통해서만 진리가 되며, 또 그것은 언제나 새로운 경험에 부딪힐 때, 과거의 것이 부단

---

95) Reflex Action and Theism, *"The Will to Believe and Other Essays"* p.114 전재.

히 수정되고, 또한 새로이 형성하고 성장한다는 것이다.

제임스는 실용주의는 철학체계이기 전에 진리를 검토하는 한 방법이라고 보고, "최초의 것, 원리, 범주, 가상적 필연성으로부터 최후의 것, 결실, 귀결, 사실에 향하려는 태도"라고 하였다. 제임스의 실용주의는 이처럼 구체성과 사실에의 접근성을 특징으로 한다. 실용주의 철학은 바로 우리들 현실에 놓여 있다.

제3절 듀이(J. Dewey)의 도구주의

제임스가 심리학, 의학 공부를 거쳐 철학자가 되었다면, 듀이는 철학을 바탕으로 교육학, 심리학을 연구한 사람이라고 하겠다. 그가 후세에 끼친 영향은 교육과 민주주의 사상이었다. 그의 철학은 현실세계에서 어떻게 사회발전에 기여할 것인가가 주된 관심이었다. 그리하여 그는 그의 인식론을 '도구주의(Instrumentalism)'라고 불렀다. 인식은 우리가 행동하고 생활하는 데 있어서 하나의 도구로 볼 수 있기 때문이다. 그리고 『경험과 자연』 제2판에서 자기의 철학을 '경험론적 자연주의' 혹은 '자연주의적 경험론'이라 불렀다.[96] 그가 경험이라는 술어를 사용한 것은 그만큼 자기의 철학이 현실적인 것을 추구했음을 의미한다.

---

96) J. Dewey, *Experience and Nature*, 2d ed.(New York, 1929) p.1a 참조.

(1) 헤겔적인 요소

우리는 보통 헤겔 철학을 사변철학이라고 부르고, 헤겔 철학이야말로 가장 관념론적인 것이라고 생각할 것이다. 그러나 헤겔이야말로 진정한 현실을 추구했던 철학자였다고 해도 잘못된 말은 아니다. 듀이가 『현대미국철학』에 기고한 그의 자서전적인 내용을 담은 논문에서 그 표제를 '절대주의에서 실험주의'라고 내세운 것은 바로 헤겔의 절대주의에서 경험적인 혹은 실험적인 것을 중시하는 방향으로 전환한다는 취지 때문이었다고 할 수 있다.

첫째, 헤겔로부터 그는 자연과 경험이 2원적이라는 생각을 버리게 되었다. 인간의 경험은 분리된 존재영역도 아니며, 개인적인 존재 영역도 아니라는 것이다. 즉, 경험은 자연을 떠나서 존재하는 것이 아니고, 자연 속에서 일어나며 또 자연에 대해서 일어나는 것이므로, 자연은 경험 속에서 드러나게 되는 것이라는 것이다. 그리하여 그는 헤겔의 '정신의 현상' 대신에 '자연의 현상'을 대치시켰다.

둘째, 헤겔의 역사 사상으로부터 역사의 과정에 사상이 관여하는 방법에서 우리의 사고는 회의로부터 시작하여 탐구를 거쳐 답을 얻는 경험이라고 보았다. 이것은 진화론적인 것에 의해 실증적으로 진행하는 것을 의미한다. 이것은 형식상으로는 헤겔의 변증법을 닮아 보인다.

셋째, 의미 있는 사상은 사회적 성격을 띤다는 것이 듀이의 사상이다. 사상은 문화의 한 국면이며, 헤겔처럼, 정신은 언제 어디서나 유기체가 물리적 및 사회적 환경과 더불어 갖는 상호작용의 과정이라고 하였다. 인간이 창출한 문화적인 어떤 것도 역사 속에서 혹은 문화적 환경과의 관계 속에서 나올 수밖에 없는 것이다.

그리고 문화는 현실이다. 인간이 정신과 육체를 투여하여 산출한 것이 문화이다.[97]

(2) 듀이 철학의 특성

그는 역사적 과정이 어느 특정한 법칙으로 전개되는 것이 아니라, 부단히 변화하는 다수의 요인들의 상호작용으로 보았다. 그리하여 그는 자연도 "어떤 방식으로 상호 작용하는 사물들"에 대한 집합명사라고 하였다.[98] 이러한 그의 사고에는 인간이나 자연의 모든 유기체들은 환경과의 관계 속에서 밀접한 영향을 받으면서 존재하고 있음을 강조하였다. 그리하여 그에 있어서 사고란 유기체가 환경에다 그 자신을 적응시키거나 환경 속에 변화를 일으킬 때 쓰는 테크닉의 일부이다.[99]

듀이는 말년에 논리학에 관심을 기울였는데, 그가 규정한 논리학이란 인간이 그 생활 속에서 행하고 있는 여러 가지 탐구활동의 과정을 그 구조와 기능 면에서 밝히는 것을 목적으로 하는 학문이다. 그러니까 우리가 새로운 문제에 부딪혔을 때, 그 문제를 해결하기 위해 올바른 태도를 가지고 효과적으로 대처하게 하는 것이 논리학의 존재 이유이다.

또 우리가 어떤 문제를 해결하려고 노력한다는 것은 우리가 탐

---

97) S. P. 램프레히트, 앞의 책, 705 – 707쪽 참조.
98) J. Dewey, ibid., p.4a. 전재 참조.
99) S. 램프레히트, 앞의 책, 709쪽 참조.

구한다는 것을 말하는 것이며, 탐구란 불확정 상황을 통제되고 지도된 변화를 가하여 앞서의 상황의 제 요소를 통일하여 하나의 전체에 전환하게끔 그 상황을 구성하는 구별과 관계가 확정된 상황으로 변화시키는 것이다.

듀이는 헤겔과 달리 현실적인 것은 이성적인 것과 동일한 것이 되기에는 너무나 거리가 먼 것이기 때문에 현실적인 것은 드물게 이성적인 것이 된다고 생각했지만, 헤겔의 견해가 그렇다고 비현실적인 것이라고 단언하는 것도 올바른 생각은 아니라고 본다. 왜냐하면 헤겔이 생각하는 현실은 형이상학적인 입장에서 현상적인 것은 아니지만 분명히 존재하는 실재적이라는 의미를 갖는 것이기 때문이다.

(3) 자연주의적 경험론의 의미

자연은 경험으로서 논해진다. 이 말은 자연은 어떤 유형의 상호작용을 유기체와 더불어 가진다는 것이다. 자연물들은 경험이 되기 전에 이미 존재하고 있었다. 이에 경험은 자연의 어떤 부분을 소유하게 되며 자연의 다른 부분들로 하여금 접근할 수 있는 것이 되도록 그 부분을 소유하게 된다는 것이다. 그럼으로써 그것들을 지식으로 얻어 들이며, 또 그것들을 소유하고 향락을 즐길 수 있게끔 소유하게 된다. 듀이가 자연을 경험이라 불렀는데 그 이유는 자연적 대상들이 유기체와 환경과의 상호작용에 물리적으로 들어오듯 인식하는 데도 들어오기 때문이었다.

듀이는 모든 과학은 물리적 과학이나 사회적 과학을 막론하고 경험의 특성들과 고유성들과 관계들을 탐구하는 것이라고 할 수 있다고 했는데, 이때 경험이 기술되며, 이렇게 경험이 기술될 때, 우리는 또한 자연을 기술하고 있는 것이기도 하다고 하였다.

우리가 추상적인 것으로 여기는 가치도 듀이에 있어서는 명백하게 현실적이다. 듀이는 도덕적 판단들이 사실문제에 관한 판단임을 입증하기 위해서 가치란 것이 자연 안에서 객관적으로 일어나는 것임을 주장하였다. 즉, 가치는 빛깔이나 무게나 크기나 모양과 꼭 마찬가지 정도로 객관적인 자연에서 일어나는 일이며, 그것을 경험적으로 고찰할 때, 사물들은 매섭고 비극적이며, 선하고 악하며, 아름답고 추하며 하는 등등의 성질을 갖고 있는 것이라고 주장하였다. 그리하여 듀이는 경험은 가끔 완전한 것이라고 말하기도 하였다.

실용주의는 쓸모를 추구한다는 점에서 보면, 가장 현실적인 것으로 간주할 수 있을지 모르나, 그것은 아니다. 왜냐하면 현실이라는 것이 현상적 사실에만 국한되는 것이 아니고, 우리 내면의 사실까지도 포함하는 것이기 때문이다.

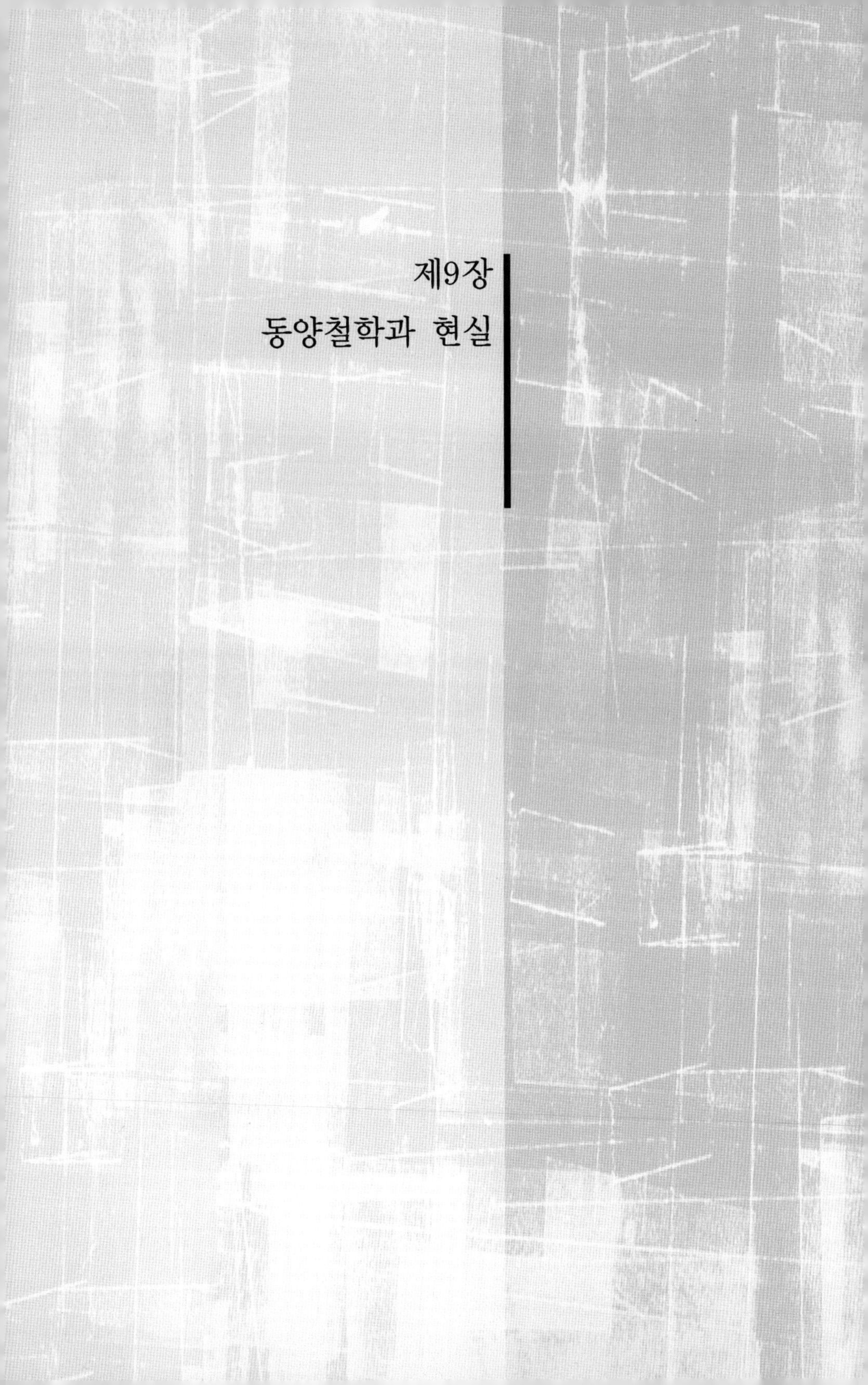

제9장
동양철학과 현실

풍우란(馮友蘭)은 그의 『중국철학사』에서 "중국에서는 글을 아는 사람이면 누구나 철학에 관심을 갖고 있다. 그뿐 아니다. 그들은 제일 먼저 철학부터 배웠다. 우선 서당에서 사서(四書), 즉 『논어』, 『맹자』, 『대학』, 『중용』의 독경부터 시작하는데 이 사서는 신유학의 가장 중요한 필수교재였다"고 언급함으로써 중국인들은 철학을 생활화하고 있음을 암시하였다.[100]

중국철학의 전통에 의하면, 철학의 기능은 실증적 지식의 증가가 아니라 정신의 고양이다.[101] 보다 가치 있는 삶은 올바른 정신으로부터 비롯된다는 것이 그들의 기본적인 생각이었으므로 정신의 고양은 가치 있는 삶을 위한 현실적인 일이었다. 그러므로 중국철학도 그러한 배경에서 형성된다.

풍우란은 동료 교수인 김악림(金岳霖)의 말을 통해 중국철학의 특징을 설명한다. "중국 철학자들은 모두 다른 소크라테스이다. 그 이유는 윤리, 정치 내성(內省) 및 지식이 철학자 자신 속에 통일되어 조화를 이루고 있기 때문이다. 그 자신 속에서 지덕(知德)이 합일될 수 있다. 그의 철학은 그 자신이 철학을 생활로 삼을 것을 요구한다. 자기 자신이 자기철학을 표현하는 길이며, 자기생활의 신념에 따라 사는 것이 자기철학의 일부였다. 그의 과제는 이기심과

---

100) 馮友蘭, 『中國哲學史』, 형설출판사, 1986, 25쪽.
101) 같은 책, 29쪽 참조.

아욕(我慾)을 초월한 순수체험인 천인합일의 지경까지 이르도록 끊임없이 자신을 수련시켰고, 이런 수련과정을 정지할 수 없었다. 소크라테스와 마찬가지로 중국 철학자도 자기 일상생활과 철학을 분리할 수 없었다. 그는 인생의 방관자로 비켜 앉아서 책에만 묻혀있는 메마르고 진부한 철학자는 결코 아니었다. 중국철학은 단지 인간오성을 위한 사고의 유형만을 전시한 적은 없었다. 그러므로 중국철학은 철학자 자신의 행동을 내적으로 규제하는 규범의 체계였다. 극단적인 경우, 그의 전기가 곧 그의 철학이라고 말해도 과언이 아니다"[102] 김 교수의 이 말은 중국철학의 특징을 단적으로 함축성 있게 표현한 것이라고 하겠다. 이를 통해 중국인들은 철학을 생활 속에 용해시키고 있음을 볼 수 있다.

더 나아가서 중국철학은 특히 주체성과 내재적 도덕성을 중시한다.[103] 중국인들에게 있어서 삶은 곧 윤리적 실천 과정이었다. 윤리야말로 현실적인 생활의 일면이다. 중국인들의 사고에 있어서는 내세적인 것이라든가 초월적인 것은 관심 밖의 일이다. 공자의 말씀에 죽음에 대한 제자들의 물음에 대해, 삶에 대한 것도 모르는데 어찌 죽음에 대해 알 수 있겠느냐고 반문한 바 있다. 죽음의 문제는 관심 밖의 일이다. 그리하여 그들에게 철학적 물음은 곧 현실의 삶에 있어서 어떻게 하면 보다 가치 있고 행복한 삶을 누릴 수 있는가 하는 것이었다.

---

102) ibid., 34-5쪽.

103) 한국중국학회 편, 宋恒龍 譯, 『中國哲學特質』, 汎學 1979, 15쪽 참조.

(1) 실천의 철학

그러므로 중국인들의 철학은 실천의 철학이었다. 그리하여 그들은 이지적인 사변에는 관심을 두지 않았으며, 관념이나 개념적인 정의도 내리려고 하지 않았다. 그들의 철학은 지식 논리적 분석으로 '앎'을 중시하는 철학이요, 실천을 중시한다.

그들이 추구한 것은 지식을 위한 지식이 아니라, 실천을 위한 지식이요, 보다 조화되고 균형 잡힌 정신생활이나 물질생활에 문제를 집중시킨 실생활의 태도로서의 철학이다. 그리하여 그들은 생활의 일치, 철학과 종교의 일치를 추구했는데 이것을 동양적 프래그머티즘이라고 말할 수 있을 것이다.

동양철학은 방법적 측면에서 직관을 중시하며, 직관은 객관적 과학적 진리를 요구하는 것이 아니라, 몸소 찾을 수 있는 주관적 진리를 추구하며, 생활에 도움을 주는 것이다.

그러므로 중국철학의 대표적 사상가인 맹자, 공자의 학설은 사변철학의 체계가 아니라 자연발생적으로 인간이 갖는 정서를 어떻게 자연의 법칙과 인간의 도리에 조화시키느냐에 그 관심이 모아져 있다.[104]

중국 고대에 있어서는 그들이 중시한 '성(聖)'과 '철(哲)'의 두 개념은 서로 상통하는 개념이다. '哲' 자의 본래의 뜻은 명석한 지혜, 즉 '명지(明智)'의 의미로서 그것은 또 '덕성화(德性化)'의 의미와 '인격화(人格化)'라는 의미를 함께 가지고 있었다. 또 그것은 '성

---

104) 같은 책, 53 - 55쪽 참조.

(聖)'이라는 말로 마무리된다.[105]

우리가 아무리 온갖 지혜를 짜내어 자연을 개조하고 그것을 우리들의 기호에 맞추려고 하더라도, 자연이 갖고 있는 존재원리를 벗어나서는 전혀 불가능하다. 따라서 그들은 자연의 존재원리 안에서 자연과 조화를 이루는 바탕 위에서 그들의 삶의 지혜를 추구했던 것이다. 그러므로 자연과의 조화란 현실과 동떨어진 것이 아니라, 가장 현실적인 것이다. 그리하여 그들이 표방한 삶의 태도는 반문화주의로 나타났다. 문화란 자연을 인위적으로 개조하여 우리들의 욕구를 충족시키려는 활동의 결과인 것이다.

반문화주의는 모든 문화를 부정하고 역행시키자는 것이 아니라, 관념적, 인위적 문화, 문질문명의 방향성이 올바르지 못하다는 의미를 담고 있다. 물의 모습을 통해 우리들의 정신이 어떻게 작용해야 할 것인지를 보여 준다.

첫째, 물은 위에서 아래로 흐른다. 즉, 자기를 우위에 두지 않으며, 사람들이 가기 싫어하는 비속한 데까지 안 가는 곳이 없다(處衆人之所惡).

둘째, 물은 안 가는 곳이 없으면서 만물과 투쟁하지 않는다(不爭).

셋째, 물은 가는 곳마다 만물을 이롭게 한다(水善利萬物).

넷째, 물은 만물에게 생명력을 부여하면서 소유하지 않고, 권위, 권리를 주장하지 않는다(作焉而不辭, 生而不有).

다섯째, 물은 자신이 무엇으로 되기를 기대하거나 다른 것에 의뢰하지 않는다(爲而不恃).[106]

---

105) 같은 책, 23쪽 참조.
106) 金忠烈, 東洋思想散考, 汎學圖書, 1977, 52 - 3쪽 참조.

물과 같은 도(道)의 모습은 단지 소박한 자연의 모습이며, 우리가 친근히 접하여 볼 수 있고 생활 속에서 실천할 수 있는 것이라고 하겠다.

화이트헤드가 서양적 이분(二分)을 '자연이분의 오류(自然二分의 誤謬, fallacy of bifurcation of nature)'를 범했다고 비판(같은 곳)한 것을 우리는 충분히 이해할 수 있을 것 같다. 동양철학은 엄밀한 논리의 형식을 갖추고 있진 않지만, 유추할 수 있는 여지를 충분히 갖추고 있으므로 음미해 보면 동의할 만한 것이 많다.

(2) 세계관

동양에서는 '존재'에 관심을 갖지 않았으며 따라서 실체 개념에 대한 서양적 유형의 명료한 인식도 갖지 않았다. 현상(現象)과 실재(實在)를 분리하는 플라톤적 전통이 전개된 사고체계 내에서 실체가 정신이라는 유심론, 혹은 물질이라는 유물론 식의 이원론은 동양 사상에서 찾아볼 수 없다. 그러므로 동양적 일원론은 현상과 실체의 이분(二分)을 근본적으로 허용하지 않는 태도에서의 일원론이며, 정리원융(情理圓融), 천인무간(天人無間), 공즉시색(空卽是色), 색즉시공(色卽是空) 등으로 표현되는 일원론이다.[107]

---

107) 같은 책, 37 - 8쪽.

(3) 중용의 성론(誠論)

성(誠)은 자기에게 성실할 줄 아는 인생이 지켜야 할 근본 태도
이다. 그러나 중용은 이 성을 우주정신으로 확대한다. "성(誠)이라
는 것은 하늘의 도요, 성을 실천하는 것은 인간의 도이다(誠者, 天
之道也, 誠之者 人之道也)"란 말은 성(誠) 그 자체를 자연의 법칙
성으로 간주하는 사례이다. 반대로, "자성명 위지성(自誠明, 謂之
性)"이라 한 것은 자연 그 자체는 성한 것이며, 천명지위성(天命之
謂性)과 비교해 볼 때, 천(天)이 성(誠)이므로, 성으로부터 맑아지는
것은 성 그 자체이다. 성(誠)을 바탕으로 한 인간관, 사회관, 우주관
은 인간이 자연과 합일되는 경지다.[108]

(4) 동양의 자연관

동양에서는 창조주가 없이 만유는 상호 주체와 연계를 가지고
인연이 회합하면 유(有)요, 인연이 이산하면 무(無)다. 동양은 원인
을 따지지 않고, 있는 우주 그대로를 긍정해 놓고 그것이 어떻게
있는가를 따진다. 말하자면, 동양에서는 우주 아닌 것에서부터 우
주의 긍정을 찾으려는 창조론적인 신관이나 본체론 위주의 형이상
학은 없다. 그저 자연 현상을 그 이상의 것, 그 이전의 것에서 보
지 않고 실존하는 그대로 보고, 그것이 어떻게 있는가를 살펴, 있
는 그대로 접촉하는 경향을 갖는다. 그리하여 동양에서의 자연은

---

108) 같은 책, 57쪽 참조.

일원론의 입장에서 설정된다. 여기서의 자연은 능산적이면서 동시에 소산적이다. 그리하여 동양인은 자연을 두려워하거나 또는 극복하려는 대립적인 태도는 갖지 않는다. 자연은 바로 만물의 고향이며 가장 편안한 안식처다.[109]

동양의 자연관으로부터 본체론의 부재를 엿볼 수 있다. 그것은 동양인의 철학이 삶의 문제와 직결되어 있고, 삶의 현실에 영향을 주는 것으로 되어 있기 때문이다. 이것을 현실주의라고 할 수 있겠다. 『전유경(箭喩經)』에 "지금 한 병사가 화살을 맞고 의사 앞에 운반되어 왔는데, 의사는 응급치료는 하지 않고, 그 화살의 내력, 성질, 경위 등만 따지고 있다가는 그 병사는 죽고 말 것이다. 그러니 우선 그 화살을 빼내고 그 상처를 치료하는 것이 급선무다"라는 이야기는 동양인의 사고가 서양인에 비해 보다 현실적임을 보여 준다.[110] 이것은 사람이 그렇기도 하지만, 그것이 바로 철학적 사고인 것이다.

(5) 동양의 인간상

"나의 싫어하는 것을 남에게 하지 마라(施諸己而不願, 亦勿施於人)"와 같이 화해(和諧)는 사회생활의 생명이요, 개체가 상충(相衝)하지 않고 자기의 목적을 완수하는 태도가 된다.

영국의 과학사가 Joseph Needham은 동양사회에 대해, "동양문화

---

109) 같은 책, 63 - 4쪽 참조.
110) 金忠烈, 『東洋思想散考』, 汎學圖書, 1977, 93쪽에서 전재.

는 자아조절에 능하다. 이는 마치 하나의 생명체가 환경의 변화에 따라 균형과 조화를 유지하는 것과 같은데도, 이는 구체적으로 말해서 온도조절기와 같다"[111]고 인식하였다.

동양의 자연은 주격적인 것으로 이 우주가 어디서 무엇에 의해 어떻게 온 것인가 하는 것은 문제가 되지 않고 다만 그가 어떻게 있느냐가 문제 된다. 왜냐하면 인간의 삶과 직접 관계되는 자연의 공능(功能)과 법칙을 파악하고서야 인간의 적응과 예료(豫料)가 가능하기 때문이다.

"산은 산이고, 물은 물이다"
"산은 산이 아니고, 물은 물이 아니다"
"산은 물이고, 물은 산이다"
"산은 산이고, 물은 물이다"

동양 사상에서 인간을 중심으로 하여 보는 사상은 인간문제를 현실 속에서 찾아보려고 했던 유가 사상일 것이다. 아마도 유가사상의 핵심은 천명(天命)일 것이다. 천명은 '하늘의 명'을 의미하지만, 그 하늘이란 초자연적인 존재나 조물주로서의 주재적 신이 아니고 바로 인간이 공동으로 느끼는 심리작용의 공동성을 지칭한 것이라고 보겠다. 그런 점에서 유가적 의미에서 인심은 곧 천심이라고 하겠다. 그러므로 『중용(中庸)』에서 말하는 '천명지위성(天命之謂性)'이란 인간 외의 존재가 인간에게 부여하는 어떤 것이 아니라, 인간 전체 혹은 순수한 본연으로 있을 때의 인간이 가지는 공동성이라고 할 것이다.

---

111) 같은 책, 83쪽.

또 유가는 개체와 전체의 유기성을 중요시한다. 그리하여 유가의 '도(道)'는 개체에서 시작해서 전체에로 나아간다. 개체의 인격완성에 있어서의 과정은 성의수심(誠意修心)에서 시작하여 격물치지(格物致知)에서 일단락을 짓는 것으로 되어 있다. 전자가 개체적으로 구득되는 것이라면 후자는 전체를 향해 실천으로 가는 과정이다. 즉, 인격을 연마함은 개체적으로 지식을 구득하여, 전체에 향하여 그 지식을 실천으로 옮기는 과정을 밟는 것이다.

이 과정 중 첫출발이 효의 실천이다. 효는 가정에서의 자녀의 부모에 대한 예이지만 그것은 가정에 그치지 않고, 더 나아가 사회와 인류 전체를 향한 실천의 기본 덕목이다.

(6) 인도철학의 현실성

인도는 역사로 보아 가장 오랜 전통을 가진 나라이며, 대국으로서 많은 언어, 문화 및 종교의 발상지이기도 하다. 따라서 철학에 있어서도 그 요람이라고 할 수도 있을 것이다. 매우 수준 높은 문화생활의 흔적을 보이는 모헨조다로(Mohenjo Daro)의 문화는 이미 기원전 3~4000년의 것으로 추정된다.

인도는 기원전 1600년경 아리아인의 침입에 의한 정복으로 문화적으로 융합되어 인도 아리아 사상을 형성하였다. 인도인들은 시간 제약적이거나 시간 내적 질서에 관해서는 관심이 적었으므로 세부적인 시간 경과에 관한 의식이 약했던 것으로 보이며, 따라서 시간의 기록이 정확하게 나타나지 않는 특징이 있다.

인도의 철학은 베다(Veda)로부터 시작된다. 이 '베다'는 여러 가지 저술들의 총칭을 의미하였으며, 그 내용은 찬미가에 관한 지식(Rigveda), 노래에 관한 지식(Samaveda), 제물법식에 관한 지식(Yayurveda), 마술적 법식에 관한 지식 등으로 되어 있다. 그 내용으로 보아 이 베다는 종교적인 성격이 강하게 나타나 있다. 따라서 힌두교도들은 이 문헌들을 종교적인 경전으로 받들기도 하며, 이것들을 신적 계시에 근거한 불가침적인 진리로 받아들였다.

그러나 이상의 4가지 내용들은 시기를 따라 고대로부터 차례로 인도의 사상을 형성하여 왔다. 한 가지 주목할 것은 그들이 받아들였던 신적 계시에 있어서의 신이란 기독교적인 초월신이 아니고, 단지 모든 자연의 힘이나 원소를 의미했다.

인도사회를 특징짓는 카스트제도가 형성된 것은 찬미가(讚美歌) 시대를 지나 승려계급이 주도권을 잡게 된 봉헌신비주의가 사회를 지배하게 되면서부터였다.

기원전 750년경 수도자들에 의해서 우파니샤드(Upanishad)가 성립되었다. 우파니샤드는 인도철학의 중심에 위치한다. 우파니샤드의 근본입장은 염세관이라는 것이다. 부정적인 성향을 가진 인도인들에게 그들이 삶의 과정에서 나타난 온갖 부정적인 모습들—예컨대, 자연재해나 인간의 일이 뜻대로 되지 않는 것들—은 세계를 고해로 보기에 충분했을 것이다. 서양의 염세주의 철학자 쇼펜하우어가 이 우파니샤드를 접하고, "이것이야말로 우리가 이 세상에서 찾아볼 수 있는 그 무엇에도 비길 수 없이 가장 칭송할 만한 것"[112]

---

112) Arthur Schopenhauer, *Saemtliche Werke*, 6 Band, Parerga und Paralipomena, Leibzig(Brockhaus) 1891S. 427.

이라고 한 것은 그의 염세관과 맞아떨어졌기 때문이다. 그는 생을 "맹목적인 생존의지"로 보고 이 의지는 결코 충족될 수 없으므로 불만을 가질 수밖에 없고 그것은 고통으로 이어지므로 세상을 부정적으로 보았던 것이다. 대체로 우파니샤드는 나(我, Atman)와 세계의 근본원리(梵, Brahman), 윤회와 구제의 사상이 중심을 형성하고 있다.

만물은 자기 자체 내에 마물러 있을 뿐인 이 브라만을 통하여 발흥되기도 하고, 잠겨 있을 수도 있다는 것, 그리하여 범아(梵我)는 하나라는 것이다. 고뇌로 가득 찬 세계에서 이를 벗어나기 위해서는 일체의 행동을 지양하거나 생의 의지를 극복하야 하며, 이를 위해서는 지식과 달관이 필요하다. 이를 통해 인간은 무상(無常)의 의미를 파악함으로써 해탈의 경지에 들어갈 수 있다. 그것은 업(Karma)으로부터의 해탈이다. 그러므로 지식은 아트만과의 일체성이다. H. J. 쉬퇴리히는 인도철학의 근본특징을 다음과 같이 열거한다.[113]

첫째, 인도철학은 고대의 베다경전의 권위에 얽매어 있다는 것이다. 이것은 그의 철학이 타민족에게는 설득력을 가질 수 없는 요소이다.

둘째, 인도의 제 학파는 세계해석이나 순수한 인식에 머무르지 않고, 올바른 삶과 해탈을 향한 계도적 역할을 하고자 한다.

셋째, 서양적 태도와는 달리 그들은 진리는 단순한 오성적 인식보다는 오히려 직관을 통해서 포착될 수 있다고 생각했다. 그러므로 그들에게 있어서 합리주의 철학은 불가지적 입장에 빠질 수밖

---

113) H. J. 쉬퇴리히 저, 임석진 역, 『世界哲學史』 上, 분도출판사(1981), 99 - 101쪽 참조.

에 없을 것으로 보았다.[114)]

넷째, 인도인들의 특징 중의 하나가 윤회사상을 가졌다는 것이 지적되어야 한다. 이것은 기적으로 보이지만 사실은 서양철학자인 피타고라스도 윤회사상을 피력한 바 있기는 하다.

다섯째, 인도인들은 대범한 관용성을 가졌다는 것이다. 이의 근거로서 승려들이 지배하는 사회임에도 거기에는 유물론적, 회의주의적 내지는 무신론적 이론이 대두될 수 있었다는 점을 들 수 있다.

이상에서 살펴본 것같이, 인도철학은 매우 형이상학적인 것처럼 보이지만, 오히려 매우 현실적인 성격을 보여 주고 있다고 하겠다. 신에 관한 관념도 초월적인 존재로서가 아니라, 자연의 힘으로 보았다는 것, 그리고 우리들 인간이 직면하는 고뇌란 바로 우리들의 삶의 현실에서 당하는 것으로서 해탈은 바로 그것을 극복하려는 의지의 발로였다. 그들에게는 영생이나 영혼의 문제는 관심 밖이었다.

(7) 한국철학의 특성

한국은 유구한 역사적 전통을 가졌다. 고조선의 건국이념에 한국의 고유사상이 나타나 있으며, 그것은 한국 사상의 바탕을 이루어 왔다. 고조선의 건국이념은 홍익인간(弘益人間), 광명이세(光明理世), 제세이화(제세이화)였다. 이 같은 건국이념들은 나라의 주인인 백성을 위한다는 정신을 바탕에 두고 있었으며, 그러한 이념은 역

---

114) Johnson은 인도의 우파니샤드의 주석문에서 "모든 합리주의 철학은 예외 없이 불가지적 입장에 빠질 수밖에 없다"고 적고 있다. Charles Johnson, *The Great Upanishads*, New York, 1924. Bd. I p.83.

사를 두고 연면히 이어져 내려왔다. 우리는 이를 보통 우리 고유의 사상이라고 한다. 삼국시대를 거치면서 중국의 유학과 불교사상이 유입되었으며, 조선 말기에 기독교가 유입되면서 이것들이 우리 전통사상과 융합되거나 경우에 따라서는 갈등을 빚으면서 우리의 사상사를 형성해 왔다.

그중에서 한국철학에 가장 영향이 컸던 유학의 경우, 삼국시대에는 한 대의 오경사상이, 통일신라시대와 고려 전기에는 문학적 유학이, 여말 선초에는 주자학이, 조선 후기에는 실학이 유입되어 융성하게 되었다.

삼국시대에 유학은 고구려 사회에 있어서 교육 기관을 통해 국민의 의식 형성과 사회 교화의 역할을 수행하였으며, 백제에 있어서는 예법을 갖추고 유교적인 질서의식을 생활화했다. 또한 백제는 국가의 법제를 제정하여 국가 기강을 확립하였으며, 살인자는 사형에 처하고, 도둑질한 자는 유배시킴과 동시에 훔친 것을 두 배로 배상시키는 등 엄격한 법을 시행했다. 한편 신라에서도 유학은 정치의 원리로 존재하였다. 임금은 신하를 예로써 부리고, 신하는 임금을 충으로써 해야 한다는 충간의 전통이 수립되어 있었다.

고려시대의 유학은 주자학의 전래를 중심으로 전기와 후기로 나뉜다. 주자학은 성리학의 다른 이름이며, 성리학은 종래의 유학이 수신, 제가, 치국, 평천하의 실천적, 윤리적인 면에 치중된 것과는 달리, 인간 행위의 올바른 준칙으로서의 그 원리와 근거를 추구하는 학으로서 이론에 치우친 학으로 인식되는 측면도 있으나 그것은 성현의 도로서 실천성과 도덕성, 그리고 자기 수양과 사회적 실현의 양면을 추구하는 학이기도 하다.[115] 말하자면 성리학은 현실

과 거리를 둔 철학이 아니라, 바로 현실을 위한 철학임이 분명하다
는 것이다.

조선 초기에는 도학사상이 주도했다. 성리학이 천리, 인성, 의리
등을 추구하는 주지주의적 성격이 강한 반면, 도학은 그 원리의 실
현에 주력하는 실천주의적 색채가 짙다.[116] 도학은 수기(修己)에
머물지 않고 도를 행하는 차원으로 확대되며, 도를 실현함은 곧 그
것이 왕도임을 의미한다. 도에 따른 정치는 맹자의 '왕도정치'로 통
한다. 왕도정치란 군주가 인과 예로써 백성을 다스리며, 백성의 복
지를 우선시하는 정치를 의미하므로 이것은 분명 현실적인 철학에
바탕을 둔 것이라 할 것이다. 조광조가 언로가 국가 흥망의 관건이
라고 한 것도 도학자로서의 착상이며, 그것은 지극히 현실적인 아
이디어가 아닐 수 없다.

조선시대의 유학은 퇴계와 율곡이 대표한다.

퇴계는 성리학의 핵심 주제인 이기론(理氣論)에서 이기이원론(理
氣二元論)을 기본으로 하지만, 그의 철학적 입장은 이발이기수지
(理發而氣隨之)라고 표현되듯이 이가 발하고 기가 이를 따른다는
것이다. 그에 있어서 이는 형이상자로서의 원리이고, 기는 형이하
자로서의 그릇과 같다는 것이다.[117] 또 기대승과의 사단칠정론(四
端七情論)의 논쟁에서 보여 준 그의 주장은 '사단 이발이기수지(四
端 理發而氣隨之)', '칠정 기발이승지(七情 氣發而理乘之)'[118]였다.
그러니까 사단이란 이가 발하고 기가 이를 따름으로써 일어나고,

---

115) 황의동, 『한국의 유학사상』, 서광사(1995), 44쪽 참조.

116) 같은 책, 91쪽 참조.

117) 황의동, 앞의 책, 116쪽 참조.

118) 이황, 『退溪全書』, 卷16, 書, 「答 奇明言論四端七情第二書」 전재.

칠정이란 기가 발하고 이가 그 위에 올라탄다는 것이다. 그리고 이의 주재에 따라 기가 발동하면 선한 정이 되고, 기가 이의 주재를 무시하고 멋대로 발동하면, 악한 정이 된다고 본 것이다. 이 같은 주장을 그대로 받아들이는 것은 차치하고 이 중심의 철학을 수립한 것으로 이해된다. 퇴계는 인간의 윤리적 행동의 바탕으로 경(敬)의 윤리를 강조했는데, 그에 있어서 경은 만사의 근본이며 마음의 주재요, 천리를 보존하고 인간의 욕심을 자제시키는 덕으로 제시한다.

이에 반해 율곡은 이기론에서 "만화(萬化)의 근본은 일음양(一陰陽)뿐이다. 기가 동(動)하면 양(陽)이 되고, 기가 정(靜)하면 음(陰)이 된다. 한 번 동하고 한 번 정한 것은 기(氣)요, 동하고 정하게 하는 것은 이(理)이다"[119]라고 하였다. 율곡은 정하고 동하는 것은 기요, 그 까닭이 이라 하였다. 이렇게 보면 그의 사상은 퇴계의 그것과 그게 달라 보이진 않는다. 주자의 태극도설과 장횡거(張橫渠)의 태허설(太虛說) 및 정이천의 이기설을 종합하여 주회암(朱晦庵)은 본체와 현상을 이기로써 논했는데, 율곡은 이 사상을 이어받아 이를 체(體)와 용(用)으로 이일분수설(理一分殊說)을 구체화하였다.[120] 이(理)는 항존하고 있으면서 기(氣)로 인하여 그 항존 영구성이 다양하게 나타난다고 본다. 즉, 이일(理一)이 기로 인하여 기품의 형질을 이루는 것이 性이고 따라서 성에는 이일(理一)과 이분수(理分殊)(이가 개별자로 나타난 것)가 내재한다는 것이다. 그리하여 율곡에서는 자연세계의 모든 현상은 理一과 分殊의 관계로 전개된다. 이일분수설을 토대로 율곡이 세운 이론이 이통기국설(理通

---

119) 이이, 『栗谷全書』, 卷14, 天道第308쪽.
120) 宋錫球, 『栗谷의 哲學思想』, 중앙일보사(1984), 51쪽 참조.

氣局說)이다. 그에 따르면, 이는 무형이고 무위이며, 기는 유형이며 유위이다. 무형무위하여 유형유위의주재가 된 것이 이요, 유형유위 하여 무형무위의 기(器)가 된 것이 기(氣)다. 이는 무형이요, 기는 유형이므로, 이는 통하고 기는 국한한다. 또 이는 무위이요, 기는 유위이므로, 기가 발하면 이가 탄다(氣發而理乘).121)

여기서 이통(理通)의 의미는 이가 기를 타고 유행하면서도 본연의 묘를 잃지 않고 있음을 말하며, 기국(氣局)은 유형이므로 본말, 선후가 있어서 다양한 모습으로 나타난다. 이가 만물 속에서 본연의 묘를 무소부재하게 잃지 않는 것과 다른 모습이 기국이다.

또 율곡은 윤리의 측면에서 성(誠)을 내세웠다. 성은 천도(實理)와 인도(實心)의 합일이다. 성은 행위 규범이요, 이의 실천방법으로서 치중화(致中和)를 제시했는데 이것은 중화에 힘쓴다는 말이다. 중화는 중용으로부터 온 것이고, 이것들은 조화로운 중간을 취하는 것으로서 모든 존재 사이에서의 조화로운 관계를 유지함을 의미한다고 할 수 있다.

이상으로 조선시대의 대표적인 사상인 성리학을 퇴계와 율곡을 중심으로 간단히 살펴보았지만, 이 성리학은 결코 관념론에 머물렀던 철학은 아니다. 왜냐하면 존재와 인간의 근본적인 문제를 추구한 것이었고, 이것은 현실에로 필연적으로 연결되는 것이었다. 한국에서 성리학을 중심으로 하는 논쟁이 활발했던 것은 결코 공리공담을 나누었던 것으로만 보아서는 안 될 것이다. 민주적 토론이 활발하게 전개되었던 것으로 보아야 할 것이다.

한국철학에서 더 언급해야 할 것으로 실학사상과 동학사상이 있

---

121) 이이, 전게서, 209쪽 참조.

다. 실학사상은 성리학이 공리공담만을 일삼았다는 반성으로부터 성립된 것으로 소위 '실사구시'의 슬로건을 내세웠다. 학문도 실용성이 있어야 한다는 취지에서 나온 철학이라 하겠다. 실학사상가들은 산업, 경제, 지리, 언어 등 여러 분야에 세밀하게 눈을 돌리고 우리들의 삶에 유용한 것들을 가치 있는 것으로 보고 그것을 추구하였다. 여기에는 다분히 과학정신이 중심에 서게 되었으며, 보다 우리들의 삶에 직접적으로 도움이 되는 것들을 추구했으므로, 그것은 과학적 성과와 더불어 삶에 매우 유용하게 작용한 것이 사실이다. 물론 이러한 철학적 성향은 실질적으로 우리들의 삶에 유용한 것이 사실이었고, 현실적이었다.

사회사상으로서 우리의 주체의식을 내세워 민중들의 자각을 촉구했던 동학사상은 매우 진보적인 사상이었다. 이 사상운동은 천주교의 전래에 대한 반동이었다. 즉, 천주교를 서학으로 보고, 이에 대립된다는 의미에서 붙은 이름이 동학이었다. 그것의 근본사상은 '인내천(人乃天)'이었다. 즉, 사람이 곧 하늘이라는 것이다. '사람이 곧 하늘'이라는 명제는 인간지상주의를 표방하는 것으로서 인간이 우주에 있어서 최고의 지위를 가진다는 것이다. 인간은 가장 구체적인 성격과 소질을 가진 존재이므로 인간 이상의 위(位)나 신의 우상을 세울 필요가 없다. 인간성은 우주의 본성의 구체적 표현이며, 이 같은 인간지상주의 사고는 또한 인간평등주의로 전개된다. 이 동학사상의 구극의 이상은 무엇인가? 그것은 바로 지상천국건설이다. 이 지상천국이란 신의 절대권 위에 바탕을 둔 이상이 아니고 우리들 인간이 실현해야 할 이상이다. 모든 인간이 평등하게 살 수 있는 세계가 바로 지상천국이므로 그것은 곧 현실에서 이루어져야 하는 세계인 것이다.

중의학이나 한의학의 경우를 보자. 중의학(中醫學)이나 한의학(韓醫學)은 서양과 같은 임상실험을 거쳐 정립된 의학이 아니면서도 그 효용이 날로 입증되고 있으며, 한의학의 대표적 고전인『동의보감』은 세계기록유산에 당당히 등재되었다. 한의학이 토대로 삼고 있는 음양오행론이나 동양철학의 논리는 경험적 과정을 거치지 않았지만 우리의 현실의 삶의 과정에서 그 효과가 입증되고 있다. 오히려 양의학보다 그 치료효과는 훨씬 높은 것이 사실이다. 오늘날 서양에서 날로 그 효용이 입증되면서 확산되고 있는 대체의학은 동양철학에 바탕을 두고 있다. 앞서 언급한 것처럼 동양철학 내지 한국철학에서의 이기론이나 음양론 등이 결코 현실을 떠난 이론이 아님을 인식할 필요가 있다. 다만 철학이 현실에 직접적으로 활용되는 것이 아니고 그것의 토대로서의 근본원리를 제공하고 있다는 점에서 철학은 더욱 현실적이라고 볼 수 있다.

철학은 그 탐구 대상에 대한 근본적이고 전체적인 탐구를 본질로 하다 보니 그것이 관념적이거나 현실과 동떨어진 것으로 여겨지는 것이다. 결코 철학은 시간이 남아서 소일거리로 하는 한가한 놀음이 아니다.

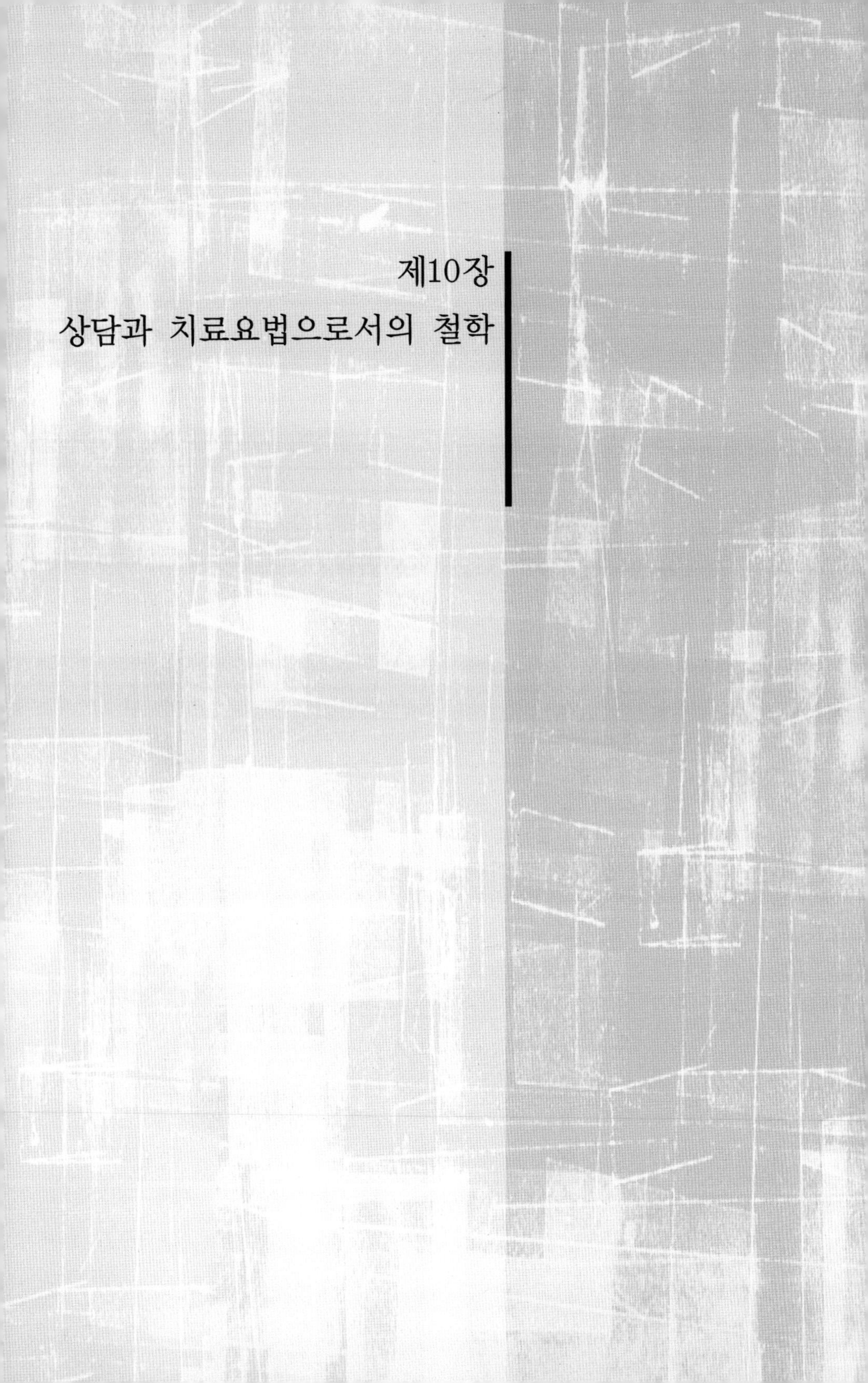

제10장
상담과 치료요법으로서의 철학

제1절 삶과 건강

현실을 살아가는 사람들에게 가장 절실하게 바라는 것은 건강한 삶이다.

우리가 잘 산다는 것은 우선은 건강한 몸으로 신체상에 불편이 없이 사는 일일 것이다. 아무리 부유하고, 명성이 높고 강한 권력을 소유한다 하더라도 몸이 편치 않으면 그 삶이 행복하다고는 볼 수 없다 역사의 흐름과 더불어 우리들의 모든 삶은 우리들이 원하는 방향으로 발전해 온 것이 사실이다. 그러나 그럼에도 불구하고 우리들이 바라는 이상적인 상태에 도달하는 일이 그리 쉬운 것은 아니다. 다만 물질적인 측면의 삶이 크게 향상되었다고 말하는 것만은 확실히 옳은 말이다. 우리들의 삶은 지금도 계속 업그레이드되고 있으며, 그것의 의미는 풍요와 편리함일 것이다. 말하자면, 우리들은 풍요롭고 편리한 생활 여건을 조성하는 데 온갖 노력을 기울이고 있으며, 그 성과가 눈에 띄게 나타나고 있다. 그리하여 모든 삶의 초점은 '잘 살이(Well‒being)'에 집중되어 있다. 그리고 건강한 삶의 적인 사람의 질병도 의술의 발달에 힘입어 그 치료 성공률도 높다.

그런데 그러한 발전에도 불구하고 우리들의 삶에 대한 만족도는 거기에 비해 높아지고 있다고 말할 수는 없다. 삶에 대한 만족도를 조사한 통계수치에서도 행복지수는 생활수준에 비례하지는 않는다. 오히려 생활수준이 극히 낮은 나라의 행복지수가 높게 나타나는 경우가 많다. 아마도 그것은 물질적인 풍요나 생활조건의 편리성이 아닌 다른 곳에서의 만족도가 높기 때문일 것이다. 말하자면, 생활수준이 높은 나라에서도 생활 조건 이외의 다른 변수가 있어서 생활의 만족도가 떨어지는 것이다.

최근 문명병이라고 할 수 있는 각종의 새로운 질병이 발생하고 있으며, 그것은 현대의학으로서도 치료되지 않는 경우가 많다. '잘 살이' 시대를 맞이하여 보다 건강한 삶에 대한 인간의 욕구는 상대적으로 크게 높아지고 있으며, 이러한 욕구에 발맞추어 의료에 대한 비용 지출도 높은 비율로 늘어나고 있다. 거기다 의료 서비스가 돈벌이를 위한 활동으로서 인식되는 풍조가 만연되어 의료비는 상상을 초월할 수 없을 정도로 불어나게 될 것이다. 이것은 머지않은 장래에 우리에게 당면해 올 것이어서 매우 우려된다.

야스퍼스가 정신병에 걸린 환자를 치료하는 과정에서 정신의학의 한계를 깨닫고 철학으로 그 전공을 전향한 것은 인간의 문제가 매우 다양하고 그 해결 방안도 다양함을 보여 주고 있는 사례라 할 것이다. 요즈음 심인성으로 인한 질병은 현대의학으로서는 한계가 있고 심리학이나 철학 상담을 통해 그 치료 효과를 보는 사례가 늘고 있다.

물리적인 힘을 가하지 않고 정신적으로 치료하는 사례가 늘고 있으며, 철학 상담을 통해 질병을 치료하는 사례도 늘고 있다. 그것은 우리들에게는 매우 생소하나 그것은 현실이다.

　미국의 철학자 루 메리노프는 그의 책 『철학으로 마음의 병을
치료한다』를 통해 그 실제성을 드러내 보인다.

　철학은 쉽게 말해 '생긴 대로 놀기'를 연구하는 학문이다. 여기서
'생긴 대로 논다'는 말은 주어진 존재 원리에 맞추어 산다는 말이
다. 무엇이든 그것이 어떻게 생겼는가, 즉 생긴 대로 살아가게 되
어 있고, 그것이 생긴 대로 살지 않으면 파행이나 부조리가 오게
되어 있다. 병이란 그것이 생긴 대로 작용되지 않아서 생긴 부조리
다. 밥을 먹어야 살게 되어 있는 사람이 풀을 먹고 살 수는 없으며,
또 풀을 먹고 살게 되어 있는 초식동물은 고기를 먹고 살 수 없는
것이다. 옆으로 걷게 되어 있는 게들은 바르게 걸으려고 하면 잘
걷지 못할 뿐만 아니라, 자칫하면 다치기도 할 것이다. 그러므로
병을 고친다는 것은 병든 상태에서 병들기 전의 상태로 되돌아감
을 의미하며, 병들기 전의 상태란 그것이 병들기 전의 원래의 생긴
모습을 의미하는 것이다.

　그러므로 단순한 육체적인 질병보다 더 심각하게 다가오는 심인
성으로 인한 정신적인 질병은 마음의 파행으로부터 비롯된 것이므
로 마음의 상태를 바로잡음으로써 고쳐질 수 있으며, 따라서 이를
위해 정신의 원리를 연구하는 철학적 상담은 큰 효과를 보는 것이
다. 그리하여 메리노프(Lou Marinoff)는 앞의 책에서 우선 철학의
지혜를 삶에 활용할 것을 주문하고, 일상생활 속의 문제를 철학적
으로 해결할 수 있다고 주장한다. 그리고 마지막으로 철학으로 마
음의 병을 고칠 것을 주문한다.

제2절 철학적 지혜와 삶

유태인들은 자녀들에게 물고기를 잡아 주지 않고 물고기를 잡는 방법을 가르쳐 준다고 한다. 인간에게는 무한한 잠재되어 있는 능력이 있다. 누구나 이것을 개발하면 무슨 일이든지 잘해 낼 수 있다. 심리학적으로 보면, 보통 사람들은 자기가 갖고 있는 능력의 3~6% 정도밖에 발휘하지 않고 있다고 한다. 융(K. Jung)의 학설에 따르면, 대부분의 능력은 잠재되어 있는데 그것이 무의식의 영역이다. 겉으로 드러난 의식의 부분은 불과 3~6%에 그치고 있다는 말이다. 물론 잠재된 의식을 일깨우기 위해서는 심리학적 방법과 교육학적 방법이 동원되어야 하겠지만, 그 기본 바탕에 철학적 성찰과 통찰이 요구된다.

우리가 생활 가운데 부딪히는 문제를 해결하기 위해서 기본적으로 요구되는 것은 바로 앎이다. 알아야만 문제를 해결할 방법을 찾을 수 있다. 그렇게 보면, 앎은 모든 일의 토대이다. 그러므로 인간에게 있어서 앎에 대한 욕구는 가장 기본적인 것이다. 알아야 한다는 의식의 동기는 '놀람'이라고 아리스토텔레스는 말했다. 이 '놀람'이란 무엇을 예측하지 못한 가운데 부딪히는 상황에서 일어나는 우리들의 정서이다. 말하자면 무지의 상태에서 당하는 전혀 새로운 상황에 부딪혀 일어나는 우리들 마음의 정서가 '놀람'이란 말이다. 그러므로 우리들의 모든 행위의 바탕에 앎이 전제된다. 그러므로 우리는 항상 앎을 추구하게 되어 있는데 이러한 성향을 '철학적 요구'라고 한다. 철학이란 말 자체가 '앎에 대한 사랑'에서 비롯되었다는 것은 주지의 사실이다. '철학'의 의미는 그리하여 지식, 혹은 지혜를 사랑함이다.

우리가 살아가면서 부딪치는 많은 문제들은 일정한 도식으로 분류될 수 없으며, 당시, 그리고 해당 장소 등의 상황에 따라 그 대처 방법이 다를 수밖에 없다. 그럴 경우 요구되는 것은 창의성이다. 창의성은 사건 당사자가 발휘하게 되는 대처능력의 바탕이다. 이 창의성을 발휘하게 하는 가장 큰 바탕이 철학이다. 최근에 어린이들이 철학 공부에 열중하고 있다. 철학은 강단에만 머물 수 있는 것이 결코 아니다. 철학교육을 받는 어린이들이 느끼는 뚜렷한 경험은 바로 창의성이 개발된다는 것이다. 수직적 사고로부터 수평적 사고로의 전환이 이루어지는 셈이다. 지식의 추구에 있어서는 지적 판단력과 다양한 사고를 갖게 되었으며, 행동의 측면에서는 윤리적 사고를 함으로써 보다 바람직한 행동을 연출하여 의식적으로 바른 행동을 영위하게 되었다는 것이다. 그리하여 철학교육을 받은 학생들은 다른 교과목에서도 눈에 띌 정도의 향상을 가져왔다고 한다. 말하자면 철학교육은 사람의 자기정체성을 정립시켜 준다. 자기정체성이 확립된 어린이는 자기가 할 일을 스스로 알아서 하게 된다.

바른 앎과 바른 행동을 위해서 철학이 필요하지만, 철학공부를 통해 전체적인 실력을 크게 향상시킬 수 있기도 한다. 요즘 평생교육이 유행처럼 번지고 있으며, 이것은 시간이 흐를수록 더욱 강하게 나타날 것이다. 평생교육은 직업교육은 아니며 그것은 삶의 지혜를 배우는 것으로서 궁극적으로는 철학적 지혜를 습득하는 것 외의 다른 것이 아니다. 철학은 아는 능력을 길러 주는 것보다 행동하는 능력을 길러 주는 역할이 더 크다. '아는 것(to know)'보다

'하는 것(to do)'이 더 중요하고 더 유익하다.

제3절 일상생활과 철학적 해결

칸트는 "철학은 우리들에게 못을 박는 방법도 가르쳐 주지 않는다. 우리는 철학(Philosophie)을 가르칠 수 있는 것이 아니고 다만 철학함(Philosophieren)을 가르칠 수 있을 뿐"이라고 말했다. 이 말은 지극히 당연하다. 왜냐하면, 철학은 우리들에게 구체적인 삶의 방법을 가르치는 역할을 부여받고 있는 분야가 아니기 때문이다. 철학은 우리들에게 모든 문제를 해결할 수 있는 근본적인 지혜를 가르쳐 주는 것이다. 그것이 삶에 직접적인 역할을 하지 못한다고 해서 무용한 것은 결코 아니다.

단순한 기계는 그것이 고장이 나서 쓰지 못하게 되었을 경우에 그것의 원리에 따라 복원시켜 주면 쉽게 다시 쓸 수 있게 된다. 이 같은 사정은 어떤 것에도 적용된다. 인체의 그것이 순수하게 신체적인 것에 국한될 경우에는 하나의 기계와 같이 쉽게 복원시킬 수 있기도 하다. 그러나 인체는 심리적·정신적 요소와 결합되어 고장이 난 경우에는 그 치료가 간단하지 않다. 인체의 질병이 그처럼 심리적이고 정신적인 상태와 결합되어 있는 경우에는 그러한 요소에 관련하여 치료하지 않으면 안 된다. 앞서 지적한 것처럼, 야스퍼스가 정신병 환자의 치료를 수행하는 과정에서 의학적 과정만으로는 그것이 가능하지 못함을 깨닫고 보다 깊은 인생이라는 통찰을 확장시켜 자기의 연구 영역을 철학으로 전환시킨 사실에서 우리는 그러한 사실을 이해할 수 있다.

그렇다면 우리의 일상생활은 어떤가? 우리의 일상생활이야말로 신체적, 정신적, 심리적, 인간 관계적인 요소들이 복합적으로 혼합된 삶이다. 따라서 거기서부터 야기되는 문제도 복잡할 수밖에 없다. 그리고 그것의 문제점은 형태상으로는 단순하게 나타나 보이기도 한다. 루 메리노프는 광범한 철학적 카운슬링을 통해 이 문제를 다루었고, 그 성과도 크게 나타났다고 한다. 대부분의 사람들은 문제가 생기면 심리적 상담을 우선 생각하거나 종교적 카운슬링에 의존하려고 한다. 그런 과정으로도 해결이 안 될 경우, 철학적 상담을 요청하여 해결을 본 경우가 허다하다. 주지하다시피 인생은 단순한 기계로 되어 있는 것이 아니고 복잡한 유무형의 구조를 갖고 있기 때문이며, 존재의 근본 원리를 탐구하는 철학을 통해 이 문제가 해결 가능하기 때문이다. 루 메리노프가 철학 카운슬링을 통해 해결했던 사례를 하나 소개한다.

그에 의하면, 철학 카운슬링은 과학이라기보다는 기술이며, 상담에 응하는 개인의 사정에 따라 그에 알맞은 방식으로 진행하는 것이다. 이 방식에는 아주 다양한 형태가 있으며, 그 가장 대표적인 것으로서 5단계 접근방식을 택하는 PEACE라는 것이 있다. 많은 사례들은 모두 이 방식에 접근했다는 것이다. 그것은 우리가 문제의 해결을 위해 거쳐 가야 할 5가지 단계로서 이는 문제(Problem), 정서(Emotion), 분석(Analysis), 명상(Contemplation), 평정(Equilibrium)의 머리글자를 딴 것이다. 철학에서는 이 5단계가 '마음의 지속적 평화'를 가져다주는 가장 확실한 방법이라고 한다. 1~2단계에서는

우리들의 문제를 요약하며, 3~4단계에서는 문제를 전향적으로 검
토하는데, 많은 사람들은 자기 혼자 힘으로 이런 검토를 할 수 있
지만, 배우자나 안내인의 도움을 받는 것이 좋다고 한다. 3단계에
서 심리학과 정신의학 너머의 분야로 진출하게 되고, 4단계에서는
철학의 영역 안으로 깊숙이 들어선다. 마지막 단계는 1~4단계에서
깨달은 것을 우리들의 인생에 편입시키는 과정이다.[122]

어느 고등학교에서 학생들이 현지 자선단체를 위한 모금운동을
벌였다. 학생들의 참여도를 높이기 위해 이 학교의 교장 테드는 여
러 가지 경품이 걸린 복권제를 실시했다. 즉, 학생들이 기부금을
10달러씩 올릴 때마다 복권 한 장씩을 주었다. 교장실 바로 앞에는
여러 개의 통이 놓였고 각 통에는 복권의 해당 경품이 쓰여 있었
고, 학생들이 자기 마음에 드는 경품 통에다 복권을 넣게 했다.

모금 운동이 끝나고 학생들은 모두 강당에 모여 복권 추첨에 들
어갔다. 각 통에서 해당 복권을 한 장 뽑는 영예로운 일을 테드가
맡았고, 뽑힌 학생들은 한 명씩 단상 위에 올라가 경품을 타 갔다.
CD, 무료 영화 관람권, 현지 옷가게의 무료 의상 구입권 등이 경품
이었고, 대상은 오토바이였다.

대상을 뽑을 차례가 되어 추첨 결과, 티와나라는 여학생이 대상
을 받게 되었다. 테드는 학생들이 모아 온 기부금의 총액을 발표했
다. 그는 그날의 회합이 학교와 학생들의 자원봉사 정신을 함양하
는 데 크게 기여했다고 생각했다.

그러나 그다음 날 한 학생이 테드를 찾아와 한 가지 사실을 말
해 주었다. 대상을 타 간 학생은 실제로 모금 운동을 하지 않았다

---

122) 루 메리노프 지음, 이종인 옮김, 『철학으로 마음의 병을 치료한다』, 해냄, 64 - 67쪽 참조.

는 것이다. 그녀는 모금 운동을 열심히 벌인 친구 클라라벨로부터 한 장의 복권을 그냥 얻었다는 것이었다. 말하자면 우정의 표시로 한 장 건네받았던 것이다. 모금 운동을 하지 않은 학생의 복권이 당첨된 것은 다른 학생들에게는 불평의 대상이 될 수밖에 없다. 학생들의 불평 때문에 교장인 테드는 윤리적 딜레마에 빠졌다.

문제는 "과연 당첨된 복권을 갖고 있다는 이유만으로 티와나는 오토바이를 가져갈 자격이 있는 것일까?" 하는 것이었다. "티와나는 모금 운동을 전혀 하지 않았으므로 상을 탈 자격에 문제가 있는 것이 아닐까?"

이에 대한 학부모들의 질문은 교장을 난처하게 했다. 그 상황에서 빠져나오려고 하니 아무래도 모금운동과 기부자들의 호의를 그르칠 것 같아서였다. 게다가 이런 사실이 알려지자 기부운동의 호응도가 눈에 띄게 식이 버렸다

테드는 이 문제로 스트레스를 받아 밤잠을 설칠 지경이었다. 급기야 테드는 철학 카운슬링을 요청해 왔다. 그리고 그가 생각하는 대안으로서 다음과 같은 것을 생각했다고 덧붙였다. 즉,

- 티와나에게 원래대로 오토바이를 가지게 한다.
- 오토바이를 회수하여 클라라벨에게 준다.
- 티와나의 복권을 클라라벨에게 돌려준 다음 당첨을 다시 한다.
- 기존의 오토바이는 티와나와 클라라벨 사이에서 타협을 보기로 하고, 오토바이를 한 대 더 사서 추첨을 실시한다.

테드는 재추첨이나 새 오토바이 구입은 하고 싶지 않았다. 지난번의 당첨과정이 공평했고 또 새 오토바이를 사면 자선단체에 돌아갈 기부금 액수가 적어지게 될 것이기 때문이다.

테드는 두 여학생과 그들의 부모를 만나 의논을 했다. 그들은 딱 한 사람만을 제외하고, 교장이 내놓은 다양한 선택 중 어떤 것도 좋다고 말했다. 그러나 클라라벨의 아버지는 오토바이가 당연히 자기 딸에게 돌아가야 한다고 강하게 주장했다.

테드는 위에서 제시된 대안들이 모두 마음에 들지는 않았다. 그러나 가장 타당한 결론을 내리고 싶었고, 그리하여 철학 카운슬러를 찾아 함께 문제를 풀었다.

테드는 이미 PEACE 과정의 1~3단계, 문제를 발견하고, 정서를 표현하고, 대안을 분석하는 과정은 완료했다. 그 이후로는 한 걸음도 더 나아갈 수가 없었다. 그는 가장 좋은 방법을 찾아내기 위해 의논해 왔다.

철학 카운슬러의 입장에서도 재추첨의 불필요성에 대해 동의하고 티와나가 오토바이를 가질 것이냐 클라라벨이 가질 것이냐의 문제에 집중했다. 가장 중요한 통찰은 도덕적 주장과 합법적 주장을 구분하는 것이었다. 법적으로 본다면, 그 복권(과 오토바이)은 티와나의 것이다. 왜냐하면 클라라벨이 그에게 주었기 때문이다. 일반적으로, 소유는 법의 9대 중점 사항 중 하나다(복권의 소유가 잘못된 방법으로 획득된 것이라면—가령 티와나가 클라라벨로부터 훔쳤다면— 법은 클라라벨을 진정한 소유자로 인정할 것이다.).

그러나 합법성은 도덕성과 동일한 개념이 아니다. 이 경우 복권은 자선단체를 위해 모금 운동을 한 친구들만이 가질 수 있는 것이다. 이것은 국가가 시행하는 복권을 돈을 주고 사서 공짜로 친구에게 건네준 경우와는 사정이 다르다. 이 경우 복권에 대하여 도덕적인 소유를 주장하려면 먼저 구체적 행위—자선 단체를 위한 모금

운동—가 전제되어야 한다.

법률가는 물론 이렇게 말했을 것이다. 클라라벨이 합법적으로 그 복권을 획득했고 그다음에 자유의사로 티와나에게 준 것이므로, 복권(과 오토바이)은 당연히 티와나의 소유다. 법률가는 이런 조치가 티와나의 동료 학생들에게 미칠 도덕적 분노에 대해서는 신경 쓰지 않는다.

열심히 모금 운동을 해서 복권을 획득한 학생들은 당초 취지와는 상관없이 모금운동도 하지 않은 학생이 대상을 타 간 것은 분명 잘못이라고 불평했다. 그러나 이처럼 불평하는 학생들도 자선 행동에 대하여 하나의 교훈을 얻을 수 있었다. 동정심이 발동하여 스스로 한 자선 행동과 경품을 타고 싶어서 한 자선 행동 중 어떤 것이 더 높은 수준의 자비심을 갖추고 있는가?(하지만 이런 질문을 법률가에게 던질 필요는 없을 것이다.)

도덕적 사항—티와나가 복권에 대한 도덕적 자격이 없다는 것—덕분에 테드는 자신이 취해야 할 노선을 분명하게 내다볼 수 있게 되었다. 그는 자신이 도덕적인 고지를 점령할 수 있다고 확신했고, 그리하여 그런 취지로 관련자들을 설득하면 뜨거운 감자인 그 문제의 뇌관을 뽑을 수 있다고 생각했다.

테드는 먼저 복권이 양도 가능한 물건이 아니었음을 천명했다. 그러나 당첨 전에 그 사실을 밝히지 못한 점에 대해서는 사과했다. 그런 다음 그 복권의 정당한 소유자가 누구인지를 밝혔다.

오토바이에 당첨된 복권(과 오토바이)은 당연히 클라라벨의 것이다. 따라서 오토바이를 가지든지 아니면 친구한테 주든지 그것은 클라라벨의 자유다. 아무도 클라라벨이 그 오토바이를 획득한 데 대해서는 시비를 걸 수 없다. 그녀가 정당한 절차에 의해 그 복권을 획득했기 때문이다. 반면 나중에 클라라벨이 그 오토바이를 티와나에게 주었다면 그것에 대해서도 아무도 불평할 수가 없다. 자기 것은 자기 마음대로 줄 수가 있기 때문이다. 티와나가 결과적으로 그 오토바이를 가지게 된다면 그것은 본질과는 상관없는 문제다. 중요한 것은 그녀가 어떻게 오토바이를 가지게 되었느냐 하는 것이다.

많은 사람들이 법이 곧 도덕의 기준이라고 오해하고 있다. 합법적인 것이 곧 도덕적이라고 생각하는 것이다. 사회는 도덕을 존중하고, 또 그런 존경심을 법률에 감안한다. 그러나 사회는 법을 통해서 곧바로 도덕적이 되는 것은 아니다. 가령 히틀러의 유대인 대학살도 합법적이었고, 스탈린의 대숙청(무고한 양민을 무수히 학살한 것)도 그 당시에는 합법적이었다.

어떤 사회가 아무리 완벽하게 윤리 체계를 생각해 냈다 하더라도 갈등상황은 벌어지게 되어 있다. 도덕은 산수 같은 과목이 아니기 때문이다. 따라서 모든 도덕적 대답이 객관적으로 옳거나 그르다고 말할 수는 없다.

테드의 사례가 보여 주는 또 다른 핵심사항은 좋은 의도만 가지고서 윤리적 기준을 수호할 수는 없다는 것이다. 지옥으로 이르는 길은 좋은 의도로 포장되어 있다는 격언을 생각해 보자. 모금운동과 추첨에 참가한 모든 학생들은 좋은 의도를 가지고 있었다. 그러나 경품을 놓고 벌어진 갈등 상황은 전혀 예상하지 못한 것이었고, 그것을 해결하기 위해 잠 못 이루는 며칠 밤과 구분함으로써 교장 자격으로 결정을 내릴 수 있었고, 그리하여 평정을 얻을 수 있었다.

　이상의 사례는 철학적 통찰을 통해서만 해결할 수 있는 경우이
다. 그리고 우리들의 일상생활에서 벌어지는 모든 문제들 중 대부
분은 바로 이러한 철학적 통찰을 요하는 것들이다.[123] 이 철학적
통찰을 통한 문제 해결이야말로 사람들의 마음을 움직일 수 있다.

제4절 마음의 병과 철학적 치료

　인간은 정신과 육체의 이중구조로 이루어진 개체이다. 육체가 병
이 난다는 것은 육체의 생리적인 조건이 원상태에서 이탈되어 본
래적인 신체 기능을 제대로 하지 못한다는 것이다. 즉, 여러 가지
복잡한 신체의 기능들이 제 기능을 하지 못하는 것을 가리킨다. 따
라서 병을 고친다는 것은 병이 나기 전의 정상상태로 회복함을 의
미한다. 다시 말해 신체의 기능을 회복시키는 것을 말한다. 병을
고치는 곳이 병원이지만, 신체의 기능을 정상상태로 고치는 일은
병원에서만 이루어지는 것은 아니다. 우리나라의 경우에는 병원 외
에서 소위 민간요법이라는 방식으로 병을 치료한 사례가 많다. 대
체로 정식의 의료행위가 허가되지 않은 상태에서 병을 치료하는
경우, 의료법의 저촉 대상이 되지만, 실제로 정상적인 치료과정이
아닌 소위 민간요법의 치료 사례도 많다. 어쩌면 민간요법에 의한
치료가 더 효과적인 경우도 많다. 어쨌든 병을 치료한다는 것은 몸
의 기능을 원상태로 돌려놓음을 의미하는 것이다.

---

123) 루 메리노프, 같은 책, 272 - 276쪽 참조.

　그런데 인간에 있어서 육체와 정신 간에는 상호 밀접한 관계가 있다. 데카르트는 그의 실체론에서 물질과 정신의 상호 독립성을 강조하고, 인간에 있어서도 육체와 정신 간에 아무런 관계가 없이 상호 독립적이라고 주장했으나 현실적으로 육체와 정신 사이에 이루어지는 상호 영향과 관련을 보고, 육체와 정신은 독립적이지만, 송과선(松果腺)을 통해 양자 간에 상호작용이 이루어진다는 주장을 내놓았는데 그것은 궁색한 설명이 아닐 수 없다. 육체가 제대로 돌아가지 않을 때, 정신도 유쾌하지 않으며, 정신이 좋지 않으면 육체도 유쾌하지 못한 것은 분명하다. 이는 육체와 정신 사이에 밀접한 연관관계가 있음을 의미한다. 따라서 정신이 조화롭지 않을 때 육체도 괴로움을 느낀다. 정신이 조화롭지 못함이란 그것이 병이요, 그 병을 다스리는 것을 정신 질환의 치료라고 할 수 있겠다. 물론 정신과 전문의의 치료를 통해 어떤 것은 치료가 가능하나, 정신과 의사의 치료는 육체적 치료의 연장이다. 그런데 우리의 경험에 비추어 볼 때, 정신병원을 통해 치료되는 경우는 극히 한정적이다. 그것은 정신적 병의 원인을 올바로 찾지 못했기 때문이다. 정신적 질병의 원인은 철학적 상담을 통해 밝혀지는 것이 효과적이다. 철학은 인간의 문제—인간뿐만이 아니라, 자연, 세계 등의 문제까지도—를 근본적인 차원에서 해결을 추구하기 때문이다. 실제로 미국에서는 그 치료 사례가 부지기수이다.

　인간은 그 구조상 육체와 정신의 이중구조로 되어 있고 양자 사이에 상호 교류가 이루어지고 있다. 다시 말해 인간의 정신은 육체로부터 생력요소를 받아들이고, 인간의 육체는 정신으로부터 생령요소를 받아들인다.124) 양자 사이에는 그 존재의 기능을 위한 에너지를 상호 상대(육체와 정신 간)로부터 주고받는다는 말이다.

예컨대, 우울증은 현대인의 보편적인 질병의 하나다. 신체적인 원인이든 정신적인 것이든, 우울증은 인생의 의미나 목적을 상실하게 한다. 우울증에 걸린 사람은 생에 대한 애착도 잃어버리게 된다. 그러므로 우울증을 앓는 사람들의 가장 큰 관심과 목적은 그런 우울증을 극복하는 것이다. 이것은 불안, 슬픔, 일반적인 불행 등에도 그대로 적용된다. 암, 당뇨병 등 순전히 신체적인 조건이 개재된 경우일지라도, 성공적인 치료는 약물뿐만 아니라, 환자의 심리상태에 많이 의존한다. 인간의 전망과 기질—인간의 철학—은 그런 싸움의 결과에 영향을 미친다. 그 싸움에서 이기겠다는 목적과 뜻을 가진 사람들은 적극적인 심리 상태를 가짐으로써 그 싸움에서 이길 가능성이 높아진다. 우울증은 철학 카운슬링을 통해서 치료 가능하다.

그 밖에 권태도 하나의 정신적 질병이 된다. 목적의식을 상실하게 만드는 가장 흔한 경우가 권태이다. 그것은 인간에게만 있다고 한다. 왜냐하면 동물들은 너무 바빠서 권태를 느낄 시간이 없다고 한다. 즉, 동물들은 먹잇감을 찾아야 하고, 다른 동물의 밥이 되지 말아야 하며, 텃세를 지켜야 하고, 짝을 찾아야 하며, 새끼를 키워야 하고, 다음 계절을 준비해야 한다. 이것들은 동물에게는 물론이고, 인간에게 의존하는 길들여진 동물도 마찬가지다. 그러나 다른 존재들에 의해 사로잡힌 동물은 비정상적이고 멍청한 행동을 하는가 하면 따분한 권태를 느끼기도 한다고 한다. 권태는 사로잡힌 환

---

124) 육체와 정신 간에 상호 주고받는 작용이 일어난다. 육체는 선행을 통해 정신을 건강하게 하고, 정신은 건전한 행동을 통해 육체의 건강에 도움을 준다. 육체가 정신에 주는 요소를 생력요소라 한다면 정신이 육체에 주는 요소를 생령요소라 할 수 있다. cf. 세계평화통일가정연합, 『원리강론』, 성화출판사, 2001, 65 – 66쪽 참조.

경의 탓이지 동물 그 자체의 기질은 아니기 때문이다.

인간도 동물처럼 때때로 야성을 보이기도 한다. 그러면서도 때때로 길들여진 상태에 들어가게 된다. 그것은 사회적 존재로서 갖게 되는 경우가 대부분일 것이다. 우리는 길들여짐이라는 말을 싫어하지만, 개인적·사회적으로 원만한 삶을 영위하려면 어느 정도는 길들여져야 한다. 말하자면 우리는 언어, 문화, 경험의 한계에 갇혀 있는 존재이다.

인간이든 동물이든 위기에 빠지면 권태를 느낄 틈이 없다. 재앙을 당하면 누구나 그것을 빠져나가고자 하는 목적을 갖게 된다. 동물들은 인간에 비해 환경장악 능력이 떨어지기 때문에 매일 위험에 직면한다. 거기에 비해 인간은 오랫동안 진화해 와 이제 비교적 안전한 단계에 있다. 대부분의 사람들은 다른 동물처럼 하루하루 먹을 것을 걱정하면서 투쟁하지는 않는다. 그러나 필요한 것이 충족되어 있다는 그 상태는 바로 위험에 깃들 수 있다는 말도 된다. 원하는 것을 모두 갖고 있으면 더 큰 위험에 직면할 수 있다. 알렉산더 대왕은 인도 북부를 정복하고는 눈물을 흘렸다는데 그것은 이제 더 이상 정복할 대상이 없기 때문이었다.

에베레스트 산을 등정하는 사람들은 해발 2만 8,000피트의 정상을 정복한다는 목적에 집중되고, 또 그 과정에서 숨도 제대로 쉴 겨를조차 없기 때문에 권태를 느끼지 못한다고 한다. 그런데 그처럼 달콤하게 보이던 목적이 갑자기 시들해질 때 최악의 사태가 발생한다고 한다.

이처럼 권태가 목적의식의 상실에 미칠 영향을 제대로 이해하면 우리는 한 가지 유익한 전략을 짜낼 수 있다. 자연으로 돌아가 우리들의 감수성을 새롭게 하는 것이다.

만일 당신이 매일 샤워를 하지 않으면 안 되는 사람이라면 물이 없는 곳에서 텐트를 쳐서 스트레스를 가중시키지 말 것이다. 항상 당신에게 알맞은 것을 찾아내라. 그것은 자연과 조화를 이루는 것이다. 자연의 직접적인 경험은 삶에 대한 평가를 새롭게 할 것이다. 그것은 인생의 의미와 목적을 발견하는 가장 좋은 방법 중 하나다. 인생이 위대한 선물임을 이해하는 것, 그리고 일상생활에서 벌어지는 모든 일을 즐기는 것 등은 목적의식의 상실을 막아 주는 훌륭한 예방책이며, 그러한 삶이 바로 철학적 의미를 추구하는 삶이다.

제5절 진(眞)·선(善)·미(美)란 무엇인가

우리들의 정신 작용인 지(知)·의(意)·정(情)이 추구하는 것은 앎과 선함과 아름다움이다. 또 이것들이 추구하는 가치들이 진·선·미이다. 그러면 이들 진·선·미란 무엇인가? 우선 진이란 '참'을 의미하며, 참이란 있는 그대로를 드러낸 표현체다. 그 참이란 주어져 있는 그대로를 의미한다. 우리는 자연을 거스를 수 없다. 자연은 있는 '스스로 그러한 것'이며, 그것은 인간이 어찌할 수 없는 대상이기 때문이다. 그러므로 우리는 자연에 순응할 수밖에 없으며, 이 참은 자연에 올바르게 순응할 수 있게 해 주는 전제다. 이 참을 벗어나서 행하는 우리들의 행동은 그릇된 결과를 낳을 수밖에 없다.

무어(G. Moore)에 의하면, 선은 정의될 수 없는 덕이다. 우리가 노란색을 정의할 수 없듯이 선도 정의할 수 없고 다만 직관으로 인식할 뿐이다. 그럼에도 불구하고 선은 우리가 추구해야 할 가장 기본적인 것이며, 존재의 원리를 추구한 플라톤은 선의 이데아를 최고의 이데아로 보기도 했다.

우리는 일상생활 가운데서 분명히 선의 행동을 강조하면서도 마치 선을 행하는 것이 실제적인 이해관계에서는 손해를 보는 것으로 이해하는 듯하다. 과연 선은 우리의 실제생활에는 도움이 되지 못하는 것일까?

한자어로 선(善)은 '좋음'을 뜻하며, 영어의 경우에도 좋음(the good)의 의미가 있다. 결국 '좋은 것'이 선한 것이다. 또 우리의 생활에 필요한 재화(goods)도 '좋음'의 의미로부터 나왔다. 말하자면 우리에게 재화는 유용성을 제공하므로 '좋은 것'이다.

좋다는 것은 근본적으로 어떤 의미가 있는가? 좋음이란 존재의 원리에 부합되는 것을 의미한다. 그리하여 플라톤에 있어서 선은 본질로 가득 찬 것이다. 따라서 본질로 가득 찬 사람은 선한 사람이다. 그러므로 윤리적 기준이란 인간의 본질에 입각해서 주어진다.

사회생물학자인 윌슨(Wilson)은 윤리가 자연에서 생겨났다고 하였다. 자연이야말로 본질의 세계이다. 물론 자연에는 선과 악이 없다고 생각하는 반자연주의자의 생각과는 다르겠지만, 자연을 '스스로(自) 그러한 것(然)'으로 보면, 자연은 존재의 본모습이다. 따라서 앞서 서술한 것처럼, '생긴 대로 놀기'로서의 철학이 존재의 원리에 적응하는 것이 윤리라고 보면 결국 자연에서 윤리가 생겨났다는 생각은 타당하다.

흄에 있어서 존재로부터 당위를 끌어낼 수는 없다고 하나 그것은 논리적 맥락에서 보아 존재와 당위는 비교 가능한 동질적인 것이 아니기 때문이나, 존재 원리에 부합되는 윤리라는 입장에서는 문제 되지는 않아 보인다. 그렇게 생각하면, 흄이 우리는 가치판단을 내릴 수는 있지만, 그런 판단이 객관적 사실에서 유래된 것은 아님을 인정해야 한다는 생각에 모순되지는 않아 보인다.

또 아리스토텔레스는 선을 미덕의 소산으로 본다. 즉, 미덕을 실천하는 사람은 선한 사람이다. 그런데 그에 있어서 선한 생활은 어떤 정해진 규칙들을 그대로 이행하는 것을 의미하는 것은 아니었다. 다만 미덕으로서의 윤리는 선한 생활을 하도록 도와주는 인품의 개발을 의미했다. 또한 그것은 자기 자신의 최선뿐만 아니라 자기를 둘러싼 더 큰 세상의 최선이 무엇인가 곰곰이 생각하는 것이기도 했다. 그는 용기, 절제, 정의, 유머 등이 선한 생활을 영위하는 데 필요한 주요 미덕이라고 생각했다.

힌두 철학의 근본 교리인 아힘사(Ahimsa)는 지각을 가진 모든 존재에게 폭력을 사용하지 않음을 의미한다. 폭력을 사용하지 않음으로써 다른 사람을 해롭게 하지 않으며 그것이 남을 도와주는 것이고 그것이 바로 선이다.

이 같은 교리는 황금률(golden rule)과도 통한다. 이것은 기독교의 핵심 교리이며, 공자의 가르침의 근본이기도 하다. 즉, "너희는 남에게서 바라는 대로 남에게 해 주어라. 이것이 율법과 예언서의 정신이다"(마태복음 7:12), "자기가 하기 싫은 것을 남에게 시키지 마라(己所不欲 勿施於人)" 등이 그것이다. 루 메리노프는 서양철학의 역사가 플라톤 철학의 주석(화이트헤드의 말)이라고 한다면, 모든 윤리 체계는 "네가 싫어하는 것을 너도 이웃에게 하지 마라"로 요약될 수 있고, 그 나머지는 모두 주석에 불과하다고 말했다.[125]

이 황금률의 실천이야말로 사회 공동체를 살아가는 인간에게 있어서 가장 중요한 윤리적 덕목이 아닐 수 없다. 이 황금률은 다른 것이 아니라, 바로 수수작용(收受作用 – 주고받기 작용)의 원리에 바탕을 둔 인간의 행동 원리이다. 이 황금률에 따라 행동하는 사람에게 적대자는 있을 수 없으며, 증오하거나 시기하는 사람도 있을 수 없으며, 그 사람이 잘되기를 누구나 바랄 것이므로, 사회생활 속에서 살아가기가 아주 원만해질 것이다.

아름다움이란 우리들의 정서가 추구하는 가치다. 아름다움이란 무엇인가? 이것도 진, 선과 마찬가지로 자연과의 조화에서 비롯된다. 자연의 원리에 일치된 모습이 아름다움으로 나타난다. 그러므로 아리스토텔레스의 말처럼 아름다움을 창조하는 예술은 자연을 모방함으로써 비롯된다. 그러면 미를 규정하는 조화와 균형은 무엇인가? 그것은 자연의 원리에 부합됨이다. 예술 창조란 자연과의 조화, 혹은 닮음이다.

이 진·선·미는 우리들에게 무한한 가치와 희열을 준다. 이들 가치를 추구하는 것은 우리들의 본성이며, 이들 3가지 가치들은 결국 하나이며, 이들을 추구하는 정신작용도 각기 따로 독립적으로 작용하는 것이 아니라, 협동하며, 그 가치가 어떤 것을 대표하여 나타나느냐에 따라 각기 개별적으로 드러나는 것으로 보는 것이다.

소크라테스가 '지덕복일치(知德福一置)'를 주장한 것은 바로 이들 논의와 통한다.

---

125) 루 메리노프, 앞의 책, 266쪽 참조.

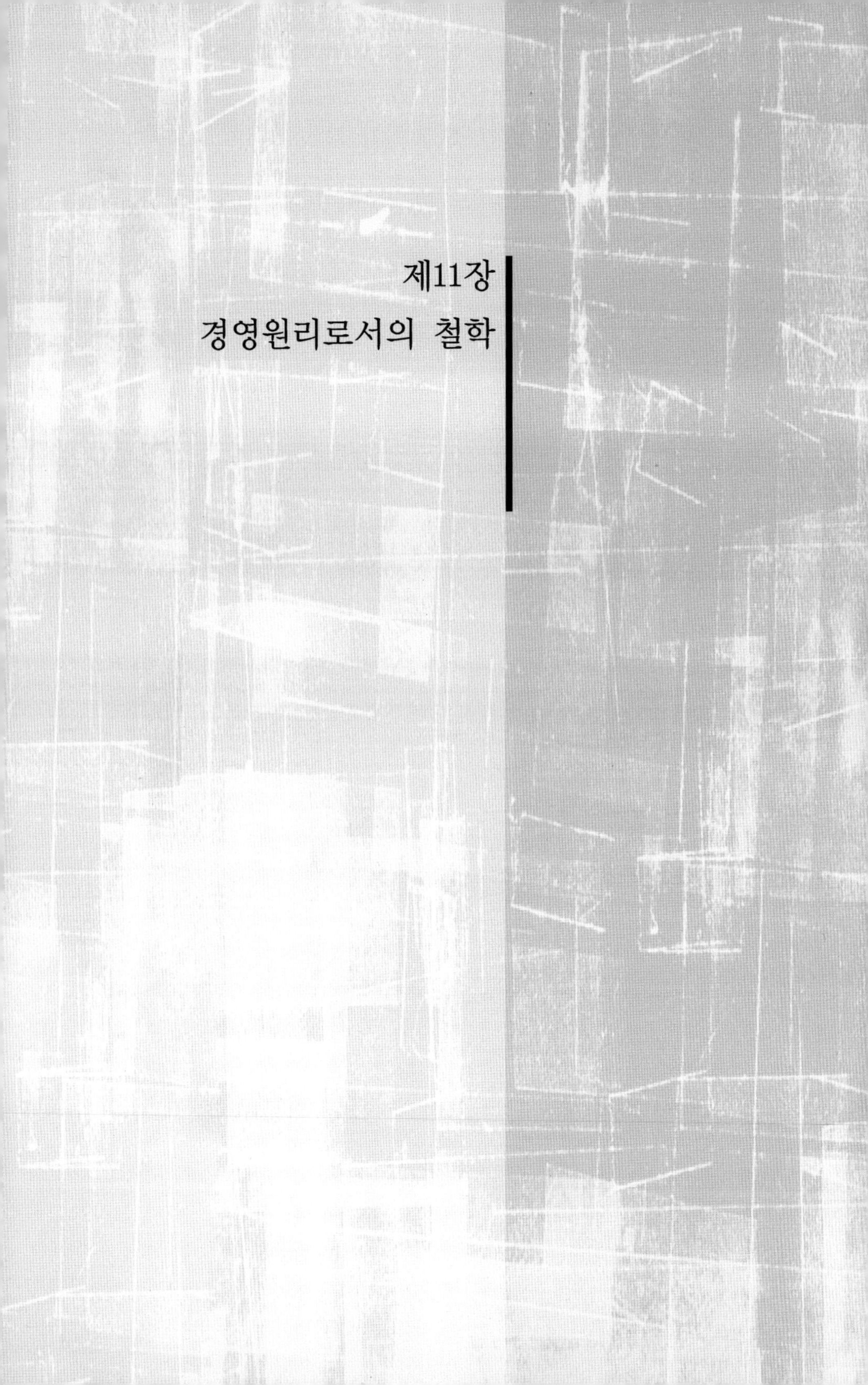
제11장
경영원리로서의 철학

제1절 아리스토텔레스의 경영원리의 목표로서의 4가지 가치

톰 모리스(Tom Moris)는 여러 비즈니스 환경의 내부를 철학자의 시각에서 면밀히 들여다보고 기업이 우수하고 탁월한 경영을 하기 위해서 아리스토텔레스의 영원한 4가지 가치를 도입할 것을 강력히 권장한다. 그는 기업이 특징 있는 문화를 가져야 한다고 보고, 그것은 동료, 노동자와 경영자, 고객, 공급업자 등 기업과 관련 있는 모든 사람들이 존엄성과 인간성의 토대에서 교류하며 협동하는 문화를 의미한다고 하였다.

이것은 기업도 인간의 작품이며, 따라서 인간 본질을 바탕으로 하여 이루어지는 하나의 문화현상이기 때문이다.

요즘 기업윤리가 크게 강조되고 있는 것은 바로 기업의 주체가 인간이며, 인간은 윤리적 존재라는 특성을 본질로 하므로 기업도 이것에서 벗어날 수 없다. 기업윤리가 정착된 기업은 합리적 경영이 이루어지고 그 기업 구성원들 사이에 원만한 인간관계가 수립되게 된다. 원만한 인간관계가 수립된 기업이란 구성원이 주인의식을 갖고 작업에 임하게 된다.

톰 모리스가 밝힌 아리스토텔레스의 4가지 가치란 어떤 특이한 가치가 아니라, 바로 철학 일반이 다루고 있는 기본적인 가치이다.

인간은 정신을 가진 존재이며, 따라서 정신의 욕구를 갖고 있다. 정신은 크게 지·정·의 등의 기능적 요소를 갖고 있으며, 그것들도 각각 추구하는 욕구가 있다. 즉, 지(知)의 기능은 '참'의 가치라는 욕구를 갖고 있으며, 정(情)의 기능은 '아름다움'이라는 욕구를, 의(意)의 기능은 '선'이라는 욕구를 갖고 있다. 그러므로 인간정신이 개입된 모든 인간 활동에는 이와 같은 욕구가 추구되게 마련이다. 경영도 인간 활동의 하나임에 틀림없으며, 따라서 경영에도 그러한 욕구는 추구되게 마련이며, 그것을 올바로 추구하고 달성했을 때, 기업이 번창하고, 큰 보람과 가치를 얻게 된다.

(1) 진리와 진실

이 분야와 관련해서 요구되는 것은 진리와 진실, 그리고 지혜와 지식 등이다. 인간관계에서 서로 간에 신뢰를 주는 가장 근본적인 것은 진실이다. 아무리 상대방에게 듣기 좋은 소리나, 상대방에게 유리한 조건을 제시한다 하더라도, 진실이 배제되면 신뢰는 사라지게 되고, 서로 간에 상대방을 정략적으로 대하게 된다.

인간관계에서 거짓말이 의도적으로 개입되면, 인간관계는 불안정한 관계가 된다. 한 번 거짓말을 하게 되면 그것을 합리화하기 위한 거짓말이 이어질 수밖에 없다. 이러한 경우, 인간관계는 불안한 것이 된다. 그 인간집단에는 불신이 자리 잡음으로써 조화로운 협동을 기대할 수 없게 된다.

경영과 사업에서 우선 필요한 것은 지적 경영의 문제이다.

1) 경영의 지적 차원

인간은 정신을 가진 존재이며, 따라서 정신의 욕구가 있다. 따라서 인간에게는 정신의 욕구의 하나인 지적 욕구가 자리한다. 그 욕구는 '참'을 핵심으로 하고 있으며, 그것은 진리의 추구로 나타난다. 아리스토텔레스는 그의 『형이상학』에서 "있는 것을 있다고 말하고, 있지 않는 것을 있지 않다고 말하는 것은 참이다. 반면, 있는 것을 있지 않다고 말하고, 있지 않는 것을 있다고 말하는 것은 거짓"이라고 말했다.

이것은 어느 누구도 항해를 위한 지도가 없으면 인생의 항로를 잘 헤쳐 나갈 수 없으며, 앎(지식)은 바로 그런 지도를 갖는 일이고, 그 지도는 우리를 현실과 연결하며 우리에게 바로 진리를 제공한다. 경영에 있어서도 앎의 중요성은 절대적인 것이며, 그것에 대한 인식도 보편화되고 있다. 고객의 요구사항을 파악하고, 경쟁사의 움직임을 파악하고, 협력업체의 경험에서 배울 것은 배우고, 기타 성심껏 서비스를 제공하는 일 등을 고려할 때, 분명 앎은 귀중한 것이다.

톰 피터스는 기업혁신을 훌륭하게 수행한 전 제너럴일렉트릭 회장 잭 웰치, 유니온 퍼시픽 철도 회장 마이크 월쉬, 아세아 브라운 보베리 회장 퍼시 바네빅 등을 소개하고 그들이 갖고 있었던 공통 자질을 열한 가지로 열거했는데 그중 중요한 것으로, 체질적 친화력을 들었다. 그것은 진실을 받아들이는 포용력, 진리에 다가갈 수 있는 능력, 진리를 제대로 활용하는 기술 등이 그것이었다.

톰 모리스는 유명한 개인 보호 장구 제작회사 설립자인 톰 차펠의 사례를 소개한다. 즉, 톰 차펠은 강력한 도덕 원칙하에 회사를 설립했는데 사업이 확장되자 초기 정신에서 벗어난 것을 느끼고, 초기의 창업정신을 되살리기 위해서 다른 곳이 아닌 하버드 신학 대학에 입학하여 부버의 <나-그대>의 관계에 감명을 받았다는 것이다. 부버에 의하면, <나-그대>의 관계는 존중과 존엄의 관계다. 톰 차펠은 나와 고객의 관계도 <나-그대>의 관계여야 하는데 <나-그것>의 관계로 전락되어 있음을 깨달았다는 것이다.

그리하여 우리는 진리와 진실을 존중하는 환경을 조성하지 않으면 결코 사람을 존중하지 못하게 된다. 우리는 우리들 주위에 있는 사람들과 진정한 <나-그대>의 관계를 조성해야 하며, 그리기 위해서는 우리가 함께 하는 일의 진실(진리)을 그들에게 구하고 또 그들에게 제공해야 한다. 이것은 같이 일하는 동료들을 진실하게 대하는 유일한 방법이다.

2) 진실한 고객 서비스

"정직은 최고의 정책이다(Honesty ist the best policy)"라는 격언은 서양정신사를 관통해 온 아주 잘 알려진 명제다. 정직은 다른 사람에게 신뢰를 주는 기본적인 덕목이다. 성공적인 비즈니스는 신뢰를 바탕으로 하는 원만한 인간관계에서 비롯된다. 경쟁력을 높이는 중요한 관건의 하나는 동료들 간의 화합과 신뢰다. 일터에서 진리와 진실을 공유하지 않을 때 혼란이 발생하며, 이 혼란은 현대 기업문화에서 가장 심각한 시간 낭비와 에너지 낭비의 원인일 수 있으며, 위험한 것은 진리와 진실이 없는 공백을 추측과 뒷공론과 루머가 대신 채울지도 모른다는 점이다.

사실 어떤 문제에 부딪힐 때마다 우리에게 필요한 것은 진실이다. 진실 그것이 아무리 받아들이기 힘든 냉엄한 것이라 해도 서로 이해하고 다정함과 감수성을 바탕으로 서로에게 진실을 전달할 때 그것은 어떤 문제든 그 문제를 해결하는 토대가 된다.

한 회사에서 있었던 사례에서 보여 주는 것은 가장 효율적인 정책은 있는 그대로 보여 주는 일이었다. 현재 상황이 어떤지, 그들이 생존하려면 어떻게 해야 하는지, 알려 주는 일이 중요하다. 아무리 어렵더라도 진실을 알리는 일은 늘 사기를 진작하고 직원들에게 성공하기 위해 최선을 다할 수 있는 계기를 준다는 것이다. 반면 다른 회사의 경우, 진실을 알리지 않고 회피하다가 결국 회사 직원들 사이에 추측과 뒷공론과 절망감이 팽배해지고 사기가 저하되고 생산성도 떨어져 자연히 회사가 실패의 길로 들어섰다는 예가 있다.

『기업의 코치(The corporate Coach)』에서 저자인 제임스 B 밀러는 자기회사에 대해 이야기했는데, 그의 회사는 같은 업종의 회사 중 고객 확보율이 가장 높은 것으로 유명한데, 그가 고객에게 나쁜 영향을 미친 문제를 해결하는 방법으로 언급한 것은 "가서 고객에게 진실을 알려 주라"는 것이었다는 것이다. 그것은 정말 단순하면서도 가장 효과적인 방법이었다. 그리하여 그는 "진실 외에는 어떤 것도 효과가 없다"는 것을 강조한다.

오늘의 시대는 수직적 사회가 아니라 수평적 사회가 지배하는 시대이다. 수평적 사회에서는 사회를 이끌어 가는 리더십도 지시하고 명령하는 체계가 아니라, 배려하고 돌보는 리더십이 효과적인

사회다. 이른바, '섬김의 리더십(servant leadership)'을 통해 이끌어
가야 하는 시대이다. 이것은 고객을 왕으로 모시는 것을 의미한다.

3) 애정으로 진실을 말하기

힘의 양면성에 관한 인식이 필요하다. 같은 힘을 방향을 달리해
서 쓸 때, 그것은 유용한 것이 되기도 하고, 해악적인 것이 되기도
한다. 기독교 성서의 인간 타락도 인간 행위의 방향이 잘못된 것이
었다. 즉, 신의 의지와 정반대의 방향을 향해 행동했던 것이 타락
이었다. 알프레드 노벨이 다이너마이트를 발명한 것은 인류의 평화
를 위한 것이었지만, 그것이 반대로 인류를 살상시키는 전쟁 무기
로 전락된 사실을 보고 개탄한 나머지 그의 유산을 기금으로 세계
평화를 위해 기여한 사람에게 상을 줄 것을 유언으로 남긴 것이 노
벨상 제정 경위였다.

종교는 분명 인류의 평화를 위한 문화의 한 형태이다. 그럼에도
불구하고 종교라는 이름으로 저질러진 전쟁과 반목, 갈등이 얼마나
많았던가? 그것은 역사적 사실로서 누구도 부정할 수 없는 사실이
다. 그러나 종교가 그러한 해악을 저질렀다는 것은 종교가 그 본질의
반대의 역할을 할 수 있는 가능성을 갖고 있음을 반증하는 셈이다.

만일 어떤 조직체가 잘못 운영되고 있을 경우, 애정으로 진실을
말함으로써 조직체의 문제점을 해결하는 실마리를 찾을 수 있을
것이다. 사랑 안에서 진실을 말할 수 있는 능력, 이것은 어떤 업무
관계에서든 더할 수 없이 소중한 일이며, 고위직에 있는 사람들이
더욱 손수 실천해야 할 덕목이다.

4) 지식과 진실은 나눌수록 커진다

최소의 지식은 최소의 능력을 의미한다. 일반적으로 기업 생활이나 개인 생활에서 우리는 더 많이 알면 알수록 좋다. 무엇을 알고자 하는 인간의 욕구는 범위와 깊이에서 한이 없으며, 그러한 욕구가 많을수록 많은 능력을 소유할 수 있다. 더구나 지식정보사회라고 규정된 현대사회에서는 그러한 사실은 실감되고 있다. 경쟁이란 결국 지식정보의 보유 경쟁이기도 하다. 물론 프랜시스 베이컨이 "아는 것이 힘"이라고 강조했던 것은 인간이 자연을 지배할 수 있는 지식을 의미했지만, 지식은 자연을 지배하는 데 그치지 않는다. 인간 자체에 있어서도 아는 것은 힘이다. 즉, 정신적인 내적인 지식을 많이 확보함으로써 정신적인 희열도 느낄 수 있다. 인간의 궁극적인 행복은 육체나 물질에서가 아니라, 정신에 있기 때문이다.

기업에서도 마찬가지로 정보를 낳이 확보한 기업이 경쟁력을 갖는다. 여기서 지식과 진실은 나눌수록 커지는 것은 그것을 조직체의 구성원들이 공유한다는 전제에서다. 이것이야말로 조직체 내에서의 화합과 협동의 바탕이다. 지식은 또 다른 지식을 낳게 된다. 그것이 지식을 나누면 커진다는 논리다. 정신작용으로서의 지·정·의는 각기 독립적 혹은 독자적으로 작용하는 것이 아니라. 서로 상보적으로 작용하는 것이다. 덕의 실천도 지(知)를 바탕으로 이루어지는 것이다. 물론 감정도 지가 발동하면서 이루어진다.

5) 아리스토텔레스의 4원인설

아리스토텔레스는 세상에는 사물을 현재 모습으로 만드는 데 기여하는 4가지 기본원인이 있다고 했다. 이것을 분류해 보면 다음과 같다.

1. 물질적 원인(질료인): 사물의 기본 실체로, 현재 상태를 이루는 가장 기본이 되는 물질
2. 형식적인 원인(형상인): 사물의 종류로, 사물의 형식이나 패턴(건축에서의 설계와 같음)
3. 유효성의 원인(동력인): 사물의 실재를 가능하게 하는 힘
4. 최종 원인(목적인): 어떤 것을 끌어당겨 현재의 가능태로 존재하게 하는 힘

아리스토텔레스는 그의 형이상학에서 실체는 운동을 통해 존재하는 것으로 되어 있다. 운동은 질료적인 존재로부터 형상적인 존재에로의 이행이기도 하다. 이 운동이 일어나고 지속하는 데 관련 있는 것이 4원인설이다.

그의 생각을 단순하게 표현하면, 그가 말한 최종 원인은 현대의 비즈니스 맥락에서 하나의 목표나 목적, 혹은 임무나 계획을 지칭한다고 할 수 있다. 말하자면, 이들을 예상하고 실현시키기 위해 우리를 자극하고 고무하는 매력적인 목표, 우리가 마음에 품고 소망하는 목표가 바로 아리스토텔레스의 최종 원인이라 할 수 있다.

오늘날 기업이 추구하는 가장 생산적인 능력으로 나아갈 수 있

는 가장 빠른 길은 바로 충분히 동기를 부여해서 이루는 협력적 동반자 정신을 실천하는 것이라 할 수 있다. 이 경우 협력은 진실에 기반을 두어야 하며, 높은 수준의 인간적 탁월함에 도달하려면 협동정신이 협력의 하나가 되어야 한다.

(2) 아름다움과 경영

1) 경영의 심미적 차원

진리나 선, 혹은 통일성이 협동정신이나 기업의 탁월함과 관련 있다는 것은 선뜻 수긍이 가지만, 아름다움이 무슨 관련이 있을까?

우리가 어디에 있을 때 가장 편안하고 평화로운 느낌이 드는가?

진리와 함께 아름다움은 인간에게 본질적인 추구성향이다. 아름다움이란 무엇인가? 어떤 경우에 우리는 아름다움을 느끼는가? 기분이 좋고 활기가 나는 경우는 어떤 때인가?

경영이 잘 되기 위해서 가장 중요한 것은 한 기업의 구성원들이 신바람이 나서 즐거운 마음으로 업무에 임하는 것이다. 따라서 이를 위해 아름다움이 기업 구성원에게 가까이 느껴지도록 한다면 그 기업은 잘 경영될 것이다.

아름다움은 다른 어떤 것보다 우리의 에너지를 가장 자유롭게 하고, 우리의 심오한 지혜가 솟아나게 하고, 우리의 소중한 모든 감정을 한데 묶어 주면서 인간의 정신에 큰 영향을 미친다는 사실을 우리는 본능적으로 잘 알고 있다.

미국의 어느 농부는 채소를 재배하면서 음악을 들려주는 실험을 해 보았다. 여러 밭을 구분하여 어떤 밭에는 음악을 들려주고, 어떤 밭에는 들려주지 않았으며, 음악을 들려준 밭의 경우에도 여러 가지 다른 음악을 따로따로 들려줘 보았다. 결과는 음악을 듣고 자란 채소가 그 성장이 훨씬 빨랐다는 것이다. 그리고 특정한 음악을 듣고 자란 채소의 성장이 더 빨랐다는 결과가 신문에 보도된 일이 있었다. 식물의 경우에도 아름다운 환경이 성장에 좋은 영향을 미쳤다는 사실이다. 하물며 동물의 경우에는 더 말할 나위가 없을 것이다.

인간이 아름다움을 추구하는 성향은 본능적이다. 우리는 우리와 상관없는 대상에 대해서도 아름다운 것에 대해서는 호감을 갖게 되고 추한 것에 대해서는 반감을 갖게 된다. 아름다움에 대한 추구는 진실(진리)에 대한 추구와 분리되어 있지 않다.

'허만 밀러'라는 회사의 사례를 통해 아름다움이 경영에 미치는 효과를 엿볼 수 있다. 가구 제조업체인 이 회사는 직장의 디자인에 신경을 썼는데, 이 회사의 사장 드 프리는 장인 허만 밀러의 재정 지원을 받아 스타 가구 회사를 인수하고, 이름을 허만으로 바꾸고, 자기회사의 사무실과 공장을 꾸미는 데 미적 감각을 살리기로 하고, 일터의 행복지수와 업무의 탁월함을 유지하기 위해 그곳에서 일하는 사람들의 상황과 그들에게 필요한 것이 무엇인지 나름대로 철학적 신념을 심어 넣기로 결정했다.

그리하여 그는 문 하나를 디자인하는 일에도 정신적 측면을 고려하는 노력이 필요하다고 생각하고, 또 장인으로부터 디자인도 사람을 위한 것이 되어야 한다는 충고에 따라 모든 디자인에 그러한 점을 적용하였다.

후에 허만 밀러의 건축을 맡은 한 건축가는 허만 밀러의 철학을 다음과 같이 술회했다.

> "사람들이 갖는 일터에 대한 느낌이 그들의 사기에 영향을 미치고, 사기는 생산성에 영향을 미친다. 만일 우리가 공장이나 사무실을 크기만 하고 흥미를 못 느끼는, 즉 실용성만을 강조해서 설계한다면 그것은 인간 정신을 전혀 배려하지 않은 것이 될 것이다"

허만 밀러 회사가 크게 번영한 것은 말할 것도 없다.

최근 한 설문 조사에 의하면, 미국 사무직원들의 약 70%가 그들의 업무 환경에 불만을 느끼고 있는 것으로 조사됐다. 한편 허만 밀러의 조금 이른 시기의 허만 밀러 회사의 신입 동기에 나타난 여론에서 직원들의 약 70%가 '건물이 아름답기 때문'에 그 회사를 지원했다는 결과를 접한 바 있다고 한다.[126]

이제 발상의 전환이 필요하다. 그것은 우리들 자신이 예술가임을 깨달아야 한다. 일터에서 퍼포먼스의 아름다움을 항상 생각하라. 인간은 아름다운 환경에서 사기가 충천된다. 인간은 그런 모습으로 생겨났다.

2) 삶의 의미와 경영

삶에 의미가 있는 것인가? 상대주의적 관점에서 보면 우리는 삶에 스스로 의미를 부여할 수 있으며, 따라서 우리의 생각과 행동에

---

126) 톰 모리스 지음, 윤희기 옮김, 『아리스토텔레스가 제너럴 모터스를 경영한다면』, 예문, 2000, 134－142쪽에서 발췌.

따라 삶의 의미는 달라진다. 이러한 삶의 태도와 의미는 비즈니스와 연결된다. 비즈니스 세계에서 우리는 우리가 소중하게 여기고 좋아하는 것들을 중심으로 우리의 사고와 행동의 골격을 세운다. 즉, 우리의 사고와 행동을 적극적 성취로 이어지는 결정적 방향에 맞추면서 목적이라는 구조물을 창조하고 그 창조물에서 목표를 추구한다. 사람과 마찬가지로 비즈니스에서도 우리는 우리 삶의 방향을 정함으로써 삶에 의미를 부여한다.

그러나 삶의 의미에 대한 태도에 객관적이고 절대적인 기준이 있으며, 그것이 우리들의 사고와 노력의 토대가 되고 안내자가 된다고 생각하는 삶의 태도와 의식도 있다. 그러므로 여기에서는 세워진 객관적 기준에 합당한 것만이 의미 있는 삶으로 간주된다.

절대주의는 대체로 종교를 갖고 있는 사람들이 그것을 절대적인 것으로 받아들인다. 그들은 전지전능한 신만이 모든 삶의 의미를 부여하며 신이 부여한 절대적이고 객관적인 의미는 인간의 의지나 생각과는 상관없다고 본다. 그렇다면 인간의 삶은 절대적으로 신에게만 의존하는 것인가? 다시 말하면 의미 있는 삶의 영역에 개인의 의지가 들어갈 수 있는 여지는 없는 것인가가 문제다. 기독교 성서에 입각해서 보면 분명 신은 인간의 의지를 인정하고 있으며, 오히려 그것을 바라고 있다. 말하자면 신의 뜻은 인간의 책임이 부가됨으로써만 이루어진다. 인간의 책임 영역으로부터 우리는 아름다운 삶을 설계하려는 노력이 요구된다. 이것이 비즈니스에 연결될 수 있는 고리다. 그것은 창조적 사랑이기도 하다. 창조적 사랑이란 내적 감정이나 개인적 감정의 사랑이 아니라 우리 세상에서 살아 움직이고 창조적 일을 해내는 역동적 힘의 사랑이다. 창조적 사랑은 신이 인간에게 내린 최고의 선물인지도 모른다.

3) 비즈니스는 예술이다

사람은 어떤 구조 안에서 활동을 통해 자신의 잠재 능력을 최대한 발전시킨다. 비즈니스의 임무가 그것이다. 사람들이 성장하고 발전하며 풍요로운 삶을 영위할 수 있는 관계의 활동 구조를 창조하고 유지하고 품위 있게 다루는 예술이 곧 비즈니스다.

자본주의가 채택되어 있는 나라에서 비즈니스는 현대생활의 핵심이라고 해도 과언이 아니다. 비즈니스는 인간 활동을 지배하는 가장 강력한 분야가 되었다. 스포츠도 이제 거대 비즈니스가 되었으며, 연예활동도 그러하다. 과학도 마찬가지다. 예술도 비즈니스의 뒷받침이 없이는 그 존립 자체가 위태롭다. 예술 상품은 고품위 상품이기도 하며, 이 상품의 유통을 위한 고차적인 비즈니스 전략이 필요하다.

그리하여 비즈니스의 구조는 삶이라는 행위 예술을 위한 가장 중요한 기본 도구이다. 이것이 바로 비즈니스의 아름다움이다.

톰 모리스는 아리스토텔레스가 제너럴 모터스를 경영한다면, 그 회사에 채용된 모든 사람들은, 자기 회사를 행복한 삶이라는 목표를 지향하고 수많은 소규모의 파트너십을 포용하는 하나의 거대한 파트너십으로 여길 것이라고 하였다. 이것은 아리스토텔레스가 "항상 너 자신을 다른 사람들과 동반자 관계를 형성하여 행복한 삶을 추구하는 존재로 생각하라"는 주문을 던질 것이라는 추론이다.[127]

---

127) 아리스토텔레스, 앞의 책 189쪽 참조.

비즈니스는 성장의 예술이며, 성장은 삶의 본질이다. 그러므로 비즈니스는 삶의 예술이다. 모든 사람들은 심미적인 것에 관심을 두고 있으며 이 관심은 빠른 속도로 확대되어 간다. 그리하여 각 비즈니스 환경에 있는 사람들은 모두 행복한 삶을 위한 파트너가 되어야 한다.

(3) 선(the good)과 경영

1) 경영과 관련한 윤리에 대한 일반적 인식

우선 경영에서 일반인들이 생각하는 것은 수익이다. 그런데 윤리적 행위는 수익에는 도움이 되지 않는다는 선입견이 지배적이다. 경영은 하나의 경쟁이므로 윤리적 태도는 경쟁에서 양보를 의미하는 것으로 이해된다.

그러나 이러한 생각은 근본적으로 인식의 잘못에서 비롯된다. 인간 자신이 진·선·미를 추구하는 본성을 가졌으므로 경영에서 진리와 아름다움을 추구하는 행위가 필수적이라면 선을 추구하는 윤리적 행위도 배제될 수 없다. 일찍이 소크라테스는 인간의 궁극적 행복을 덕에서 찾았는데 그 덕은 참된 앎을 통해서만 가능하고 그 것은 아름다운 삶이라고 주장하였다. 우리 인간은 그렇게 태어났기 때문이다.

톰 모리스는 윤리는 "사회의 조화로운 관계에 있는 정신이 건강한 사람들"과 관계가 있다고 표현하였다. 정신이 건강하다 함은 내

면의 온전함과 안정과 힘이며, 이것은 우리에게 충족감을 가져다주
는 상태이다.

2) 선한 행동은 훌륭한 성과를 가져온다

톰 모리스는 정신적이고 심리적인 갈등에서 벗어나게 하는 방법
을 제시한다. 그 하나는 옳은 일을 행하는 것이다. 또 하나는 자기
가 원하는 대로 하되 그것이 옳은 양 꾸미는 것이다. 전자는 건강
한 방법이지만, 후자는 은밀한 방법이다. 그러나 윤리를 그저 말썽
에서 벗어나는 문제로만 생각한다면 어려운 길을 선택하기 싫은
사람들은 은밀한 방법에 마음이 끌릴 것이나 윤리가 굳건한 힘을
창조하는 것이라면 첫 번째 방법이 무난할 것이다.

윤리에서 큰 부분을 차지하는 것은 근본적으로 타인과 관계를
형성하는 행위이다. 그 관계는 원만해야 하며, 그러기 위해서는 타
인을 언제나 기분 좋게 대하는 태도를 보여 주는 것이다. 이것이
곧 예의범절로 통한다.

비즈니스의 본질은 남의 주머니에 있는 돈을 내 주머니로 옮기
는 일이 아니라, 하나의 행위 예술이다. 즉 남에게 아름답게 보이
는 행위로부터 비롯되어야 한다. 말하자면, "선한 행동이 훌륭한
성과를 가져온다"는 말이다. 선한 행동이 남에게 좋게 보이며, 그
것이 비즈니스에도 연결되므로, 선의는 성공적인 비즈니스로 이끌
어 준다.

비즈니스 세계란 선진 산업국가에 살고 있는 모든 사람들의 세
계다. 우리가 기업의 임원이든, 노동종합원이든, 자영업자이든, 관

리인이든, 최저 임금 생활자이든, 교육자이든, 의사이든, 가정주부이든, 학생이든, 혹은 현재 당장 어떤 소득도 없는 사람이든, 이 모든 것에 상관없이 우리가 살고 있는 세계가 비즈니스 세계다. 비즈니스 환경에서 형성된 사람들의 사고방식과 행동 양식은 그 밖의 다른 사회 환경에도 스며든다. 그러므로 비즈니스 행위가 공동체 전반에 불가피하게 영향을 미친다. 그러므로 기업 활동에서 도덕적 의사 결정을 가로막는 요인은 우리들 사고의 편협성과 관심 영역의 제한과 관련이 있다는 것이다. 그것은 사고의 폭이 좁아지고 관심 영역이 축소되는 가운데 도덕적 의사 결정이나 윤리적 삶을 모색하기가 점점 더 힘들어지기 때문이다.

윤리적 삶을 모색하기 어렵게 하는 사고방식의 하나는 기업의 리더로서 사원들의 가격은 알면서 그들의 가치는 모르는 경우이다. 많은 기업 환경에서 중요한 인간 가치가 너무도 쉽게 손익만을 생각하는 금전적 경제 가치에 종속되거나 그런 가치로 전락해 버리는 경우가 그것이다.

그 다음으로는 이 세상을 희생시키고서라도 자기 이익만 추구하는 리더가 갖는 사고방식이 그런 것이다. 기업의 최고 경영진에 있는 사람들이 기업에 대한 충성심이나 성실성을 갖지 않고 기업의 상황이 나빠지거나 기업경영이 순조롭지 않을 경우를 대비해서 그들의 정열과 재능을 오로지 개인의 보상책이나 자구책 마련에 쏟아붓는 경우가 그것이다. 그들의 자기 중심적 태도와 관심이 기업의 경영 악화를 더 가속화할 것은 명약관화하지 않겠는가?

3) 윤리적 행위가 최선의 행위다

자기가 저지른 행위는 반드시 자기에게 그 결과가 돌아온다.

개인 차원에서든 조직 차원에서든 윤리적 행위는 좋은 결과를 얻게 되고 반윤리적 행위는 자기 파괴의 결과를 초래한다. 이것은 인간관계에 있어서 '수수원리(授受原理)'가 작용함의 증거다. 수수원리란 인간관계—물론 존재물의 관계—에 있어서 잘 주면 잘 받게 되는 원리다. "가는 말이 고우면 오는 말도 고우며", 거꾸로 "말로 주고 되로 받는" 경우도 그 역관계이다. 존재물들의 존재 구조가 그러하기 때문이다.

톰 모리스는 현실을 살아가는 데 있어서 지혜와 미덕이 두 수레바퀴라고 보고, 이것을 배양하는 방법으로서 3가지를 제시한다. 그것은 도덕의 스승으로서 현명한 사람과 사귀고, 작은 일에도 세심한 배려를 아끼지 말며, 활기 넘치는 지적 상상력을 계발하라는 것이다. 이것이야말로 성공적인 삶을 살아가는 데 있어서 하나의 경쟁력을 갖는 일이다.

제2절 철학자, 경영을 말하다

(1) 경영의 원리는 철학이다

경영 칼럼니스트이며, 기업 컨설턴트인 안드레아스 드로스데크

(Andreas Drosdek)는 펜싱트레이너라는 직업을 거친 다음, 동양의 지도력과 정신세계에 관심을 갖게 되면서 '경영자를 위한 철학'이라는 새로운 영역을 체계화시켰다.

경영은 가장 현실적인 부문임에 틀림없다. 기업 경영 및 넓은 의미에서 우리의 인생도 하나의 경영이라 할 것이므로, 경영이야말로 가장 현실적이다. 경영의 성패는 그것의 근본적인 원리를 얼마나 잘 활용하고, 그것에 조화를 이루느냐에 달려 있다고 보겠다. 경영의 근본 원리의 근거는 무엇일까? 이를 규명하기 위해 우리는 경영의 주체인 인간이 어떤 존재인가를 살피는 것이 도움이 되리라. 경영은 인간이 하기 때문이다. 그러므로 경영의 성패는 경영 주체인 인간의 원리에 맞추어 경영이 이루어지느냐 그렇지 않느냐에 달려 있다.

이렇게 보면, 철학자들이야말로 경영의 근본원리를 탐구하고 그것을 활용할 토대를 마련해 주었다고 할 수 있다.

드로스데크는 철학사상 대표적인 소수의 철학자들의 사상으로부터 경영에 관련된 견해들을 모아 『경영자, 철학을 말하다』를 펴냈다. 철학자가 경영을 말한다(?)는 것은 철학자가 경영을 의식하고 나서의 일은 아니다. 순수한 의미에서 밝힌 철학적인 근본문제가 그대로 경영에 적용되는 것으로 이해된다.

(2) 경영의 원리를 말한 철학자들

1) 소크라테스

시의적절하게 올바른 질문을 던질 수 있다는 것은 경영자의 성공을 위해 결정적인 요인이다. 상대방에게 말을 많이 하게 유도하는 사람을 상대방 역시 그 사람이 머리가 더 좋고 유능하다고 여긴다.

소크라테스는 서양철학사상 철학의 아버지다. 그는 생활인으로서는 그렇게 성공한 삶을 살았다고 볼 수는 없을지 모른다. 그러나 그는 올바른 철학의 길을 제시했으며, 참된 학문의 방법을 제시했다. 그의 철학은 현실에서 동떨어진 것이 아니라, 지극히 현실적인 것이었다. 왜냐하면 그의 철학의 목표는 행복한 삶을 위한 것이었기 때문이다. 그는 인간이 어떻게 사는 것이 행복한 삶인가에 초점을 맞추었던 것이다. 그리하여 그것의 가상 기본이 되는 것은 지체 또는 참된 앎이었다. 그리고 참된 지식이란 보편적이고 객관적으로 얻어진 것이어야 하며, 참된 앎을 위해서 귀납법을 활용할 것을 주장하였다. 오늘날 지식은 폭주하지만 지식이라고 해서 모두 바른 지식은 아니며, 오류가 포함된 지식도 많은 것을 생각하면, 참된 지식만이 우리의 삶을 바르게 이끄는 것임을 알 수 있을 것이다. 그런 점에서 소크라테스의 철학은 현실적인 시각에서도 매우 귀중하다. 그가 우주론과 형이상학에 치중했던 당시의 철학적 풍토에서 인간의 실제적 행동에 관심을 기울였던 것은 그가 철학을 하늘에서 땅으로 끌어내린 셈이다.

경영에 있어서 올바른 질문을 던질 수 있는 기술이 중요한 수단

이다. 올바른 질문을 던진다는 것은 사태에 대한 파악을 올바로 할
수 있게 만들며, 그러한 파악에 따라 내린 결정도 올바를 것이며,
그 결정에 동참해서 동의한 사람들은 실천에 있어서도 자발적일
것이다.

사생활이건 사회생활이건 성공과 실패는 마음먹기에 달려 있다.
소크라테스는 사태에 대해 분명하고 올바른 시각을 개발하고 이에
따라 올바른 결론을 내릴 때 성공적인 행동을 하게 될 것이라고 확
신했는데 이것을 경영에 적용해서 생각해도 매우 적절한 말이라
생각된다.

2) 플라톤

플라톤 철학은 이상주의로서 현실과는 거리가 있는 것으로 생각
하는 사람이 많을 것이다. 그러나 이상주의라고 해서 그것이 결코
현실과 거리가 있는 것은 아니다. 플라톤의 이상주의는 현실로부터
격리된 토대 위에서의 이상주의는 아니기 때문이다. 그의 이데아는
참된 본질의 세계를 의미하는 것이고 추상적이고 관념에만 바탕을
둔 개념이 아니다. 지금은 감성, 이미지, 이데아가 점점 더 중요시
해지는 시대이다. 경제적 수익을 추구하는 기업은 시장과 주식 시
장에서 자신의 이념을 잘 팔 수 있어야만 경제적으로 성공할 수 있
다. 플라톤의 이데아는 현실을 형성하는 능력이라고 할 수 있다.
플라톤에 따르면, 이상적 현실이 물리적 현실을 창조한다. 플라톤
의 이상은 하나의 비전이다. 올바른 비전은 성공적 기업의 실제 현
실을 대변한다. 비전을 실천에 옮기는 것은 기업가나 경영자 측에

서 해야 하는 효율적인 설득 작업을 포함한다. 그리하여 고객, 투자자, 협력자들에게 기업의 비전을 확립시킬 필요가 있다. 플라톤의 철학은 기업경영에도 유익한 토대가 된다.

또 플라톤의 국가 개념은 오늘날 대부분의 기업의 경영 구조를 반영한다. 그의 견해에 의하면, 머리가 총명하고 선한 의지를 지닌 철인이 진리를 추구하면서 다스리는 위계질서의 구조가 공동체의 발전을 위해 이상적 환경을 형성한다. '소프트 요인'의 의미에 대해 균형 잡힌 검토 능력, 이와 동시에 하드 경제 현실에 대한 냉철한 이해력을 가진 비전 있는 경영자가 기업의 성공을 위한 최적임자일 것이다. 기업의 미래는 경영자의 자질에 의해 좌우된다. 그의 견해에 따르면, 성격과 경영 스타일은 억지로 조정될 수 없다. 그것은 개인 및 조직의 문화로부터 자연스럽게 성장해 나와야 한다. 이런 의미에서 경영 강령은 그 시작부터 이미 기업현실에 대한 닻이 내린 이데아를 나타내는 것이어야만 효과적일 수 있다.

그렇게 보면, 현실과 동떨어진 이데아가 아니고, 오히려 이데아는 현실을 형성하고 결정하므로, 그것은 현실보다 더 강하다. 그리고 최고의 경영자는 이데아를 최상의 방식으로 체현하는 자다.

화이트헤드가 현대철학은 플라톤과 아리스토텔레스 철학의 주석 이외의 어떤 것이 아니라고 주장한 것은 그의 철학이 아직도 살아 있다는 증거요, 현실적으로도 중요하다는 말이다.

3) 아리스토텔레스

아리스토텔레스는 그의 스승인 플라톤에 대립해서 보다 강한 현실주의를 지향했다. 이데아를 개체 안으로 끌어들여 그것을 실체로 보았고, 철학을 이론철학과 실천철학으로 구분하고, 후자에 윤리학, 정치학, 예술 등을 포함시켰다. 그의 실천철학은 우리들의 현실적인 삶에 그대로 적용되는 것들이다.

그에 의하면, 인간은 사회적 동물이며, 그렇기 때문에 타인과의 관계를 떠나서는 자기완성과 행복에 도달할 수 없다고 가르쳤다. 인간은 천성적으로 다양한 재능을 갖고 태어난다. 따라서 사회의 모든 사람이 행복하게 살 수 있으려면 무엇보다도 노동의 분화가 적절하게 이루어져야 한다. 그러나 모든 분야에서 완전에 도달할 수 있는 사람은 없다. 그러므로 공동체의 다양한 문제와 과업을 해결하려면 구성원들이 모두 서로 협력해야 한다.

또 그에 의하면, 모든 사람은 좋은 삶, 행복한 삶을 살고 싶어 한다. 아리스토텔레스는 이 목표에 도달하기 위한 매우 의미 있는 방법을 제시한다. 그것은 우리가 극단을 피하겠다는 마음가짐을 갖는 일이다. 중용이 그것이다. 필요한 것이 지나치게 많거나 지나치게 모자라면 만족한 삶을 살 수 없다. 그에 의하면, 중용의 덕이란 너무 지나치지도 않고, 너무 모자라지도 않음이다. 불편부당하고 조화로운 중간이라고 할 수 있다. 이러한 실천적인 지침은 우리의 현실에서 아주 중요하다.

그 밖에 아리스토텔레스에 있어서 우리들의 현실에 기여했다고 할 수 있는 것은 목적과 지식이라는 두 개념이다. 그에 있어서 목적이라는 개념은 존재물이 존재하는 기본적인 힘이다. 사물들은 목적을 향해 존재한다. 그 목적을 향해 끊임없이 운동한다는 것이다. 그리고 지식은 그 목적에 도달하는 길을 제시해 준다. 기업에 있어서도 성공적인 지식 경영은 지식을 효과적으로 조직함으로써 장기적으로 기업이 효율적으로 작동하도록 하는 것이다.

우리는 잘 살기 위해서 끊임없이 사고하지만, 사고 자체만으로는 아무것도 움직일 수 없고 하나의 목적을 겨냥하는 실천적 사고만이 무엇인가를 움직일 수 있다는 것이다. 말하자면, 사고력이란 지식으로만 이루어지는 것이 아니라, 지식을 실제 현실에 적용하는 능력을 포함한다.

아리스토텔레스는 "모든 상황에서 성공의 기초가 되는 것으로는 두 가지가 있다. 하나는 행동의 목표와 목적이 옳게 정해져 있는 것이며, 다른 하나는 이 목표점으로 이끄는 행동방식을 발견하는 것"이라고 주장했다.

이상과 같은 아리스토텔레스의 사상과 철학은 우리의 사고를 관념적이고 추상적인 데 머무르게 하지 않고, 그것을 현실에서 효과적으로 실천할 수 있는 구체적 길을 제시했다고 해도 잘못된 생각은 결코 아니다.

4) 헤라클레이토스와 파르메니데스

변화하는 것이 진정한 존재의 모습인가? 변하지 않는 것이 진정한 존재인가? 이 물음은 분명 딜레마 관계이다. 그러나 이 세계에 존재하는 모든 것은 변하기도 하고, 변하지 않기도 한다. 말하자면, 보는 각도에 따라 변하는 것이기도 하고, 변하지 않는 것이기도 하다. 즉, 존재의 정체성이라는 측면에서 보면, 변하는 것은 그 존재가 아니고, 어떤 목적을 두고 그것을 실현하기 위해 운동하지 않을 수 없다는 측면에서 보면, 그것은 변하지 않으면 안 된다. 헤라클레이토스는 운동의 시각에서 보았고, 파르메니데스는 존재의 시각에서 보았던 것이다. 헤라클레이토스는 아리스토텔레스적 입장이라고 보면, 파르메니데스는 플라톤적 입장이라고 볼 수 있을 것이다. 헤라클레이토스를 현실에 적용시켜 보면, 끊임없이 변하지 않으면 발전할 수 없다.

헤라클레이토스에 의하면, 세상은 서로 대립하는 무수한 대극과 갈등으로 이루어져 있으며, 우리는 이것들을 서로 보완적으로 생각할 때에만 완전한 세계상에 도달할 수 있다. 이 같은 견해는 서양인의 사고에 있어서의 기본이 되는 변증법의 시원이 되었다. 변증법적 사고는 서양인 사고의 토대이다. 그들은 모든 것이 대립관계에 있다고 보았다.

1996년 정보통신기술박람회(Cebit)에서 컴퓨터 주간지(*Computer Woche*)에 실린 한 기사의 제목이 "모든 것은 흐른다. 헤라클레이토스가 비즈니스 프로세스 경영을 시작하다"가 있었다.[128] 실로 비즈니스는 끝없는 변화에 종속된 프로세스이며, 좋은 경영자는 그 변화를 성공적으로 활용하는 데 성공한 자이다. 그리하여 헤라클레이토스는 현대 경영에서 새로운 평가의 대상이 되고 있다. 한 기업의 자문기관은 헤라클레이토스의 명제인 "판타 레이(Panta rhei, 만물은 유전한다.)"를 그 명칭으로 삼았다고 한다. 그리고 이 기관의 관계자는 "모든 것은 흐른다는 이 말은 생성의 중요성을 강조하며, 상태보다는 진행, 실체보다는 수확의 우월성을 확정 짓는다"고 그 명칭을 사용하게 된 배경을 설명했다.

---

128) 안드레아스 드로스데크 지음, 안성기 옮김, 『철학자, 경영을 말하다』, 을유문화사, 79쪽 참조.

헤라클레이토스는 사물은 변화하며 실제로도 변화하고 있다는 사실을 알려 줌으로써 우리 주변의 변화에 현명하게 대처하고, 우리의 공식적 비공식적 영향력을 동원해서 모든 사람이 동일한 맥락에서 공동체 또는 기업의 번영을 위해서 기여할 수 있게 해 준 셈이다.

파르메니데스의 입장은 존재의 측면에서 사물을 보고, 사물 존재의 본질은 항상 그것이 갖고 있는 근본적인 성질과 모습을 유지해야 한다는 것이었다. 그리하여 그는 존재를 유(有)와 무(無)라는 기본적인 형식에서 보려고 했다. 그리하여 그는 운동이란 유에서 무, 혹은 무에서 유로의 이동이라고 생각했던 것이다. 논리적으로만 보면 무에서 유가 생기거나 유에서 무로 변하는 것은 있을 수 없다. 이런 관계로 사물을 보면 그 나름의 의미가 있을 수 있을 것이다. 어떤 사물이 그것의 존재가 변화하면서 존재한다면 그것의 진정한 본질은 무엇이어야 하는가를 생각해 보면, 변화하는 사물은 그것의 진정한 본질이 무엇인지를 알 수 없다. 플라톤처럼 존재는 항상 일정해야 하므로, 변화하는 것은 진정한 본질이 아니다.

어떤 사물이 수시로 변한다면, 참된 그것은 무엇인가?

5) 베이컨(F. Bacon)

베이컨은 '우상론'을 통해 편견과 선입견을 버릴 것을 강조함으로써 올바른 인식을 촉구하였다. 그의 우상론은 방법론 분야에서 철학사에 크게 공헌한 것이다. 그 스스로도 그의 방법론을 서술한 책을 『신기관(Novum Organon)』이라 하였다. 이것은 종래의 아리스토텔레스의 방법론을 서술한 『오르가논』에 대해 새로운 방법론을 제시했다는 의미에서 붙은 이름이었다.

그의 "아는 것이 힘(Scientia est Potentia)"이라는 명제는 지극히 실용적인 사고를 일깨워 주었다. 그에 있어서 학문의 목적은 자연을 지배할 수 있는 방법을 강구함으로써 우리들의 삶을 풍요롭고 편리하게 하는 데 있다고 주장했다. 우리들의 현실생활과 연결시켜 보면, 베이컨의 생각은 많은 기여를 한 셈이다. 물론 오늘날의 환경문제와 관련시켜 볼 때에는 문제가 없진 않다.

우리들의 어떤 행동도 앎의 바탕이 없이는 올바른 행동을 할 수 없다. 잘못된 앎으로부터는 잘못된 행동이나 생활이 나올 수밖에 없으므로, 우리는 바르게 아는 것이 중요하다. 베이컨은 올바른 학문의 방법을 일깨워 주었다. 그것은 우선 앎에 걸림돌이 되는 편견이나 선입견으로부터 벗어나는 일이다. 그리하여 그는 플라톤의 동굴의 비유를 참고로 하여 적어도 4가지의 우상을 지적하고 그것을 벗어날 것을 주문하였다. 우리는 의식 중에 혹은 무의식중에 편견에 사로잡혀 참된 앎을 그르친다. 그러므로 우선 먼저 해야 할 일은 그러한 편견으로부터 벗어나는 일이다. 그가 제시한 우상이란 우선 인간의 천성에 유래하는 종족의 우상, 저마다의 고유한 출신, 교육, 경험과 그 영향을 받아 개인마다 서로 다르게 형성된 물적, 정신적 구조가 편견을 갖게 한다는 동굴의 우상, 언어 습관으로부터 편견과 오류가 비롯된다는 시장의 우상, 전통에 대한 무조건적 수용의 태도로부터 비롯되는 극장의 우상 등 4가지가 그것이다. 이것들은 모두 우리로 하여금 오류와 편견, 선입관 등에 사로잡히게 함으로써 우리들을 그릇된 인식에 이르게 하는 것들이므로 이것을 제거하지 않고서는 올바른 인식을 할 수 없다는 것이다.

이러한 바탕 위에 새로운 귀납법을 활용함으로써 우리는 참된 인식에 도달할 수 있다고 하였다. 그는 아리스토텔레스의 귀납법은 어떤 특정의 성질만을 내세우고 그것에 입각하여 판단을 내리는 것이기 때문에 확실하지 않다고 하고, 그 외에 그러한 성질이 없는 것을 제외시키는 과정을 거치고 그 다음에 그 성질의 정도를 가진 사물을 비교 관찰함으로써 정확한 인식에 도달할 수 있다고 주장하였다.

베이컨의 사상과 견해를 경영에 적용한다고 할 경우, 그것은 지극히 유용하게 활용할 수 있다. 우리는 주어진 상황을 아주 자주 유일하게 가능한 것으로 받아들인다. 특히 미디어 시대인 오늘날 매일같이 우리의 안방으로 쏟아져 들어오는 정보량은 엄청나다. 이 정보량은 모두가 진실일 수는 없을 것이며, 만일 우리가 진실하지 않은 정보에 휘둘리면, 막대한 손실을 입게 된다. 그리고 경영자는 기업의 위계질서 내에서 지위가 높을수록 그만큼 더 기업 내에서의 실제적 프로세스에 대한 정확한 모습을 파악하기 어려움을 느끼게 된다.

오늘날 기업이나 가정 그리고 정부도, 고정관념에서 벗어나 그 해결을 모색할 필요가 있다. 경영자는 과거에 결코 보지 못하던 문제들에 직면하게 될 것이며, 따라서 창조적 해결 능력을 요구받게 될 것이다. 경쟁에서 이기려면 고정관념에서 벗어날 비범한 아이디어가 필요하다. 베이컨의 우상론은 바로 그러한 지혜를 암시해 준 것이다.

또 베이컨이 교훈을 준 것이 있다면, 긍정적 측면을 중요하게 받아들일 때, 보다 현실적으로 보탬이 된다는 것과, 긍정적인 것을 강조하되 부정적인 것을 잊지 말라는 것이다. 베이컨에 의하면, 우리가 특정한 일의 성공을 마음속 깊이 확신할 수 있을 때에만 우리는 그 일을 성공시킬 수 있는 기회를 만난다. 우리가 의식적으로뿐만 아니라 무의식적으로도 일의 성공을 확신하고 행동하는 것이 중요하다.

6) 데카르트(R. Descartes)

데카르트는 근세의 합리론 철학의 선두 주자로서 이 시대 철학의 대표적 인물이다. 그는 학문 연구 방법에 있어서 획기적인 길을 제시했다. 그가 제시한 올바른 학문 연구의 방법은 그것을 현실적인 경영에 응용해도 충분히 성과를 낼 만한 아이디어이다. 흔히 데카르트는 군대 복무 중 도나우 강변을 동트는 새 아침에 행군하면서 기이한 체험을 한 것으로 소개되고 있으나 그것은 다름 아닌 학문 연구의 방법이었다. 그것은 바로 간단한 것으로부터 복잡한 것으로, 쉬운 것으로부터 어려운 것에로 문제를 풀어 나간다는 것이었다. 어찌 보면 별로 특별할 것도 없는 것일지 모르나 그 당시로서는, 그리고 올바른 학문 연구의 방법이란 측면에서 보면 매우 유익한 것이었고, 새롭게 느껴지는 것이었다. 데카르트는 그것을 바탕으로 4가지의 방법을 제시했다.

그것을 경영에 응용해서 설명하면 다음과 같다.

첫째, 우리는 조금도 의심이 가지 않을 정도로 분명히 그리고 명확히 진리로 인식할 수 있는 것만을 진리로 받아들여야 한다는 것이다.

여기서 진리는 기업의 진실(실상)을 말한다. 기업의 사정이나 현황은 그대로 기록되고 알려져야 한다. 기업의 책임하에 하등의 의심 없이 내려지는 결정은 황금만큼이나 소중하다.

경영에 적용된 데카르트의 원칙은 진리는 숫자의 문제가 아니라 질의 문제라는 것이다. 직업적 일상의 숫자, 어렴풋한 인상, 통찰로부터 전체의 정확한 실상을 추출해 내는 일은 경영자 자신의 일이다. 그리고 현실에 최대로 접근했다는 확신 없이 내린 결정은 설령 성공으로 이어졌다 할지라도 우연한 복권 당첨과 같이 맹목적인 것에 불과하다. 진정한 경영자는 계속되는 심층의 의심도 풀리고 해결이나 방법에도 동의할 수 있을 때까지 절대로 포기하지 않는다.

둘째, 우리는 문제를 풀 때 그 해결이 신뢰가 갈 수 있도록 그 문제를 가급적 작은 부분들로 분할해야 한다는 것이다. 사태에 대한 정확한 분석은 문제 해결을 용이하게 한다. 우선 문제를 개별적 측면에서 분할해 파악해서 의미 있는 행동 전략을 개발할 수 있다.

셋째, 작은 부분 간의 연관성이 명백히 드러나야 하며, 간단한 설명에서부터 시작하여 복잡한 연관성으로 나아가야 한다는 것이다. 이 원칙이 그가 도나우 강변 행군 때 체험한 내용이다. 불필요한 복잡성은 기업의 효과를 마비시키고 위태롭게 할 수 있다. 그러므로 처음에는 간단하며 명백한 기본적 문제들을 해결해야 한다. 그 다음 기업이 전반적으로 제 궤도에 들어서면 비약적인 성장이 이루어지고 또 새로운 활력이 생겨나며, 자유로운 활동 공간이 마련되므로 복잡한 문제에도 접근하고 미세한 조정도 할 수 있게 된다.

넷째, 각 요소와 부분적인 문제들의 열거는 완벽해야 하며, 이

때 본질적 측면이 간과되지 않도록 확실성을 기해야 한다.

이상은 데카르트가 학문을 확실하게 영위할 수 있는 방법으로서의 원칙으로서 그것을 기업에 적용했을 경우에 대한 전망이다. 기업도 그 바탕이 되는 존재적인 상황을 벗어나 있을 수 없으므로, 우선 파악해야 할 것은 현실적 상황이고, 이것에 대한 올바른 인식을 제시해 주는 것이 바로 그 4가지 원칙이므로, 이것은 기업에도 그대로 적용된다.

데카르트가 올바른 학문의 방법론을 제기한 것은 그가 갈릴레오를 연구하면서 부딪혔던 회의(懷疑)에서 비롯된다.

이미 중세의 아우구스티누스는 참된 인식은 회의로부터 시작된다고 주장함으로써 데카르트를 선취했다. 아무리 모든 것을 의심할 수 있다 하더라도 의심한다는 사실이야말로 가장 확실한 사실이므로 이 의심의 주체인 생각하는 '내'가 존재한다는 사실은 확실하며, 나의 존재의 확실성이야말로 확실한 인식이 존재하기 위한 바탕이기 때문이다.

데카르트의 경우도 같다. 그에 있어서 의심이야말로 진리 인식의 시작이다. 진리를 인식하기 위해서는 그 주체의 존재가 확실해야 하며, 그는 이것을 회의에서 찾았다. 즉, '사유하는 주체로서의 나'의 존재의 확실성을 확보하는 것이 기본이다. 데카르트는 이에서 더 나아가 '내'가 이성을 사용할 권리를 신으로부터 얻을 수 있으므로, 신 존재의 증명을 통해 이를 보증할 수 있다고 보고, 신 존재 증명도 시도했다.

우리가 어떤 대상이나 문제를 확실하게 인식하는 것은 무엇보다도 중요하다. 그것은 학문에서뿐만 아니라 일상생활이나 기업에서도 마찬가지다.

분명히 데카르트의 철학은 우리에게 현실 인식의 기반을 제공한 셈이다. 데카르트의 방법이 현실적인 경영에 적용 가능하다면, 데카르트 철학이야말로 현실적인 것이 아닐 수 없다.

7) 루소(J. J. Rousseau)

루소는 민주주의 발전과 자율적인 교육을 고취하는 데 많은 영향을 주었다. 잘 알다시피 루소는 '일반의지'를 내세우고 그것으로서 통치가 이루어져야 함을 역설하였다. 그에 의하면, 모든 인간은 평등하게 태어나는 것이 본질적인데 현실적으로 인간은 태어나면서부터 쇠사슬에 묶여 나온다. 물론 그것은 인간의 본래적인 모습은 아니며, 자유에 대한 많은 제약이 우리를 둘러싸고 있다고 비판하고, 일반의지—사회구성원의 의견의 최대공야수—에 의한 통치를 주장했다. 인간불평등에 대한 루소의 지적은 인간에게 자유가 허용되어야 함을 역설한 것으로 루소는 '자연으로 돌아가라'는 명제로 표현하였다. 아마 그 말은 인간에게 드리워져 있는 온갖 제약을 제거하라는 말일 것이다.

이 '일반의지'와 자유의 개념은 우리들의 현실 영역에서도 적용된다. 그의 '일반의지' 개념의 의미는 모든 사람이 함께 생활하고 일할 수 있는 노동의 기초를 창출한다는 것이다. 경영자는 모든 직원이 최적으로 일할 수 있는 게임규칙을 개발해야 한다. 즉, 경영자가 자신의 이해관계와 소유욕을 사람들이 신뢰할 수 있을 정도로 뒷전으로 미룰 수 있어야만 기업의 미래와 모든 구성원의 미래가 함께 발전할 수 있는 공동의 토대가 구축될 수 있을 것이다.

　루소는 "인간의 자유는 스스로 원하는 것을 할 수 있는 데 있는 것이 아니라, 원하지 않는 것을 하지 않아도 되는 데 있다"고 함으로써 자유의 영역을 확대한다. 자유를 부당하게 제한하는 제약에 관심을 집중하는 루소의 시각은 기업에서도 중요하다. 구성원들이 일상의 업무를 처리하기 위해 너무 바빠서 미래를 형성할 능력을 소진했다면 그들의 인간적 자유는 지나치게 제한당한 것이며, 창조적 기여를 할 수 없게 되어 기업으로서는 손해다. 그러므로 경영의 과제 중 하나는 기업의 강제력을 납득할 만한 최소한의 수준으로 축소시키고 그만큼 더 많은 자유를 허용하는 데 있다. 그러면서도 루소는 자유가 모든 사람에게 자동적으로 장점이 되지 않는다는 것을 철저히 알고 있다. 그리하여 진정한 경영자는 무엇보다도, 잠재력이 있는 구성원들에게는 자유를 충분히 주고, 그렇지 못한 구성원은 부드럽게 성공으로 이끌어야 한다. 그런 의미에서 자유는 칼의 양날과 같다. 즉 진정한 잠재력이 있는 곳에서는 기업의 자유로운 분위기가 진짜 기적을 낳을 수 있다. 다른 한편, 너무 많은 자유는 동기 부여가 덜 된 구성원의 실적을 대폭 떨어뜨릴 수 있다.

8) 칸트(I. Kant)

　아마도 철학자 중에 가장 단순한 삶을 영위한 사람은 칸트였을 것이다. 그에게는 학문에 관한 이야기 말고는 할 이야깃거리가 없기 때문이다. 기독교계의 경건파 신앙을 지킨 가정적 분위기로부터 조용하고 차분한 성격이 형성되었다. 그는 여성으로부터 두 차례의

프러포즈를 받았으나 이를 모두 거절한 후 결국 결혼 기회를 얻지 못한 채 독신으로 생을 마치게 된다. 가족을 갖지 못한 칸트이기에 더욱 철학에 몰두할 수 있었을 것이며, 그렇기에 가장 심오한 학문 적 경지에 들어갈 수 있었는지 모른다.

그가 구축한 독일관념론은 어떻게 보면 극히 추상적이고 비현실 적인 철학으로 비칠 수도 있다. 그러나 그는 뉴턴의 영향으로부터 물리학적 관심과 천문학적 관심을 갖고 천문학자 라플라스와 함께 칸트 - 라플라스 성운설을 확립한 그의 연구 역정을 거쳐 인간의 근본적인 존재의 원리를 파헤친 그의 철학은 결코 추상에 그친 것 이 아니었다.

그가 남긴 명제를 중심으로 살펴보면 그의 철학이 극히 현실적 임을 알 수 있다. 그가 근세철학을 종합해서 제시한 명제는 "직관 없는 개념은 공허하고, 개념 없는 직관은 맹목(Begriffe ohne Ans-chaungen sind leer, und Anschaungen ohne Begriffe sind blind.)"이 라는 섯이있다. 이 말을 다른 말로 하면, "내용 없는 형식은 공허하 고, 형식 없는 내용은 맹목"이라는 것과 같다. 내용과 형식을 구비 한 인식이라야 참된 인식이 된다는 말이다. 데자르댕은 이 명제를 환경 윤리에 적용하여, "과학 없는 윤리는 공허하고, 윤리 없는 과 학은 맹목(Science without ethics is blind; and ethics without science is empty)"[129]이란 명제를 제시했다. 이 말은 현실적으로 매우 중요 하다. 아무리 과학이 첨단을 향해 발달하더라도, 윤리가 배제되었 을 경우, 오히려 그것이 우리의 삶에 큰 위협이 될 수도 있다. 또 이 말은 우리의 삶뿐만 아니라, 경영에도 적용된다. 어떤 일이든지

---

129) J. R. Desjardin, *Environmental Ethics*, Wadsworth(1997), p.9.

내용만 있다고 그 기능을 효과적으로 발휘하는 것이 아니다. 그 내용에 걸맞은 절차와 형식이 갖추어 있지 않으면 그 기능을 발휘할 수 없다.

이것이 존재원리를 중심 삼고 제시한 것이라면, 우리의 행동의 지표로서 그가 제시한 것으로 "너의 의지의 격률이 언제나 모든 사람들의 보편적 입법의 원리로서 타당하도록 행위 하라(Handle nur nach dewrjenigen Maxime, die du zugleich wollen kannst, daß sie allgemeines Gesetz werde)"라는 명제가 있다. 칸트에 의하면, 이것은 하나의 정언명령이다. 그에 의하면, 인간은 자연적 존재인 동시에 이성적 존재이다. 그러므로 진정한 자유에 도달하는 자는 의식적으로 이성의 법칙을 따르는 자다. 이 같은 인식은 인간은 누구나 윤리법칙에 종속되어 있다는 사실로부터 나온다.

이 같은 정언명령이 가능한 근거는 인간에게는 선의지가 있기 때문이다. 칸트의 이 정언명령은 인간의 책임감에 호소한다. 이것이야말로 정의롭고 도덕적인 사회의 필수적 기초다.

칸트의 원칙을 경영에 적용한다면, 매우 유용한 결과를 얻어 낼 수 있다. 경영자라면 경영에 대한 책임을 질 것이며, 그 경우, 그는 보편타당한 척도를 사용해야 할 것이고, 그렇지 못하면 좋지 않은 결과를 산출하게 될 것이다. 그러므로 기업은 그 경영원칙을 보편적으로 수용 가능한 표준으로 마련하는 일이 매우 중요하다. 칸트가 제시한 모든 인간이 항상 목적이 되어야지 목표 달성을 위한 수단이 되어서는 안 된다는 명제가 실천되면 그 기업은 분명 신뢰받는 기업이 될 것이 분명하다. 그리고 그 기업의 종업원은 더욱 그 기업에 신뢰감을 갖는다. 성공하는 기업은 이러한 신뢰를 얻는 일을 실천하는 기업이다.

9) 헤겔(G. W. F. Hegel)

한국 철학도들이 가장 많은 관심을 갖고 공부했던 서양철학은 바로 칸트와 헤겔이었을 것이다. 해방 이후 국내 석사·박사 학위 논문의 절반 이상이 칸트와 헤겔을 주제로 삼았었다. 어찌 보면 매우 비생산적인 철학에 많은 노력과 시간을 투자한 것 같다. 칸트와 헤겔은 독일관념론의 전통을 잇는 철학자들로서 현실과는 거리가 있는 철학으로 여겨지기도 한다. 그러나 다양한 각도에서 보면 반드시 그렇지는 않다. 앞에서 칸트철학의 현실성을 살핀 것처럼 헤겔의 철학도 현실적인 성격이 강하다고 하겠다. 헤겔 법철학의 서문 말미의 "이성적인 것은 현실적인 것이고, 현실적인 것은 이성적인 것이다(Was vernünftig ist, das ist wirklich; und was wirklich ist, das ist vernünftig)"라는 유명한 명제는 바로 이성이 현실이라는 것이다. 헤겔 철학의 핵심은 정신에 있으며, 자연도 역사도 (절대)정신의 자기 전개라는 것이다. 즉, 자연이란 절대정신의 공간적 외화이며, 역사란 절대정신의 시간적 전개라는 것이다. 분명 자연과 역사는 현실이며, 우리는 그러한 현실 속에 묻혀 살아가고 있다. 우리가 벗어나 살 수 없는 사회는 헤겔에 의하면, 인륜적 이념의 현실태로서 다양한 모습으로 나타나 있다. 즉, 가족, 시민사회, 국가는 인륜적 이념이 정신발전의 단계에 따라 그에 걸맞은 모습으로 현실적으로 드러난 모습—현실태—들이다.

드로스데크는 헤겔의 목표를 야심만만한 것으로 보았다. 헤겔은 선배 철학자들의 모든 사상을 하나의 테두리 안에 통합하는 철학적 체계를 정립함으로써 현실에 대한 전체적인 조망을 하려 했다는 것이다. 앞에서 언급한 것처럼 그는 절대정신의 존재를 포착하고, 인간 문명의 발전에 관계하는 집단의 힘을 믿었다. 헤겔은 어떤 사상이 환영받을 만큼 사람들이 충분히 성숙했으면, 사회가 기다리는 그 사상을 표현하는 사상가가 나타난다고 보았다. 그가 역사를 절대정신의 시간적 전개라고 한 것이 바로 그것이다. 헤겔이 철학을 '시대의 아들'이라고 한 것도 그러한 의미에서다.

헤겔이 볼 때, 현실은 객관적·주관적 관점에 따라 완성된다. '주관적'이라는 것은 의식이 절대지로 나아갈 필연성을 갖고 있다는 것을 말하고, '객관적'이라는 것은 현실 자체도 이와 유사하게 발전한다는 것을 의미한다.

흔히 헤겔은 '변증법의 완성자'로 일컬어진다. 변증법은 그의 철학에 속속 배어 있다. 물론 서양철학 혹은 서양사상은 변증법을 그 기본 방법론으로 갖고 있다. 서양인의 사고에서 모든 아이디어는 그 타당성이 의문시될 때 반대의견에 의해 비로소 자신의 타당성을 증명할 수 있다. 즉, 정립과 반정립 간의 대화라는 대결 국면을 통해 가장 적합하게 중재된 해결 방안으로서의 종합명제가 생겨난다.

그런데 변증법은 하나의 과정일 뿐이다. 정립과 반정립의 대립투쟁의 결과 새로운 종합명제가 탄생되지만 그것도 다음 단계에서 새로운 반정립을 필연적으로 수반하게 되어 또다시 정립 대 반정립의 대립관계가 이루어지며, 그것은 투쟁을 통해 또다시 종합된다. 이것은 반복과정이다. 그러나 이 같은 변증법이 현실적으로 우리의 삶에 끼친 영향은 매우 크다. 이것은 특히 경영에 매우 효과적이다. 경영자의 입장에서 볼 때, 상대방의 이의 제기는 자신의 권위를 위태롭게 하므로 그 자체로 부정적인 것으로 생각하기 쉽지만, 헤겔이 볼 때, 어떤 분야에서든 지속적 발전은 이의 제기들을 거쳐야 가능하다. 반대에 부딪히면 그 해결을 구하는 과정에서 갈등들이 마침내 확신을 주는 해결로 이어지게 되므로 전진적이다. 유능한 경영자는 다른 사람들의 말을 경청하며, 이의 제기는 긍정적이고 건설적인 것으로 받아들여 경영에 반영하면 크게 도움이 될 것이다.

철학에서 강조하는 이성의 능력 혹은 역할이란 지극히 현실과 밀접하게 연결된다. 경제적 과제를 수행하는 과정에서 우리는 경쟁을 외면할 수 없으며, 그것은 항상 개인 자신에 대한 도전이기도 하다. 그러나 우리가 세운 계획이 실패로 돌아갈 때, 그 원인을 역경이나 간사한 라이벌, 혹은 경쟁의 불공정한 실제에 돌리는 수가 많지만, 그 기초에는 궁극적 진리가 존재함을 잊게 된다. 즉, 우리가 수행하는 일이 원칙에 맞게 이루어지면, 그 결과도 훌륭하게 나타나게 마련이다. 우리가 이 세계에 투입한 것의 질과 그 성과 간에는 아주 밀접한 연관성이 있다. 성공적 경영자에게 가장 큰 위험은 개인 관심의 실현을 경솔하게도 직접적 과제의 성취와 혼동하는 일이다.

10) 니체(F. Nietsche)

니체는 현실을 강하게 긍정한 철학자다. 그는 인간에 대해 지극히 높은 평가를 내린다. "인간은 현재의 자신보다 무한히 위대하다”는 것이다. 그것은 인간에게 '힘에의 의지(Wille zur Macht)'가 있기 때문이다. 이 의지는 생에 대한 끊임없는 강한 욕구로서 그것 자체가 생의 바탕(본질)이다. 이 '힘에의 의지' 개념에는 개인 고유의 성장과 존속의 문제가 포함되어 있다. 니체에 의하면, 이상적인 경우에는 이 의지가 단지 다른 사람들을 지배하려는 권력의 추구일 뿐만 아니라 권력 자체를 지배하려는 노력이며, 인간의 진정한 창조성의 토대이다.

이 '힘에의 의지'를 구현한 사람이 초인(超人)이다. 그러니까 초인이란 인간 자신이다. 즉, 인간의 본질을 실현한 사람이다. 이러한 경우 그 초인에게는 초월 능력자로서의 신이 필요 없다. 그런 점에서는 인간이 바로 신이다.

그리하여 니체에게는 기독교적 신은 이미 존재하지 않는다. 신은 이미 죽었다(Gott ist tot). 인간은 이미 그 자체 안에 모든 욕구를 실현할 수 있는 능력을 갖고 있기 때문이다. 그런 점에서 니체가 볼 때 기독교는 그러한 인간의 본질을 깡그리 망각해 버린 이념이다. 그래서 니체는 기독교의 윤리를 노예도덕이라 하였다. 노예란 주인 의식을 갖지 못하고 모든 것을 주인의 의지나 명령에 따라 행동하는 존재이기 때문이다.

기독교는 우리에게 구원의 복음을 제시했지만, 구원을 받을 조건에 도달하기 위해서는 그야말로 자기희생적 고행이 전제되지 않으면 안 되게 되어 있음을 인식하지 않으면 안 된다. 기독교 역사에서 신은 결코 일방적으로 인간을 축복하지는 않았으며, 반드시 인간이 수행해야 할 책임을 완수했을 때에만 축복을 내렸던 것이다. 기독교는 이 점을 간과한 것이다.

11) 데리다

데리다는 언어 분석을 통해 언어 속에 잠재되어 있는 모순과 오류를 일깨우고 종래의 언어관과 사고관을 해체한다. 그에 의하면, 우리의 언어는 명확한 의미를 전달할 수 있는 도구가 아니라는 것이다. 언어에 당초 내포되어 있는 가정이나 우리가 해석을 통해 추구했을 뿐인 의미를 검토해 보고, 거기서 추구된 것들을 집중적으로 걸러 내고 나면, 언어에는 구체적으로 남아 있는 것이 거의 없는 경우가 많다는 것이다. 우리가 우리 자신을 인지하는 방식 자체도 이미 상당 부분이 우리의 언어에 종속되어 있으며, 또한 우리가 사용하는 단어는 실제의 사실보다는 다른 단어에만 입각하고 있는 경우가 많다는 것이다. 이러한 인식은 세계를 바라보는 우리들의 시각에 영향을 미친다. 서구 철학은 명확한 의미 연관성에 도달하기 위해 노력해 왔시만 이 노력은 부정확한 언어를 통해 계속되기 때문에 원칙적으로 성공할 가망이 없다는 것이다. 언어는 우리에게 다만 실제적 의미의 흔적만을 매개하며, 대체로 언어는 우리를 오류로 이끌며 읽힌 텍스트의 의미는 그것을 읽은 사람과 읽은 맥락에 따라 달라진다. 그리하여 데리다는 종래의 독서 방식도 거부한다. 그 방식으로 책을 읽은 사람은 자신도 모르는 사이에 추측과 가정을 그 텍스트에 끌어넣기 때문이다.

데리다의 그 같은 견해는 경영구조에 있어서도 적용된다.

아마도 지금의 경영구조는 기존의 언어 구조와도 연관되기 때문이다. 사업 현장에서 사용되고 있는 서류와 보고서는 그것들이 명시하고 있는 현실에 대한 묘사가 아닐 수도 있다. 경영은 지위가 기업의 위계질서 내에서 높으면 높을수록 그만큼 더 불확실한 기록들이 그가 손에 넣을 수 있는 유일한 기업 현실일 수 있다. 이같은 불확실한 기록을 토대로 사업계획을 실현하다 보면 오류에 의한 실패의 가능성이 높다.

지금까지 우리는 서양 철학사에서 가장 대표적인 철학자들의 사상과 관심이 지극히 현실 지향적임을 살펴보았다. 대체적으로 우리는 동도서기(東道西器)란 말에 익숙해져 있다. 마치 이 말은 서양 사람들은 물질문명을 추구하고, 동양 사람들은 정신문화를 추구하는 것으로 들릴 것이다. 또한 이 말은 서양인들은 보다 현실적이고 동양인들은 덜 현실적이란 의미로 받아들여질 수도 있다. 그러면 동양인들의 사고방식 내지 철학은 현실과는 거리가 있는 것인가 노자와 장자부터 살펴본다.

원래 정신과 육체는 상호 독립적인 것은 아니다. 정신과 육체는 결합함으로써 비로소 온전한 한 인간 개체가 된다. 다시 말하면 인간은 정신과 육체가 고르게 그 기능을 발휘함으로써 인간의 본래의 모습을 발휘한다.

12) 노자와 장자

노자의 핵심 명제는 무위자연(無爲自然)이다. 이 말은 인위적으로 하지 말고 자연의 원리에 맡기라는 말이다. 따라서 이것은 아무것도 하지 말고 자연에 맡기라는 의미는 아니다. 그들에 의하면, 인간은 천성적으로 완전성에 도달하는 일을 가지고 태어난다고 믿고 모든 사람이 이 내면의 길을 따르면 자연히 완전한 질서의 상태에 도달해서 궁극적인 이상을 실현할 수 있다는 것이다. 그러니까 무위(無爲)란 말은 만물의 자연스런 변화를 방해하는 인위적이고 비자연적인 행위를 해서는 안 된다는 말이다. 이 말은 주어진 순리를 따른다는 말과 같다. 장자가 귀한 새를 인위적으로 기르려 했던 노나라 왕의 사례를 들어 자연에의 순응을 강조한 것은 매우 교훈적이다.

옛날 귀한 새 한 마리가 노나라의 바닷가에 날아왔는데 이를 본 왕이 그 새를 경건한 장소인 묘당에 모시고 귀한 음식과 물을 먹여 잘 키우려 했으나 3일이 못 가 그 새는 죽어 버렸다는 것이다. 새는 새의 방식으로 길러져야 하는데(以鳥養養鳥)도 그 왕은 그것을 인간의 방식대로 기르려 했기 때문에(以己養養鳥) 그 새는 제대로 살 수 없었다는 것이다. 이것은 우리가 현실을 살아가는 이치다.

경영의 측면에서 보면, 이들의 사상은 우선 비개입의 원칙을 의미한다. 지배자는 배후에서 작용해야 하며, 순리에 따라야 하고, 그의 주요 과제는 도(道)의 원칙을 따르도록 계도하고 자유로운 활동 공간을 허용하는 것이다.

오늘날 성공적인 경영을 위해서는 변화하는 시장조건에 기업과 근로자들이 유연하게 적응하는 훈련이 필요할 것인데 그것은 도의 원칙을 충실히 지키는 것이며, 그것이 성공적인 기업 운영이 된다. 이것이야말로 노장의 철학을 준수하는 것이고, 따라서 이 사상이야말로 현실적이라 하지 않을 수 없다.

무위자연의 의의는, 순리를 방해해서는 안 되며, 그렇다고 아무런 행동도 하지 않은 채 일이 잘못된 방향으로 나가는 것을 방기해서도 안 된다는 뜻이다.

13) 공자(孔子)

요사이 중국은 공자 사상의 세계적인 보급을 위해, 국가 정책적으로 많은 노력을 기울이고 있다. 60년대 문화 대혁명 때 '비림비공(批林批孔)'을 외쳤던 것과 비교해서 그야말로 격세지감이 교차한다. '비림비공'이란 임표와 공자를 비판한다는 것으로 그것은 사회주의 이념과는 배치되기 때문이었으리라. 그런데 오늘날 중국 정부는 공자 사상을 세계적으로 보급하기 위해서 적극적인 투자를 아끼지 않고 있다. 그 이유는 공자 사상이 사회와 개인을 이끌어 가는 훌륭한 리더십이 되기 때문이다.

공자는 스스로 끝없는 자아인식과 자기 개선의 과정을 통해서 주변 세계의 행복을 위해 노력하고 사람 간의 광범위한 상호작용의 중요성을 역설하였다. 그러니까 공자는 우주와 자연보다는 인간과 기능적 사회를 위한 기본 조건에 대해 관심이 많았던 것이다.

공자에 의하면, 경영자의 중요한 과제는 올바른 모범을 제시하는 일이다. 공자는 "경영자는 공명정대하고 인간미가 넘치며 극단을 피하고 모범을 보여야 한다"고 주문한다. 공자가 강조하는 덕은 중용이다. 황금의 중용을 취하는 자는 목표에 도달할 가능성이 높다. 중용의 실천은 다른 사람들과 원만한 관계를 유지하게 함으로써 그의 일을 방해하는 적들을 만들지 않는다. 그것은 인화를 이루기 때문이다.

공자에 의하면, 신중함과 영리함은 경영의 결정적 기준이다. 공자는 그 예로서 '맨손으로 호랑이에게 덤비는 자', '배도 없이 강을 건너려는 자', '무작정 죽음으로 돌진하는 자'는 참모로 기용할 수 없다고 하였다. 모든 것을 신중히 생각하고 자신의 계획을 실행할 능력이 있어야 한다고 강조하였다. 이것이야말로 지극히 현실적인 것이라 아니 할 수 없다.

주인을 섬기는 바람직한 태도를 묻는 제자 자로의 질문에 공자는 "주인을 결코 속이지 마라. 꼭 필요하다면 그에게 솔직히 반대하라"고 답한다. 그런 사람은 신뢰의 대상이다. 공자는 성공적인 경영자의 모습을 다음과 같이 제시한다. 즉, "그는 볼 때 분명한 것을 보며, 들을 때 명확한 것을, 표정에서 친절을, 행동에서 정중함을, 말할 때 정직함을, 행동할 때 양심을 본다. 의심이 생기면 다른 사람에게 물어본다. 화가 나면 결과를 생각한다. 사적인 이익에 직면해서는 그것에 대한 권리가 있는지 자신을 되돌아본다" 등으로 대답했다.

이상과 같이 동양인들의 사고 역시 현실이 우선이었다. 적어도 아담 스미스의 『국부론(The Wealth of Nations)』이 나오기 전까지 과학기술의 면에서 오히려 동양이 서양을 앞섰다는 사실에서 동양 인들도 현실을 중시했음을 알 수 있다.

약 20여 년 전에 결성되어 지금도 활동하는 단체로 '유산 안 남기기' 운동단체가 있다. 이들이 하는 일은 매년 자녀들에게 유서를 작성하는 일이라고 한다. 물론 그 유서 내용은 유산을 남기지 않겠다는 약속이라고 한다. 그런데 그러한 운동을 펼친 결과는 오히려 사업이 잘 운영된다는 것이다. 이러한 결과가 의미하는 것은 무엇일까? 그것은 그들이 사업을 운용함에 있어서 순리와 합리를 추구한다는 말이 된다. 이처럼 순리와 합리를 추구해서 사업을 추진한 결과가 더 좋은 것으로 나타났다는 말이 된다. 대체로 유산을 남기려고 하는 동기와 배경은 우리들 후손들에게 풍족한 유산을 남김으로써 그 후손들이 편하게 살도록 하자는 것일 것이다. 그런데 인간은 삶의 가치를 편안함과 안전에서만 찾지는 않는다. 무언가 행동함으로써 그것으로 인한 좋은 결과에 가치와 희열을 느낀다. 그렇게 보면 유산 안 남기기 운동은 더욱 성공적으로 전개되지 않을까 전망된다.

지금 자본주의에 대한 우려가 확대되고 있다. 우리사회에서 가장 심각하게 우리를 위협하고 있는 것은 양극화 현상이다. 빈부 격차, 이념의 차이, 종교의 차이 등은 이 시대에 우리가 겪는 심각한 사회 병리현상이다. 양극화 현상은 사회갈등을 부추기고 사회를 혼란에 빠뜨리기 때문이다. 사람들은 자본주의가 전통적으로 존재하는 한 이 양극화는 해소되기 어렵다는 진단을 내리고 있다. 그렇다면 이 자본주의를 대체할 이념이나 철학은 어떤 것이어야 할까? 모든 인류가 고민해야 할 일이다.

앞에서 논한 철학적 사고를 통해 그 돌파구를 마련할 수 있지 않을까 기대해 본다.

제12장
윤리(학)와 현실

제1절 윤리의 의의

유기체건 무기물이건 그것이 생동하거나 작동하는 것은 그것들에게 주어진 원리의 범위 안에서다. 말하자면, 유기체는 그 유기체가 유지되기 위한 기본적인 원리가 있으며, 기계는 그것이 작동하는 데에 일정한 원리가 전제된다. 사람이 살아가는 데에는 그 삶의 원리가 있게 마련이고 사람은 그 원리를 떠나서 존재할 수 없다. 철학은 존재세계의 근본원리를 탐구함으로써 우리가 어떻게 알고 행동해야 할 것인가를 탐색한다. 우리가 행동을 힘에 있어서도 그 행동이 따라야 할 기본 원리가 있다. 우리의 행동은 우리들 자신이 어떻게 생겼는가에 따라 그 행동원리가 결정된다. 윤리란 우리의 행동원리를 이르며, 그것도 두 사람 이상이 사는 공동체에서의 행동원리를 가리킨다. 그렇게 보면, 윤리학이란 우리가 '생긴 대로 노는 방법'을 연구하는 학문이라고 할 수 있을 것이다. 여기서 '생긴 대로'란 우리의 '존재원리에 따라'라는 의미를 이름이다. 생긴 것과 행동하는 것이 다를 경우, 우리의 행동은 제대로 이루어질 수 없다. 이를테면, 밥을 먹고 살도록 생겼는데 흙을 먹는다면 존재를 유지할 수 없을 것이고, 선을 지향하도록 생겼는데 악을 행하면 그 존재를 제대로 유지할 수 없을 것이다. 여기에는 불협화음이 생길 것이기 때문이다.

또 다른 측면에서 그 의미를 살펴보면 윤리는 우리들 행동의 '결'이라고 할 수도 있다. 물에는 물결이 있고, 바람에도 바람결이 있듯이, 우리들 행동에도 행동의 결이 있다. 이 '결'이란 어떤 것이 움직이는 자연스런 모습, 혹은 길이라고 할 수 있다. 그러므로 우리들 행동의 결로서의 윤리는 우리가 행동해 나가야 할 자연스런 모습이다.

그렇게 보면, 우리가 윤리를 실천하지 못하면, 올바른 존재성을 유지할 수 없을 것이다. 그러므로 역사적으로 올바른 윤리의 정립을 위해 지속적으로 연구해 왔음을 본다.

윤리학의 시대적 전개에 다른 그것의 현실성을 살펴본다.

제2절 고대 그리스의 윤리사상

그리스인들은 그 사고의 핵심에 이성의 작용을 두었다. 그리스가 철학의 출발점을 찍었다는 사실에서도 그것을 확인할 수 있다. 철학의 시조로 불리는 탈레스는 당시 그리스를 이끌었던 7현인의 한 사람으로 해상무역을 하던 부유한 가문에서 태어났으며, 그러한 가정적 환경 때문에 철학의 선두 주자가 될 수 있었다.

진정한 의미의 철학의 아버지로서 철인(哲人)으로 불렸던 소크라테스는 인간의 궁극적 목표를 '행복'에 두었다. 행복은 인간이 궁극적으로 바라는 목표이다. 이 목표를 추구하는 것은 인간이 그렇게 태어났기 때문이다. 인간은 이 목표에 도달하기 위해서 다양한 길을 추구한다. 소크라테스가 이 행복에 도달하기 위해서 택한 길은 덕의 실천이었다. 인간이 덕을 실천함으로써 행복해질 수 있음을 소크라테스는 깨달았던 것이다. 그러나 덕의 실천은 의지만으로 되는 것은 아니었다. 왜냐하면 앎이 전제되지 않은 행동이란 바른 것이 될 수 없기 때문이다. 그러므로 바른 행동을 통한 덕의 실천의 전제는 '참된 앎'이었다. 그리하여 그는 바로 '참된 앎'의 추구를 그 실천의 시작으로 보았다. 그러므로 덕의 실천이 없이는 참된 행복이 있을 수 없고, 덕의 실천을 위해서는 먼저 바르게 알아야 하는 것이다. 결국 소크라테스의 궁극 목표는 행복이었으며, 따라서 그의 전공은 '행복학'이었다. 이 행복을 추구하는 일이야말로 가장 현실적인 것이 아닐 수 없다.

당시의 그리스 사회를 주도했던 사람들은 소피스트들이었는데 그들이야말로 현실주의자들이었다. 인간의 지각에 나타난 섯을 진리로 간주하였다. 말하자면 그들은 우리들의 지각에 나타난 바를 좇아 원하는 바를 추구했다. 그러다 보니 그들에게 있어서는 객관적인 진리나 보편적인 진리는 기대할 수 없이 진리는 상대적일 뿐이라는 결론에 이르게 되었다. "인간이 만물의 척도"라는 결론에 도달한 것은 바로 그러한 이유 때문이었다. 어쨌든 그들은 인간의 권리를 모든 것의 중심에 둔 셈이다. 객관적이고 보편적인 진리를 추구했던 소크라테스에게 그들은 용납될 수 없었다. 개인에 따라 진리의 기준이 다를 수는 없기 때문이었다.

소크라테스의 제자, 플라톤의 경우를 보자. 우리는 흔히 플라톤을 이상주의 철학자라고 말한다. 그러면 플라톤의 이상주의 철학은 현실과 동떨어진 관념 속의 이상주의인가? 플라톤이 추구한 궁극적인 목표는 무엇인가? 그것은 이상 국가의 건설이었다. 그러면 그에 있어서 이상 국가의 건설의 과정은 무엇인가? 그것은 정의의 실현이었고, 이를 위해 지혜와 용기와 절제의 덕을 실천하는 것이었다. 이를 위해 그는 교육을 통해 올바른 시민을 기르는 것을 국가의 가장 중요한 기능으로 꼽았다. 올바른 시민이란 덕을 지니고 이를 실천하는 사람이었다. 시민은 유덕한 생활을 통해서 행복을 얻을 수 있기 때문이다.

아리스토텔레스의 윤리적 견해는 어떠한가? 그도 플라톤과 같이 국가의 기능은 시민들로 하여금 유덕한 생활을 할 수 있도록 그 여건을 마련해 주는 것이라고 하였다. 물론 아리스토텔레스에 있어서도 덕의 실천이 행복의 바탕이며, 덕은 이론적인 것과 실천적인 것이 구별되며, 이 실천적인 덕의 중심에 '중용'이 있다. 이 중용은 조화로운 중간을 의미하는 것으로 바로 조화와 균형을 바탕으로 한다. 이 실천의 덕으로서의 중용은 인간과 인간 사이에서의 기본이 되는 행동의 규준이며, 이론적 덕은 고도의 학문 연마를 통해 도달되는 덕이라고 할 수 있을 것이다. 그리하여 아리스토텔레스는 중용의 덕의 예로서 참된 용기, 참된 긍지, 관용 등을 들고 이것들이 모두 중용을 통해 얻어지는 것이라고 하였다. 즉, 참된 용기란 비겁과 만용의 중용이요, 참된 긍지란 비굴과 교만의 중용이며, 관용이란 인색과 낭비의 중용이라고 하였다. 이 같은 덕들은 우리가 현실적으로 실천하는 것들이며, 이 덕을 바르게 실천함으로써 우리는 보람과 가치를 느낄 수 있게 된다. 그리고 그가 제시한 시민의 덕의 수준으로부터 형성되는 정부의 정체의 분류는 실제의 정치현실에 부합된다. 그가 국민의 의식 수준에 따라 군주정으로부터 귀족정을 거쳐 민주정으로의 발전이 이루어지는데 이들이 타락할 경우에 대한 경고도 덧붙이고 있다. 민주정치가 가장 발전된 모습이지만, 이것이 타락하면 중우정치가 되어 혼란을 일으키게 될 것임을 경고하기도 했다.

그리스 사회가 혼란해지고 로마의 정치 사회도 혼란해지자, 시민들은 이제 안심입명(安心立命)을 바라는 풍조가 생기면서 스토아학파와 에피쿠로스학파가 성립되었는데 이들은 존재론으로는 유물론을 철저히 신봉했지만, 모두 '부동심의 상태(Apatheia)', 혹은 '마음의 평정(ataraxia)'을 강조하였다. 그것은 모두 마음의 평화, 또는 마음의 평안의 상태로서 그것이 바로 행복의 핵심이요, 따라서 현실적 행동의 규준이었다.

제3절 중세의 윤리사상

중세는 소위 '암흑의 시대'로 일컬어지며, 이는 이성보다는 신앙을 우위에 두는 시대적 경향의 결과였다. 이 시대를 지탱해 주는 두 가지 요소는 봉건제도와 기독교였으며, 이것들의 영향은 절대적이었다. 따라서 이 시대에는 신앙의 변증철학으로서의 교부철학과 스콜라철학이 절대적이었다.

이 시대는 교황의 권력이 군주의 그것보다 강하였으므로 교회의 권위가 세속의 권위를 압도함으로써 사상이나 철학은 기독교에 대해 그 약세가 두드러졌다. 따라서 철학과 윤리에 있어서도 신앙이 이성보다 우위에 서게 되었으며 교부철학이나 스콜라철학은 기독교 교리에 그리스 철학의 옷을 입혀 체제상으로만 철학적 체계를 갖게 되었다. 말하자면, 중세철학은 기독교 교리의 내용에 플라톤과 아리스토텔레스 철학을 융합시킨 철학이었다.

(1) 교부철학의 윤리사상

교부철학의 대표적 철학자인 아우구스티누스의 윤리관은 전적으로 기독교 성서에 기반을 두고 있다. 그에 의하면 참다운 지식은 신앙을 통해서 얻는 것으로 인식되었으며, 인간의 행위의 완성도 성서에 기인한다. 신의 절대적 예정을 중심에 두는 사상체계로부터 최고선은 개인의 자력에 의해서 도달하는 것이 아니라, 신의 은총에 의해서만 이루어지는 것으로 보았다. 그리고 그가 인간이 갖추어야 할 주된 덕으로 믿음, 소망, 사랑을 바탕으로 고대 플라톤의 4가지 주덕, 즉 지혜, 용기, 절제, 정의 등을 보태 7가지 덕을 내세웠다. 그러나 그에게 있어서는 앞의 3가지 덕은 영원성을 향한 차원 높은 덕이지만, 뒤의 것은 현실에 있어서의 덕이다. 물론 플라톤으로부터 차용한 4가지 덕도 신에 대한 신앙의 토대 위에서만 의미를 갖는 것이었다. 예컨대, 신의 계시를 바탕으로 시비곡직(是非曲直)을 단정할 수 있는 능력이 지혜요, 만난을 참고 악을 이기는 것이 용기이며, 육체적 욕망을 억제하고 정신이 악에 물들지 않게 하는 덕이 절제이고, 인간의 바른 길을 밟아야 할 의무를 가르치고 육체를 정신에 복종케 하는 덕이 정의이다.

이들에게 신앙은 저 멀리 현세에서 동떨어진 어떤 문화 형태가 아니고 덕을 바로 현실 자체에서 실행하고 실천하는 기본적인 행위의 규율로 삼았다는 사실이 중요하다고 하겠다.

물론 교회적인 차원에서의 행위의 기본 입장은 현실과의 관계에서 두 가지의 경향을 보여 주었다. 하나는 현실을 초월하여 순전히 신앙생활에 몰입하여 현실과 격리된 경향이요, 다른 하나는 실제사회의 요구에 따라 사회적 활동을 강화하려는 경향이다. 세상과 격리되어 있는 수도원의 생활도 은둔에만 머물러 있지 않고 집단생활이 긴밀하게 되어 민중의 교화 개발을 위한 사회적 활동을 하기도 하였다. 종교생활은 보다 고차원의 도덕을 표방하게 마련이며, 특히 자기희생적 바탕에서의 덕의 실천도 감내하는 의지를 가진다. 비교적 차원이 낮아 보이는 율법시대의 신앙의 덕목은 현실사회에서의 덕목과 크게 다르지 않음을 볼 수 있다. 예컨대 구약의 십계명130)에 나타난 덕목의 내용을 보면 분명해 보인다.

(2) 토마스 아퀴나스의 윤리사상

그는 우리의 활동은 어떤 목적을 지향하며, 그중에는 부, 명예, 힘, 쾌락 등이 있으나 그것들은 우리에게 궁극적인 만족과 행복을

---

130) 구약성서에 나타난 십계명은 모세가 시내산에서 신으로부터 받은 계시 내용이다. 그 내용은
1. 너는 나 외에 다른 신을 섬기지 마라. 2. 너를 위하여 새긴 우상을 만들지 마라. 3. 너의
하나님 여호와의 이름을 망령되이 일컫지 마라. 4. 안식일을 기억하여 거룩히 지키라. 5. 네
부모를 공경하라. 6. 살인하지 마라. 7. 간음하지 마라. 8. 도적질하지 마라. 9. 네 이웃에
대하여 거짓 증거하지 마라. 10. 네 이웃의 집을 탐내지 마라 등이다.

가져다주지는 못하는데, 그것은 실천이성의 요구가 아닌 단순한 의욕의 대상이기 때문이라고 보았다. 그것은 당연히 신으로부터 주어진 것이 아니기 때문이다. 신은 만물의 근원이요, 무한절대, 완전무결한 존재이다. 그러므로 선과 악의 분별은 신에의 의속(依屬) 여부에 관계된다. 즉, 신에의 갈망과 신에 도달하려는 욕구를 바탕으로 하는 최고의 가치와 선이 최고선인데, 거기에 도달하기 위해서는 현실에 있어서 실천적 덕을 요한다는 것이다. 이를 통해 지상(地上)의 최대 행복을 얻을 수 있다는 것이다.

그리고 토마스는 아리스토텔레스의 덕론을 계승한다. 즉, 우리의 행위가 고차적인 목적에 부합되고, 이성의 명령에 합치될 때, 덕은 보증되고 덕을 실천하는 자는 최고의 목적, 즉 신에 접근한다는 것이다. 말하자면 그도 아리스토텔레스의 이론을 받아들여 이론적(자연적) 덕과 실천적 덕을 구별하였는데, 이론적 덕은 앎을 통해 추구되는 것이므로, 지혜 및 과학의 덕이 여기에 속하고, 실천적 덕은 중용의 덕을 통해 여러 가지 정서로부터 오는 부정적 요소들을 억제함으로써 행복을 얻게 되는 것이다. 그러나 그는 신의 은총으로 주어지는 신학적 덕을 최고의 덕으로 보았다. 그러나 그도 실천적 덕이 현실생활에서 중요하다는 생각을 부정하지 않았다.

뒤에 토마스의 이성과 신앙의 일치 주장을 비판한 윌리엄 오캄(W. Ockham)도 덕은 인간의 유의적 활동이 신의 의지와 일치할 때 성립한다고 하였다.

제4절 근세의 윤리사상

근대 사회는 봉건제도가 붕괴되고, 기독교의 권위도 크게 저락하고 인간성의 새로운 발견이 이루어진 시대였다. 르네상스와 종교개혁, 그리고 과학의 발달 등은 신본주의 사조로부터 인본주의 사조로 전환시키는 계기를 만들었다.

이 같은 경향은 인간들로 하여금 신에의 의속적 정서로부터 인간 자신의 책임의식을 고양하는 효과도 가져왔다고 보겠다.

종교개혁의 경우, 그것은 종교 지도자의 부패, 비리로부터 발단된 것이기는 하나, 그것은 그 본질에 있어서는 신에 대한 절대적 의지를 벗어나서 인간 자신의 책임하에 인간 본질의 선을 찾아 나아가게 하는 결과도 가져오게 되었다. 그리하여 교회와 사회일반에 대한 불만과 불안의 정서는 사람들로 하여금 순수하고 내면적인 신앙을 불러일으키게 하였다. 에크하르트(M. Eckhart)의 진정한 지식으로서의 신앙, '설명할 수 없는 직관' 등은 신비주의적 경향을 보여 주는 사례이다.

대표적인 종교개혁가 루터의 주장을 보면, 순수한 신앙에 기초할 것과 국민적 의의를 굳게 가지며, 교직자에게 독신을 강요하는 수도원을 폐지하고, 대학의 신학과에서는 스콜라신학에 국한할 것이 아니라, 성서를 기본 삼아 연수할 것을 주문하고 있다. 그러면서 교회도 신 앞에서 아무런 차별을 두어서는 안 된다는 것을 강조하였다.

이 같은 종교의 개혁은 현실에 비추어 보면, 그것이 보다 현실적인 생활에 접근하였음을 지적할 수 있다. 다시 말해 종교생활도 분명 현실이다. 그러므로 결코 종교도 현실을 떠나 존재하는 것이 아니다.

그 밖에 캘빈의 '직업소명설(職業召命說)'을 보자. 이 사상은 종교에 있어서의 개혁이라는 의미를 넘어 보다 종교가 현실에 접근했음을 의미한다. 직업이란 현실의 토대요, 그것은 신의 부르심이라는 것이다. 따라서 직업생활을 통해 부(富)를 축적하는 것은 결코 신의 뜻에 어긋나지 않으며, 오히려 근면, 검약을 통해 열심히 부를 축적하는 것은 신의 뜻에 합당한 것이다.

우리가 이상주의자로 치부하는 캄파넬라의 사상을 살펴보자. 그는 인간의 최고목적인 자기보존에 도달하기 위하여 지켜야 할 규칙이 곧 덕이라고 하였다. 그는 종교적 신념을 바탕으로 신과의 영원한 생활에 의하여 무한적인 유에 참여하며, 그럼으로써 인간은 영원한 행복을 얻을 수 있다고 보고, 이 목적을 달성하기 위하여 자기 인격의 보존, 자손에의 생명의 연장 및 영예의 포기 이외에 영원한 물적 생활에로 나아가지 않으면 안 된다고 하였다. 그는 가족의 생활을 중요시하고, 『태양의 나라』를 통해 이상 국가론을 펼쳤다. 그는 결혼관계를 개체보존이 아니라 종족보존의 의미로 규정하고 노력과 향락, 직업, 생산과 분배를 방임해서는 안 된다고 주장하고, 국가의 목적은 지상의 쾌락이요, 모든 시민의 세속적 교양을 높이는 것이라고 하였다. 그가 이상 국가론을 펼치면서도 시민의 실제적 생활을 중요시하고 노동시간의 제한을 강조하였으며, 여러 발명을 활용하며, 유쾌한 교양의 시간을 갖도록 해야 한다고 주장한 것 등에서 매우 현실적인 성격을 엿볼 수 있다.

　지금까지 논의한 것은 근세의 전기에 나타난 윤리사상이었다면, 이제부터 서술하는 것은 근세 후기에 해당하는 윤리사상이다.

　경험론의 개조인 베이컨은 "인지(人知)는 인력(人力)과 일치한다"는 기본 인식을 갖고 실제적 원리를 중요시하고, 세속적인 실제 지식을 추구하였다. 그에 있어서 도덕지식은 한편으로 선의 전형 또는 규범이요, 다른 한편은 마음의 통어 또는 교양으로 구분하였는데 전자는 선의 본질에 해당하는 것이고, 후자는 그 본질에 도달하기 위한 실천상의 규칙에 관한 것이었다. 그리하여 그는 사회적 선을 창달하는 데에 윤리학의 중심과제를 두고, 사회 전체를 위한 선행을 인간의 중심 실천 사항으로 삼았다. 베이컨이 강조한 윤리는 신학에서 벗어난 실제적인 윤리요, 또 그는 인간의 자연적 성정에 기하여 공공선(公共善)을 근본원리로 삼기도 하였다.

　대륙의 합리론의 개조인 데카르트의 윤리적 견해를 살펴보자.

　그는 일상생활에서 지켜야 할 도덕의 준칙을 제시하었나. 그것은 첫째, 자기 나라의 법률, 관습, 종교를 지키고, 온전한 이성에 살아야 하며, 둘째, 행동에 있어서 견인불발(堅忍不拔)의 정신을 갖추고, 의심스러운 일이 있더라도 일단 결심했으면 이를 밀고 나가며, 자기 자신을 이겨 내고, 자기 자신의 욕망을 바로잡아야 한다고 하였다. 이 같은 견해는 매우 실제적이고 현실적인 것이다. 스피노자는 자기의 완성에 노력하는 것을 덕이라 하고 이것을 실천하는 데 행복이 있다고 하였다.

　경험론과 합리론을 종합한 칸트는 실천의 문제를 철저히 규명하려고 노력하였다. 그는 우리로 하여금 선을 실천하도록 하는 원동력은 우리들 자체 안에 있는 선의지이며, 이것은 무제한으로 선한 것으로서 이것에 의하여 도덕법칙을 의무로써 실천할 수 있으며, 이것의 근거는 실천이성이다. 이 실천이성에 의하여 도덕법칙이 세워지고, 이 실천이성의 명령은 조건이 따르지 않는 무상명령이다. 이 무상명령은 3가지 명법으로 제시된다. 첫째는 "너의 의지의 격률이 항상 동시에 보편적 입법의 원리로써 타당할 수 있도록 행위하라", 둘째는 "너의 인격이나 다른 사람의 인격에 있어서의 인간성을 언제나 한결같이 목적으로 대우하고, 결코 수단으로 대우하지 않도록 행위 하라", 그리고 셋째는, "인격들이 이루고 있는 단체의 일원으로서 그 단체가 잘되도록 행위 하라" 등이 그것이다.

이 명법의 근거는 의지의 자유이며, 따라서 인간의 행위에 대한 책임이 수반된다.

그리고 실천이성은 선의 실천을 위해 몇 가지를 요청한다. 자유와 영혼의 불멸과 신의 존재이다. 자유는 인간이 도덕적 행위를 하기 위한 기본적인 바탕이며, 인간 행위가 의미가 있으려면 그것이 평가될 수 있어야 하며, 이를 위해 영혼이 불멸해야 한다. 만일 인간의 죽음과 더불어 한 인간의 모든 것이 끝나 버린다면, 그의 생애에서의 행위는 악행이 되건 선행이 되건 아무런 상관이 없게 되기 때문이다. 선행한 영혼에겐 보상이 따를 필요도 있는 것이다. 그다음으로 인간의 행위에 심판의 주체가 필요한데, 그분이 신이다. 그러므로 신은 존재하지 않으면 안 된다. 이 같은 3가지 요건은 이론이성으로서는 설명이 될 수 없다. 그런 점에서 실천이성이 이론이성에 대해 우위에 선다. 칸트의 사상은 매우 관념론적이고 추상적으로 보일 수는 있지만, 우리의 경험으로 보면 우리의 도덕적 행위도 엄격하고도 철저한 법칙에 따라 이루어짐을 알 수 있다.

그리고 칸트의 선의지는 양심의 작용을 이르는 것으로서 인간이면 누구나 이 양심의 작용을 겪게 된다. 그러므로 칸트의 윤리적 견해는 관념에 머무르는 것이 아니라, 우리의 현실에 나타나는 모습들이다.

윤리를 개인보다는 공공에 둠으로써 보다 공리적인 차원에서 윤리를 살핀 밀(J. S. Mill)은 공익과 정의의 관계를 중요시하고, 공공의 이익을 증진하기 위해 정의를 실행해야 한다고 주장하였다. 여기서 밀은 타인의 권리를 존중할 것을 강조한다. 공공의 행복을 일으키는 의무감으로부터 타인을 존중하는 행위가 나올 수 있다고 보았다. 공공의 이익을 증진하는 데 있어서 정치 작용은 그 중심에 있으며, 이를 위해 대의정치에 관심을 기울였다.

그는 정치란 인간의 목적을 실현하는 수단에 불과하므로 개인의 창의를 존중하고, 따라서 국민의 의사에 따라 어떤 체제를 취하느냐에 따라 선택의 자유가 있어야 한다고 하였다. 그리하여 올바른 정치란 개인의 권리와 이득을 자력으로 얻게 하고, 또 한편으로 국민의 퇴영적인 정신을 진취적인 정신으로 전환시키는 역할도 수행하는 정치라고 하였다.

제5절 현대의 윤리사상

근세 후기 이후로 전반적인 윤리사상의 흐름은 실증적인 방향으로 흘러갔다. 실증주의의 중심에 콩트가 있으며, 그는 반종교적이고 과학적인 성격을 윤리사상의 중심에 두었다. 그리하여 그는 공상적인 것에 대해 현실적인 것을, 무용(無用)에 대해 유용(有用)을, 불확실에 대해 확실을, 애매에 대해 정확을, 부정적임에 대해 조직적임을, 절대적임에 대해 관계적임을 내세우고 보다 실증적인 면을 강조하였다.

그는 인간의 인지발달과정을 신화적인 것으로부터 형이상학적(철학적)인 것을 거쳐 과학적인 것, 즉, 실증적인 것으로 설명하고 실증적인 것이야말로 보다 참다운 것이라고 생각하였다. 그는 초월적인 것과 관념적인 것에 대한 반동적인 생각을 가졌던 것이다.

그는 모든 사물의 현상들을 상대적으로 연관된 법칙에 의하여 인식할 수 있다고 보면서, 모든 현상은 일정한 연관에서만 확실하게 인식 가능하다고 보고, 따라서 법칙을 탐구하는 과학을 숭상하고 이것이 가장 확실한 지식을 가져다준다고 생각하였다.

그는 그러한 인식하에 인간의 사회적 공동생활을 중요시하고 자타(自他)의 이익을 조정하는 데에 도덕이 존재한다고 하여 이타주의를 내세웠다. 그에 의하면, 인간은 사회의 한 사람으로서만 존재할 수 있으므로, 언제나 타인의 도움을 받고 살 수밖에 없다. 그러므로 우리는 "남을 위하여 산다"는 것을 의무로 여기고 살아야 한다고 하였다.

과학기술의 발달에 따른 산업의 발달은 인류의 삶을 풍족하고 편리하게 만들어 주었지만 이에 따른 빈부 격차의 심화는 또 다른 사회문제를 야기함으로써 인류 전체에 고통을 주었으므로 이를 해소하기 위한 대안으로 유토피아 사회주의 사상들이 등장하기도 하였다.

이 같은 사상적 흐름은 오늘날에도 매우 절실히 요구된다고 할 것이다. 오늘날의 사회를 진단할 때, 소통이 부재하고, 양극화 현상이 심화되고 있는 상황에서 그 같은 사상은 사회적 치유 대안으로 될 수 있다.

절대주의적 헤겔 철학에 대한 반동으로 다양한 철학이 현대에 등장하였다. 그것들은 절대이성을 강조한 헤겔 철학의 성격에 대한 반동이었으므로 그것들은 비합리주의를 바탕으로 한 것들이 대부분이었다. 생철학을 비롯해 실존주의, 마르크스주의, 실용주의 철학이 그 범주에 속한다. 이들 철학들은 복합적인 구조를 갖고 있는 인간에 대한 설명이 이성으로만 감당할 수 없음을 통감하여 이성 외적인 측면을 주목한 결과였다.

생철학의 대표적 철학자인 앙리 베르그송의 사상을 살펴보자. 헤겔 철학에 대한 반동철학으로서의 생철학은 지나친 이성 절대주의는 우리의 삶의 진정한 모습을 설명할 수 없다고 보았다. 또 그것은 생이란 내면적으로 흐르는 것이어서 합리적인 지성으로서는 그것이 파악될 수 없고, 오로지 직관을 통해서만 파악 가능한 것으로 인식하였다. 이처럼 그의 인식의 틀은 지성의 입장인 분석과 생의 파악의 틀인 직관, 그리고 과학과 철학, 물질과 생명의 대립에 의해 표현되었다. 이 같은 인식의 토대 위에서 그가 제시한 도덕은 정적 도덕과 동적 도덕의 구별로 나타나게 된다. 정적 도덕과 동적 도덕은 닫힌도덕과 열린도덕의 모습으로 나타난다. 닫힌도덕은 책무의 도덕으로서 그것은 과거의 창조성의 기성가치를 보존하고 금기나 관습의 준수, 고정된 기준의 준수 등을 내포하는 것으로 닫힌도덕이 지배하는 사회는 닫힌 사회이다. 닫힌도덕은 개인의 이익만을 추구하고 이타적인 측면을 갖지 못하는 도덕이다. 이에 반해 열린도덕은 열망의 도덕으로서 기성의 사회를 초월하여 인류애적인 봉사와 이상을 추구하는 도덕이다. 닫힌도덕은 사회구조로부터 생기나, 열린도덕은 생명의 에너지로부터 생긴다. 닫힌도덕은 쾌락을 추구하나 열린도덕은 환희를 추구한다.

종교도 그러하다. 정적 종교와 동적 종교의 두 유형이 그것이다. 정적 종교는 지성의 여러 가지 붕괴작용에 대항해서 사람들의 여러 가지 감정을 보호하는 역할을 하는 반면, 동적 종교는 사람들로 하여금 세계의 생명력의 원천에 그들이 의존한다는 것이다.

인간의 정신을 형성하는 요소가 지적인 것, 정서적인 것, 의지적인 것으로 되어 있으므로 우리의 인식이나 의욕도 이 3가지 요소들의 복합적인 작용에 의해서 일어난다고 볼 때, 우리는 우리에게 있어서 합리적인 것과 비합리적인 것이 복합되어 있음을 알 수 있어서 이를 추구하는 철학의 방향도 이런 성격을 갖게 마련이다.

마르크스주의 철학을 살펴보자. 마르크스가 마르크스주의 철학을 정립하게 된 배경이 된 것은 바로 그가 태어나고 성장한 그의 가정이었다. 기독교를 신봉하는 가정에서 자란 그는 어려서부터 기독교에 관한 교리에 접하면서 성장하였고, 성장 과정에서 접하게 되는 기독교적 모순에서 회의감도 들었을 것이다. 그러나 결정적인 것은 그가 가난으로 인해 자녀를 잃을 수밖에 없었으며, 이것이 자본주의 체제의 모순에서 비롯되었다고 판단한 마르크스는 자본주의 타도야말로 빈부 격차로 인한 사회 불평등을 해소할 수 있는 유일한 방안이라고 판단하고 이를 위한 이론을 구상하던 중 필생의 동지 엥겔스를 만남으로써 본격적인 공산주의 사상체계를 정립할 수 있었다. 그의 사상의 기본체계는 유물변증법이요, 이를 바탕으로 유물사관이 수립되었으며, 사회를 개조하기 위한 이론으로 탄생한 것은 자본론일 것이다. 그들은 유물론이야말로 현실을 가장 정확하게 적시한 이론이라고 생각한다. 물질적인 현실을 중심으로 보면 분명 유물론이 우위에 선 이론이다. 그러나 우리에게 간과할 수 없는 분명한 현실은 인간은 육체만이 아니라, 정신을 갖고 있다는 것이고, 어떤 점에서 정신이 인간을 주도한다고 보면 유물론을 우위에 세워 둘 수만은 없다. 그렇게 보면 유물론이나 관념론이나 우리의 현실의 반영임에는 틀림없다. 다만 사물의 발전법칙을 모순을 바탕으로 하는 투쟁을 필연화하는 변증법은 존재물들의 화해적 성향에 대한 모순을 설명할 수 없을 것이다.

대체로 현대철학에서의 윤리적 경향은 비합리적인 성격을 갖는다고 볼 수 있다. 그 밖의 현대철학을 대표할 수 있는 실존철학, 실용주의 철학의 현실적 성격에 대한 논의는 다른 장에서 논한다.

이상에서 윤리(학)의 역사적 전개를 살펴보았거니와 어느 시대에 있어서나 윤리는 그 시대를 반영하였음을 알았다. 윤리는 우리들이 행동해야 할 준칙이므로 그것에 걸맞게 행동하는 것이야말로 가장 올바른 행동이 되고, 또 그것은 나의 삶에도 긍정적으로 작용하게 될 것이다. 그리고 더불어 사는 공동체 속에서의 행동이란 나도 좋고 남도 좋아야 할 것이어야 하므로 이 행동의 준칙에 맞게 행동하는 것은 우리들의 당연한 의무라고도 할 것이다. 또 그러한 윤리적 행동은 나에게도 좋은 결과를 가져다준다.

제13장
문화 콘텐츠의 바탕으로서의 철학

아이디어는 세상을 바꾼다. 원래 '아이디어(idea)'는 플라톤이 본질의 세계를 지칭한 이데아(Idea)에서 비롯된다. 플라톤에 의하면, 이 세상의 모든 존재물은 이 이데아의 반영이다. 역사상 자유라는 아이디어가 지닌 힘은 정치사를 형성해 왔다. 신이라는 아이디어가 문명화 과정에 어떤 영향을 미쳤는지 상상하기에 어렵지 않을 것이다. 어느 집단이나 조직의 문화와 삶은 상당 부분 그곳에 있는 사람들의 마음에서 작용하는 아이디어의 힘에 달려 있다고 해도 지나친 말은 아니다. 아이디어는 정신의 소산이다.

오늘의 시대를 '문화의 세기'라고 한다. 이제 문화는 우리들의 생활의 주요 부분이 되었다. 문화를 모르고 사는 인생이란 무가치한 삶이라고 치부되기도 한다. 엄청난 부를 소유한 사람이라도 문화를 외면하는 사람은 그 사회로부터 소외된다. 앞으로 갈수록 문화에 대한 사람들의 수요는 크게 늘어날 것은 자명하다. 인간은 본성적으로 문화를 욕구하기 때문이다. 이렇게 보면, 사실 정신을 가진 인간은 본래부터 문화를 창조해 왔다고 보는 것이 옳을 것이다. 그리고 사람들의 삶의 과정을 보면, 문화는 최고의 정점에 위치한다. 즉, 사람들은 우선 의·식·주 문제의 해결에 매달리고, 그것이 어느 정도 해결되면, 보다 차원 높은 삶을 모색하게 되며, 그것은 보다 아름답고 보다 참되며, 보다 선한 삶의 내용을 추구하게 되는 것이다. 그것은 물론 문화의 형태로 나타난다. 한 편의 시구(詩句)에 감동을 받고, 한 가락의 멜로디에 심취하며, 한 폭의 그림에 도취하게 된다. 이러한 삶의 형태는 우리들에게 삶의 생기를 불어넣어 준다. 우리들의 삶의 차원이 높아질수록 문화에 대한 수요는 증가한다.

제1절 문화의 의의

우선 '문화(culture, 文化)'의 개념을 생각해 보자. 문화는 '자연'에 대한 반대 개념이다. 인간에게만 고유한 것이 문화이다. 문화는 인위적인 결과이기 때문이다. 서양적 의미에서는 교양을 의미하며, 인간적 본성에 바탕을 둔 모든 것을 갈고 닦음을 가리킨다. 그런데 한자어 '文化'의 의미는 '글이 되다'이다. 글은 인간이 자기의 생각을 표현하는 수단이요, 모든 생각이나 감정 등이 표현되는 기호이다. 그렇게 보면, 이 '글이 되다'는 인간이 표현하는 모든 것의 본질적이고 전형적이고 모범적인 것으로 됨을 의미한다고 보겠다. 또 그것은 곧 인간이 갖고 있는 정신으로부터 나온 모든 형태가 문화라고 할 수 있음을 반증한다. 그러므로 문화에는 우연이라는 것은 없다. 어떻게 보면 문화는 인위적인 것과 같다. 그리스적 의미로는 문화는 자의에 의한 것이 아니라, 피시스(Physis, 자연)에 의해 주어진 것에 알맞게 개발하고 발전시키는 것이다.

물론 과거에는 문화가 정신적인 것만을 가리키기도 했으나 오늘날에 있어서는 인간이 산출하는 결과로서의 모든 성과가 문화라는 개념 속에 포함된다. 따라서 문화는 어느 특정 계층이나 부류의 사람들에게만 전유될 수는 없다. 인간이 의식적으로 하는 것은 무엇이나 문화에 속한다. 따라서 인간이 의식을 통해 행하는 모든 것이 문화다. 예술, 문학을 비롯하여 스포츠, 종교, 음식, 의복, 관광 등 어느 것 하나 문화에 속하지 않는 것이 없다.

우리들의 현대가 문화의 세기라고 불리게 된 것은 인류의 문화에 대한 의식이 크게 고양됐음을 의미한다. 또한 문화가 고양되었다는 말은 사람들의 삶의 질과 수준이 높아졌음을 의미하기도 한다. 그리하여 이제는 '문화사업'이라는 개념이 일반화된 지 오래이며, 또한 문화사업의 전망 또한 매우 밝다. 말하자면 문화에 대한 사람들의 수요가 크게 증가했기 때문에 그것을 충족시킬 수 있는 사업이 자연스럽게 창출된 것이다. 그러면 문화가 형성되는 바탕이나 근거는 무엇일까?

제2절 문화 콘텐츠의 바탕으로서의 철학

문화란 정신으로부터 흘러나온 결과물이므로, 정신의 작용의 중심인 철학이 그 바탕이 된다. 습관에 의해서 자동적으로 만들어지거나 우연에 의해서 만들어진 문화란 있을 수 없다. 어떤 작용의 결과물을 문화라고 할 때 그것은 철학적 고민의 과정을 겪지 않은 것은 있을 수 없다.

신화로부터 건축물, 그림, 벽화, 심지어는 생활필수품에조차 인간의 철학적 사유의 흔적이 스며 있다. 고대 동물벽화에 나타난 그림의 내용은 그 당시 그들의 삶의 내용을 고스란히 담고 있으며, 중세 교회의 건축물 중 성당의 형태에서, 하늘을 찌를 듯한 첨탑, 각종 조각품이 새겨진 외벽과 그림이 새겨진 내벽 등은 하늘을 향한 인간의 염원을, 벽면의 조각품은 모범적인 인간성과 생활의 일면을 드러내고 있다.

미국 동북부 프로비던스에 위치한 미국 최고의 미술대학인 로드아일랜드 디자인학교(RISD)에서는 철학과 심리학을 필수과목으로 이수시키고 있다고 한다. 훌륭한 미술가를 만들기 위해서는 '생각하는 학생'을 배출해야 되기 때문이라는 것이다.

인류의 문화유산을 전시하는 박물관의 중심 전시물이 대부분 예술작품임은 더 이상 언급할 것이 없지만, '불후의 명작'이라는 호칭이 붙는 작품이란 인간을 깊이 감동시킬 수 있는 내용을 갖춘 것이며 그러한 내용은 깊은 철학적 사색의 산물이 아닐 수 없다. 철학적 통찰 없이 제작된 작품은 생명력이 없다. 이처럼 이 학교가 철학·심리학 등의 인문학을 중시하는 것은 철학이 아이디어를 창출하는 원천이 되기 때문이다.

그런 점에서 미술사는 철학사이기도 하다. 미술사를 검토해 보면 인간의 사색의 역사적 편린을 엿볼 수 있다.

라파엘로의 <아테네학당>을 보자.

이 작품은 작가 라파엘로가 살았던 당시의 지식인들이 이룩해 낸 성과를 찬양하기 위해 제작되었다. 그림에 나타난 내용을 보면, 우선 개방형 건물 오른쪽에는 창 들고 서 있는 미네르바의 조각상과 왼쪽에는 수금을 들고 있는 아폴로 조각상이 입구를 장식하고 있다. 화면 중심에 플라톤과 아리스토텔레스가 각각 하늘과 땅을 가리키는 손짓을 하면서 토론을 벌이고 있다. 이것은 이상주의 철학을 지향하는 플라톤과 현실주의를 지향하는 아리스토텔레스의 대조를 통해 당시의 철학적 논의를 전체적으로 상징화하여 표현하고 있으며, 화면 왼쪽에는 소크라테스가 한 무리의 아테네 시민들과 대화를 나누고 있고, 그 밖에 당시 아테네를 주름잡았던 주요 철학자들이 대부분 망라되어 있다. 피타고라스, 엠페도클레스, 헤라

클레이토스, 디오게네스, 유클리드, 프톨레마이오스, 조로아스터 등
도 보인다.

재미있는 것은 그 당시의 위대한 인물들을 묘사하면서 동시대의
화가들을 모델로 해서 그렸다는 것이다. 예컨대, 플라톤은 레오나
르도 다빈치를, 유클리드는 당시 유명한 건축가였던 브라만테를,
헤라클레이토스는 미켈란젤로를 모델로 했다는 것이다. 라파엘로는
이 작품에서 대화, 독서, 집필, 명상, 인물들의 행동을 표현함으로
써 철학자들의 일상을 묘사하였다.

이 작품을 통해 우리는 철학적 사유와 행동이 그림을 통해 표현
되는 것을 볼 수 있으며, 철학적 향취를 풍기는 그림이나 미술작품
은 미적 가치를 더 지니는 것으로 평가된다.

음악도 마찬가지다. 우리에게 깊은 감동을 주는 작품이란 작곡가
의 철학적 성찰이 바탕에 깔려 있지 않고서는 불가능하다. 음악은
단순한 소리의 표현이 아니라, 인간의 사상, 감정, 그리고 의식이
아름다운 소리에 묻어 나오는 형식이다. 그러므로 어떤 음악의 장
르라도 마찬가지다. 관현악곡도 그러하고 실내악은 물론, 오페라는
더욱 그러하다. 훌륭한 음악이란 훌륭한 철학이라고 할 수 있을 것
이다.

그리고 음악사가 종교와 더불어 진행되어 왔음은 아무도 부정하
지 못할 것이다. 종교란 단순한 믿음이라는 의식만이 아니라 여기
에도 깊은 철학적 통찰이 수반되는 것이다. 그런데 종교도 현실을
떠나 있는 것이 아니다. 예수께서 가르친 기도 내용에 나타난 것과
같이, 기독교의 본질은 사후 세계만이 중요하고 가치 있는 것이 아
니라, 현실세계 역시 중요하고 가치 있다. 예수께서 돌아가시기 전

에 땅에 있을 베드로에게 천국문 열쇠를 넘겨준 사실은 바로 지상에 있는 사람이라야 천국문을 열 수 있음을 암시한 것이며, 또한 예수께서 뜻이 하늘에서 이루어진 것같이, 땅에서도 이루어지게 기도할 것을 일러 주셨으며, 또 하늘에서 매면 땅에서도 매일 것이요, 하늘에서 풀면 땅에서도 풀린다고 말씀하셨는데, 이 같은 일련의 말씀으로 보아 지상에도 천국이 이루어져야 함을 가르친 것이라 여겨진다. 이 같은 종교적 통찰과 내용은 예술작품으로 승화되어 나타난다. 우리들의 정신작용인 지·정·의는 각기 독립적으로 따로따로 작용하는 것이 아니라, 협동해서 작용한다. 아름다운 예술 창조에 있어서나 선한 행위를 하는 경우에 있어서도 바로 앎을 전제로 하며, 그것은 철학적 사유를 토대로 한다. 그러므로 철학적 사유를 통한 인생의 통찰이 없는 음악은 결코 우리들을 감동시킬 수 없다.

영화나 게임 등의 산업이 각광을 받는 시대다. 오늘날 칠힉은 이성의 절대성에서 크게 후퇴하고 있다. 근대 이후 현대의 초기에는 이성의 절대성은 난공불락의 요새였다. 그러나 그 후 철학은 감성을 받아들이기 시작했다. 이젠 '감성의 철학'이 공공연히 논의되고 있다. 그러다 보니 '영상문화'니 '영상철학'이라는 개념이 우리 사회에 등장하기도 했다. 영상은 이론이 아니라, 감정의 표현 형식이라고 할 수 있는데 그것이 철학적 논의 대상이 된다는 이야기다.

영화는 우리 현실과 동떨어진 가공의 이야기가 아니라, 바로 우리 현실을 영상을 통해 표현하는 장르이다. 영화가 제작되는 동기나 배경은 다양하지만, 그것의 제작 배경은 철학적 사고가 바탕에 놓여 있다. 단순히 오락을 제공하기 위한 영화라 하더라도, 그 오락도 인간, 그것도 정신적인 인간의 일부이며, 깊은 삶의 교훈과 의미를 전달하기 위한 영화는 그 영화대로 철학적 사고를 바탕에 깔고 있는 것이다. 예컨대 영화 <달마가 동쪽으로 간 까닭은>은 단순한 이야기로서가 아니라, 우리 동양인의 정신세계를 사로잡는 교훈성의 원형이 되고 있다고 본다.[131] 또 그것은 그러한 교훈성을 달마대사의 전기로서가 아닌 현대적 이야기를 통해 대중에게 철학적으로 전달하고 있다. 말하자면, 우리들의 철학 이야기가 대중적 이야기를 통해 표현되는 것이다. 칸트가 생각한 것과 같이 우리가 무엇을 알 수 있고, 무엇을 해야 하며, 무엇을 욕구하는가를 정신적으로 사유하면서 추구하는 것이 바로 철학이다.

또 영화는 감독—물론 원작자도—과 관객 사이에 정신적 대화를 나누는 장이기도 하다. 즉, 감독은 자기의 주제를 일방적으로 전달하고 그 수용자인 관객은 그 견해를 받아들이는 것이며, 만일 관객의 입장에서 그 감독의 견해가 거부될 수도 있다. 그것은 그 영화에 대한 비판을 통해서거나 아니면 간접적으로 그 영화의 성격을 미리 알고 그 영화를 외면하거나 하는 형식으로 이루어진다.

보통 우리는 영화를 종합예술이라고 말한다. 문학, 음악, 건축, 미술 등의 요소들의 복합체이며 그 바탕은 철학이라고 할 수 있을 것이다.

영화가 우리들에게 감동을 주는 것은 그것이 우리들의 삶의 주변에 있을 수 있는 소재들을 바탕으로 우리들을 대신해서 많은 사색을 하고 다양하고 깊은 철학적 통찰 끝에 만들어진 것이기 때문이다.

---

131) 정재형, 『영화이해의 길잡이』, 개마고원, 2003, 19쪽 참조.

영화는 "세상에 대한 생각을 전달하는 여러 언어 중의 하나"[132]
이며, 원래 영화는 허구의 이야기를 짜 나가는 극영화를 가리켰으
나, 이제 영화 영역의 확대와 더불어 허구 영화와의 경계를 허물며
현대에 제기된 철학적인 문제를 논쟁적으로 제기한다.

다큐멘터리의 장르에 있어서도 알림과 보도 및 고발 등을 제시
하는 시사물이나 교양물, 혹은 증언물로밖에 여겨지지 않았으나 오
늘날의 다큐멘터리의 범주는 현대에 제기된 철학적 문제들의 인식
론적 위기에 대한 점검, 그리고 역사적 담론으로 영화를 파악할 수
있는 잠재력을 지니기도 한다. 그런 점에서 다큐멘터리는 "담론 너
머에 있는 현실계에 도달하기 위한 철학적 도전이며", 이 도전과
더불어, 주관과 객관, 진리와 허위, 과학과 예술, 허구와 실제, 역사
와 이론 사이의 관계를 파악하고 그 간극을 통해 세상을 바라보는
작업을 시도한다. 이것은 영화를 통해 철학적 사색을 하는 것이지
만, 이미 영화는 철학적 구상과 철학적 사유를 통해 탄생된다고 볼
수 있다.[133]

'리니지' 콘텐츠로 세계적인 기업으로 성장한 어느 벤처 기업 사
장은 "인문 철학적 소양 없인 멋진 게임을 만드는 것은 불가능하
다"고 말하고, 인간이 동물과 다른 점은 정신을 갖고 있는 것이며,
따라서 진정한 실존이란 정신적(사이버) 세계에 있으며, 게임은 인
간과 세계에 대한 해석을 담고 있는 것이므로, 게임의 가상적 상황
을 통해 더 많은 현실을 느낄 수 있다고 말한다. 그리고 그는 권선

---

132) 한상준 외, 『영화로 보는 현대사회: 영화에 대한 13가지 테마』, 큰사람(서울), 2000, 13쪽
    참조.
133) 같은 책, 113쪽 참조.

징악을 믿는 사람을 가장 신뢰한다고 했는데 그것은 옳고 바르게 사는 것이 힘이 되기 때문이라고 했다.

게임이 우리들에게 흥미를 주는 것은 그것이 우리들의 삶과 동떨어진 것이 아니고, 바로 우리들의 삶의 현실을 반영하기 때문이다. 따라서 게임에도 우리들의 정신이 개입하며, 그것은 철학적 사유를 바탕으로 하는 것이다.

문화는 이미지와 언어를 수단으로 표현된다. 이미지란 인간의 주관적인 표현 형태임에 반해, 언어는 단어와 문법이라는 일반적 규칙을 준수함으로써 보다 객관적인 표현 형태를 지닌 표현 수단이다. 이미지는 우리들의 삶을 아름다운 형식을 통해 표현하는 장르들이다. 예컨대, 영화, 미술, 음악 등 예술 분야의 장르들은 모두 이미지를 그 중심에 둔다. 그러면 이미지라는 것이 단순하고 순수한 감정만의 표출일까? 우리에게 불후의 명작으로 사랑받는 각종 형식의 예술작품치고 그 사상성이나 깊은 삶에 대한 깊은 통찰을 갖지 않는 것은 없다. 말하자면 훌륭한 예술작품일수록 그 깊은 사상성이나 철학을 갖고 있다는 말이다. 만약 그런 것이 없는 작품이라면, 우리들에게 깊은 감동을 결코 줄 수 없다.

철학도 물론 현실의 반영이며, 이 현실은 오직 시간과 공간 그리고 인과관계를 통해서만 얻어진다. 따라서 이러한 규정들이야말로 현실을 현실답게 만드는 것이다. 그러므로 오락거리나 위안거리에 해당하는 영화가―연극이나 다른 장르도― 아무리 사실적인 이미지들로 만들어진다 하더라도 그것은 현실을 포착하지 못한다. 현실은 진리에 해당하는 인식을 수반해야만 현실의 지위를 얻게 되기 때문이다.[134]

제3절 영화와 철학

〈매트릭스〉의 경우

문화 콘텐츠의 바탕인 철학이 표현된 대표적인 영화로 〈매트릭스〉를 꼽을 수 있을 것이다. 물론 모든 영화가 그러하다고 볼 수 있기는 하다.

1999년에 상영되었던 워쇼스키(Wachowski) 형제 감독의 〈매트릭스〉는 최첨단의 컴퓨터 그래픽과 액션, 짜임새 있는 줄거리 등으로 영화팬들을 매료시키기에 충분했으며, 특히 사람들로 하여금 철학적 성찰을 다양하게 자극시킨 대표적 영화다. 첨단과학의 발전은 첨단 기계의 능력을 향상시킴으로써 자칫하면 인간이 기계의 노예로 전락할 수 있을 것이라는 우려를 낳기에 충분하며, 그러한 전망은 갈수록 현실화되고 있다.

이러한 현실을—물론 상영 당시로서는 상당한 거리를 둔 미래의 시점을 전제로 했지만— 성찰함으로써 장래를 대비할 필요가 있다. 자칫하면 인간이 기계의 노예가 되어 인간 스스로 기계의 에너지 공급원이 될 가능성이 있기 때문이다.

철학이 현실이라고 할 경우, 그 현실의 의미에는 가시적이고 가촉적인 것은 물론, 인간 내면의 세계도 당연히 포함된다. 영화 〈매트릭스〉가 유행의 중심에 자리 잡은 것은 특히 우리에게 절실한 철학적 성찰의 기회를 제공한 데 있다. 우리에게 절실한 자유와 실

---

134) 박성수 지음, 『들뢰즈와 영화』, 문화과학사, 1998, 206쪽 참조.

존의 문제, 현실과 가상현실의 문제 등 인간의 기본적인 고민의 문제를 짚어 낸 것이 특징이다.

이야기의 전체 줄거리는 이 세계 전체의 모습을 암시한다. 즉, 타락한 이 세계를 예수라는 구세주를 통해 구원하는 것처럼, 네오(구세주)라는 인물을 통해 인공지능의 노예가 되어 있는 인류를 구원한다는 스토리로 꾸며진다. <매트릭스>에 나오는 주인공들의 이름에서 우리는 작가의 의도를 읽을 수 있다. 예컨대 주인공 네오는 The One(그)이라는 이름으로부터 철자를 뒤바꿔 만든 이름으로 구세주를 의미하였고, 그를 보좌하는 여성의 이름인 '트리니티'는 기독교의 '삼위일체'를 의미하며, 네오의 본명 토마스 엔더슨의 경우도 예수의 부활을 의심했던 제자 도마를 딴 토마스와 그리스어 인류를 의미하는 andru--에서 딴 엔더슨으로 한 것도 기독교적인 포맷을 암시한다. 물론 이 영화가 그 다양성으로 보아 기독교 성서를 바탕으로 구성되었다고 볼 수는 없다. 그러므로 <매트릭스>가 기독교를 패러디하거나 기독교적 구원만을 암시한 것은 분명 아니다.

우리는 이 영화에서 철학적 인식론, 형이상학, 실존주의, 종교의 문제, 윤리의 문제, 기타 포스트모더니즘, 마르크스주의, 정신분석학적 논의들을 접하게 되며, 이것들은 고전에서부터 현대에 이르는 철학적 논의들을 섭렵하게 한다. 슬라보에 지젝 등 영향력 있는 현대철학자들이 쓴 『매트릭스로 철학하기』는 철학을 대중화하는 데 많은 기여를 했음에 틀림없다.

이 책에서 논의하는 것처럼, 우리들은 현실에 살면서도 가상과 현실을 혼동하고 사는 것이 일반적일 것이다. 이미 플라톤이 '동굴의 비유'를 통해 인식론적 입장에서 인간이 얼마나 현실을 착각하고 사는지를 알려 주었던 것처럼 이 영화도 그것을 일깨워 주고 있다.

그것은 과학기술의 발전이 가져온 인공지능으로 인한 비본래성의 세계에 대한 반성과 참된 진실의 세계를 향한 외침이라고 할 수 있다.

이 세계는 인공지능으로 이루어진 가상공간의 세계인 '매트릭스'이며, 이것은 진실의 세계가 아니다. 이 '매트릭스'는 인간의 자유를 완전히 박탈하며, 진정한 삶을 앗아 간다.

이 같은 상황들은 우리들이 살아가면서 진실과 허위의 틈바구니에서 많은 혼돈과 갈등 속에서 헤어나지 못하는 모습이기도 하다. 이미 철학자들은 이러한 상황을 통찰하고 진실을 찾기 위해 많은 노력을 기울여 왔다. 이 영화는 이 같은 인간의 고뇌와 진실을 향한 철학적 고투를 반영하고 있다.

미국 펜실베이니아 킹스 대학 교수인 어윈(W. Irwin)은 소크라테스의 등에(gad fly)로서의 사명을 자처하여 아테네 시민의 무지를 깨우친 사실을 네오(Neo)라는 인물을 통해 매트릭스에서 드러내고 있음을 분석한다. 소크라테스의 임무가 무지에 잠들어 있는 아테네 시민을 깨우친 것처럼, 네오는 매트릭스라는 거짓된 현실에 취해 있는 인류를 구하는 인물로 묘사된다. 소크라테스가 "올바른 삶이 무엇인가"라는 의문에 답하기 위한 그의 역정이 결국 당시를 주름 잡고 있었던 소피스트들의 성향과 충돌함으로써 법정에 서게 되는 곤경에 처한 것처럼 네오는 "매트릭스는 무엇인가"라는 의문을 풀기 위해 행동한 것으로 인하여 "온갖 사이버 범죄는 다 저질렀다"는 추궁을 받고 곤경에 처한다. 플라톤이 동굴의 우상의 비유를 통해 우리들 인간이 무지에 빠져 있으면서도 그것을 알지 못하는 것을 지적한 것과 같이 영화 <매트릭스>는 우리들 인간이 매트릭스라는 거짓된 현실에 처해 있으면서도 그것을 진실한 세계와 혼동하고 있음을 지적하고 있다.

미데일 대학교수인 제럴드 J. 에리온(G. J. Erion)과 뉴욕주립대학 교수인 베리스미스(Barry Smith)는 방법적 회의를 통해 확실한 앎을 추구했던 데카르트의 사례를 이 <매트릭스>에서 발견한다. 데카르트는 갈릴레이를 연구하는 과정에서 과연 세계는 있으며, 우리들이 알고 있다고 믿는 것들이 진정 존재하고 그것들이 사실인가에 대한 의문을 품고 일단 우리들이 알고 있다고 생각하는 것을 모두 부정하고 그것들 중에서 부정할 수 없는 사실들을 찾아본다. 또 데카르트는 우리들의 삶이 악령이 만들어 낸 기만에 불과한 것인지도 모른다고 생각해 본다. 영화 <매트릭스>에서 인공지능시스템은 데카르트가 의문을 품었던 우리들을 기만하는 악령의 화신체인지도 모른다. 물론 영화 느부가네자르호 단원들은 이를 직감하고 새로운 진정한 세계인 시온을 꿈꾸지만……

캐롤린 코스마이어(Carolyn Korsmeyer, 뉴욕주립대 교수)도 "지각되는 것은 존재하는 것"이라는 버클리의 견해에 동조하고, 매트릭스는 인간의 감각 기관을 체계적으로 기만하는 세계이므로, 이 매트릭스 안에서는 우리가 지각하는 것이라고 해서 모두 그것이 존재한다고 확신할 수 없다는 것을 일깨운다. 그렇다면 우리는 어떤 감각을 활용해서 세계의 본질을 파악할 수 있을까. 그는 여기서 그것의 올바른 기준으로 진실하면서 가치 있는 지각 경험을 요구한다. 이 점과 관련하여 '무지의 행복'을 위해 다시 매트릭스로 돌아가려는 사이퍼의 배신이 논란이 된다. 사이퍼는 9년 동안 시온이라는 이상국을 꿈꾸는 느브가네자르호의 일원이었지만, 이 이상에 대한 강한 회의를 품고 현실적인 쾌락의 가치를 선택한다. 그의 선택은 자기가 몸담았던 단체에는 엄청난 파괴행위가 된다. 그러나 그가 바람직한 삶의 쾌락을 위해서는 아랑곳하지 않는다. 이와 같은 상황은 우리들이 쉽게 부딪칠 수 있는 상황이기도 하다. 과연 사이퍼가 취한 행동이 바람직할 것인가? 그것이 사이퍼 자신을 위해서도 바람직한 것일까. 예수의 가장 신임받던 가룟 유다가 예수를 배반할 수 있었던 사실도 사이퍼의 입장과 흡사하다.

맥마흔(Jennifer L. Mcmahon, 센터 대학 교수)은 인간의 삶의 현실 속에서 실존적인 선택의 문제를 제기한다. 즉, 참된 본질을 알고 살 것인가, 무지 속에서 그저 그냥 살아갈 것인가의 문제이다. 실존주의의 입장에서는 그것은 본래성과 비본래성의 문제이다. 실존철학자들은 인간의 비본래성을 현실이라고 보고, 그것으로부터 벗어나서 진정한 본질의 세계인 본래성의 세계로 나이갈 것을 요구한다. 물론 이 같은 선택의 문제는 인간 현실이나 종교 상황에서도 공통이다. 본래성을 유지하기 위해서는 많은 시련을 감내해야 하지만, 그 결과는 우리가 진실의 세계에서 사물을 있는 그대로 볼 수 있게 된다. <매트릭스>에서는 네오에게 선택을 요구하는 형식으로 빨간 약과 파란 약을 제시한다. 빨간 약은 본래성을 향해 나아갈 수 있는 있게 하는 것이고, 파란 약은 이 비본래적인 세계로 나아가게 하는 약이라고 한다. 당연이 구세주인 네오는 빨간 약을 선택한다.

마이클 브래니건(Michael Brannigan, 라 로슈 대학 교수)은 좀 색다르게 이 영화에서의 불교적인 요소를 발견한다. 붓다가 거울같이 자유로우면서도 비어 있으라고 요구했던 것을 이 영화가 채용하고 있다는 것이다. 불교의 거울 이미지를 통해 보고 만지는 세계는 실제로 존재하지 않는다는 진리를 감각적으로 재연한다. 따라서 보이는 이 매트릭스의 세계는 거짓이며, 존재하는 것은 오직 마음뿐이라는 것이다. 한마디로 세계는 공(空)이다. 그러므로 흐르는 환상에 집착할 때, 우리는 보이는 이 매트릭스를 진짜의 세계라고 확신한다는 것이다. 결국 우리는 '마음의 감옥'에 갇히게 된다.

영화 <매트릭스>는 단지 기독교적인 것만 지니고 있는 것은 아니다. 즉, 네오를 각성시키고 리드하는 모피어스는 그리스 신화에서의 꿈의 신에서 그 이름을 따왔으며, 네오 역시 티베트 불교의 전통인 붓다의 환생을 재연하기도 한다. 그래서 그레고리 킹스 대학 교수인 바샵(G. Bassham)은 이 영화가 다양한 종교적 전통을 짜깁기한 것이라고 주장한다. 종교적 다원주의는 이미 우리 인류의 삶의 한 상황을 드러내는 이념이다.

제임스 롤러(J. Lawler, 뉴욕주립대 교수)는 칸트의 "실천이성의 우위"라는 술어를 끄집어내어 매트릭스를 컨트롤하는 원리를 제시한다. 그것은 우리들의 구원은 우리들 스스로의 문제라는 것이다. 다시 말하면, 우리들 말고는 누구도 우리를 구원할 수 없다는 것이다. 물론 기독교의 경우도 마찬가지다. 예수가 병자를 고쳐 준 다음 "네 믿음이 너를 구하였다"고 말한 것에서 그 증거를 찾을 수 있다. 칸트는 이 원리를 인간 자신의 자유를 통한 노력을 강조한다. 그리하여 그는 예수는 우리들을 일방적으로 무조건 구원하는 것이 아니라, 우리가 우리들 스스로를 구원할 수 있는 우리 내부의 잠재력을 일깨워 줌으로써 우리들을 구원에 이르게 한다는 것이다. 마찬가지로 네오는 우리의 구세주가 아니라, 다만 교사일 뿐이며, 따라서 우리들 모두도 네오와 같은 '그(the One)'다.

데오도어 시크 주니어(T. Schick, Jr., 뮐렌버그 대학 교수)는 여기에서 매우 난해하고 곤란한 문제를 지적한다. 만일 이 세계는 운명이 지배하고 있다고 전제할 경우, 우리들에게는 진정으로 자유가 주어질 수 없다는 것이다. 이 영화에서도 등장하는 것처럼 예언자(Oracle)의 예언이 참되다면, 사람들은 자유롭게 행동할 수 없다는 것. 그렇다면, 매트릭스를 위해 싸우는 것은 무의미한 일이 아닌가? 만일 매트릭스가 파괴될 운명에 처해 있는 것이 아니라면, 아무리 사람들이 그것을 파괴하려고 해도 그것이 파괴될 수 없을 것이기 때문이다. 이렇게 보면, 신과 인간의 자유의지 사이에 분명 갈등과 모순이 존재한다. 이것은 기독교의 오랜 해묵은 과제이기도 한다. 기독교에서 '예정설'을 그대로 받아들일 경우, 그러한 모순에 부딪힌다. 그러므로 신의 예성과 인간의 책임 사이에 이떤 배분이 필연적인 것은 아닐까?

앞으로 다가올 미래 세계에 대한 전망으로부터 우리는 첨단과학기술은 인간을 노동자 계급으로 진락시키고 심지어는 기계를 작동시키는 에너지원으로 이용될 가능성을 점치게 한다. 이미 몇몇 SF 작품들에서 그 이야기를 접할 수 있다. 이 <매트릭스>도 인간발전소를 통해 이 현실을 보여 준다. 과연 인간은 기계의 노예가 될 운명을 지니고 있는가? 아니면 인간의 자유의지가 그것을 무난히 극복할 것인가? 노동자의 해방을 꿈꾸었던 마르크스의 이념이 이 영화에 흡입된 것일까? 어쨌든 인류는 자기의 정체성과 주체성을 찾지 않으면 안 될 것이다. 철학과 이 영화는 그것을 알려 주려고 한다.

끝으로 과학기술의 발전이 우리들 현실과 시뮬레이션 사이의 경계를 모호하게 함으로써 우리들은 그 사이에서 방황한다. 지나고 보면 모든 것이 헛되다고 절규한 사례는 비단 종교에서만은 아니다. 그것은 우리들이 진실과 허위 사이에서 방황했던 삶의 고백이며, 때로는 진실이 허위에 파묻히는 경우가 허다할 것이다. 우리가 인식해야 할 어떤 대상은 그것의 현실보다 가상을 통해 보여 주는 것이 더 사실적으로 보일 경우가 허다하다. 말하자면 시뮬레이션이 현실보다 더 실제적으로 보이며, 또 실제적일지도 모른다.

과연 진실이란 어떤 것인가?

이상과 같은 고민이나 방황이나 회의는 우리들 삶의 엄연한 현실이며, 누구도 이를 피해 갈 수 없다. 아무리 인간이 갖고 싶어 하는 것들을 모두 다 소유하고 있다고 하더라도 이 같은 내면적이고 현실적인 고민에서 벗어날 수 없다. 인간은 본질적으로 그렇게 타고났는지 모른다. 그렇다면 고뇌를 달게 느끼는 방법이라도 개발해야 할 것이다.

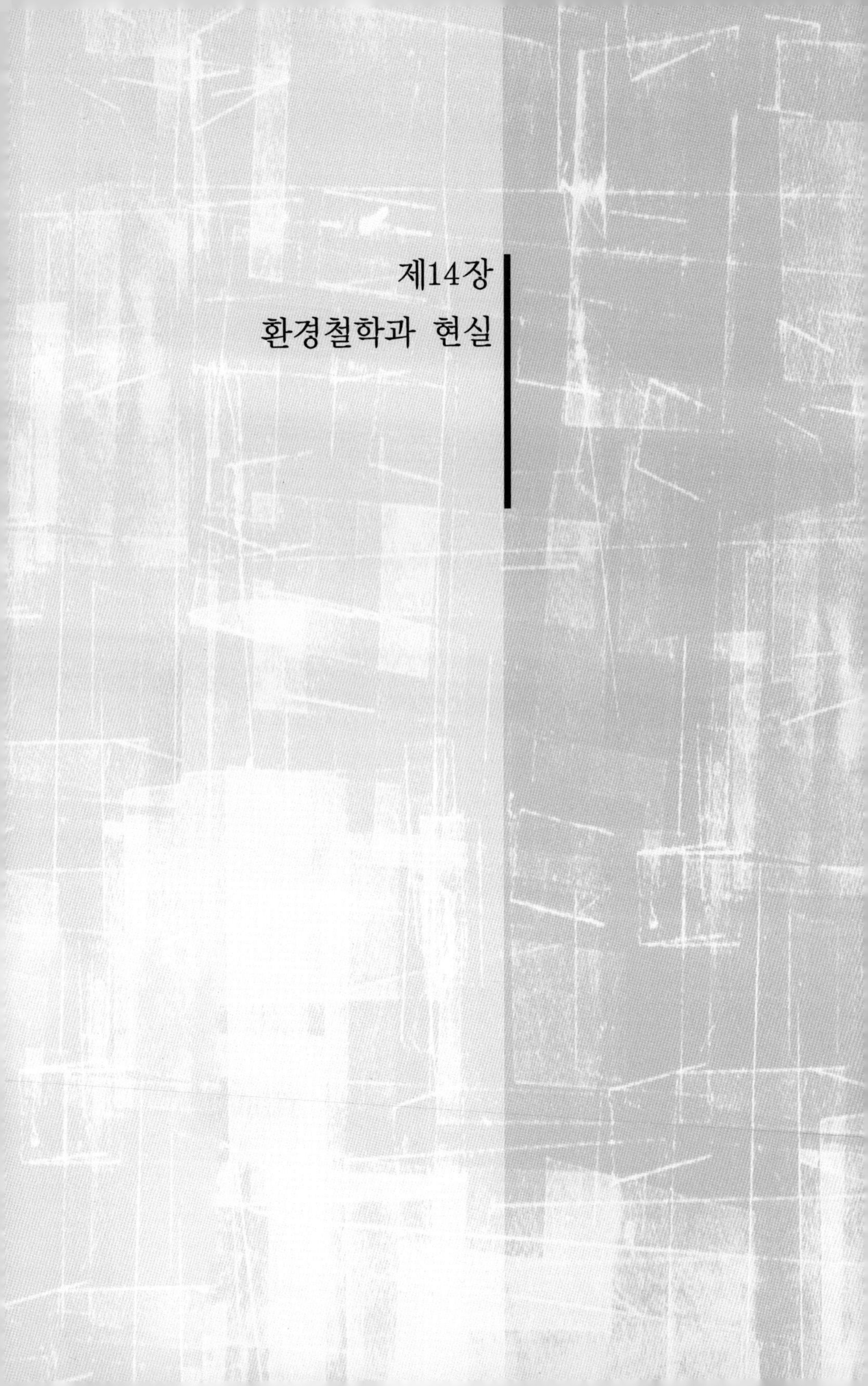

제14장
환경철학과 현실

첨단과학의 시대를 사는 우리들에게 첨예의 관심 분야로 떠오르는 기술의 제 분야로 6대 과학을 들고 있다. 즉, 생명공학기술(BT), 정보공학기술(IT), 나노공학기술(NT), 문화기술(CT), 항공공학기술(ST), 그리고 환경공학기술(ET)이 그것이다. 이들 중 대부분의 것은 과학기술의 개발에 의한 성과에 의존하는 것들이지만, 환경기술은 여기에 인문적인 것, 즉 윤리적인 것이 조화를 이루어야만 기대되는 성과를 얻을 수 있는 것이라고 하겠다. 물론 엄격히 말하면, 어떤 과학기술도 윤리적 의식이 바탕에 깔려 있지 않을 경우, 심각한 상황을 초래할 염려가 있는 것이 사실이다. 과학 탐구에도 윤리가 전제되어야 한다는 주장이 설득력을 얻고 있다.

인류는 삶의 풍요와 편리를 위해 학문과 과학을 놀라울 정도로 발전시켜 왔으며, 어느 정도 만족할 만한 수준에 이르렀다고 할 수 있을 것이다. 그러나 이러한 과학기술의 편향적인 개발은 우리들의 안락한 삶에 부정적인 요소도 긍정적인 것 못지않게 배태시켜 왔던 것도 사실이다. 말하자면 과학기술의 발달에 따른 부작용이 우리들의 쾌적한 삶에 심각할 정도로 부정적으로 다가오고 있다는 것이다.

우리들은 과학기술을 통해 어떤 문제도 해결할 수 있을 것으로 생각해 왔다. 그러나 아무리 과학기술을 통해 우리들에게 다가오는 문제들을 해결하려고 하지만 문제는 더욱 커져 가고 있는 것도 사실이다.

이 같은 사실은 우리들로 하여금 뒤늦게나마 철학적 반성을 촉구하게 함으로써 그러한 발상이 국제적이고 정치적인 차원에서 실천으로 이행되기를 추구하고 있는 것이다.

특히 환경문제는 갈수록 그 정도가 심각해져 가고 있으며, 또 이 문제의 해결이 과학기술에 의해서만은 결코 해결될 수 없음을 절실히 깨닫게 된 것이다. 오히려 우리들의 의식과 행동을 통해서만 그 해결의 실마리를 찾을 수 있을 것으로 본다.

환경문제에 있어서 철학적 고려는 다른 문제와는 특이한 성격을 갖는다. 환경문제는 잘못된 철학적 사고가 불러일으킨 요인이 있기 때문이다. 특히 역사적으로 서양적 사고는 자연을 정복의 대상으로 삼고 자연정복을 통해 인류의 풍요와 복지를 실현할 것으로 여겼던 것이다. 근세의 베이컨은 학문의 목적이란 자연을 합리적으로 잘 지배해서 우리들의 삶을 보다 풍요롭게 하는 것이라고 했다. 그가 말하는 "아는 것이 힘"이란 생각은 바로 자연을 지배하는 힘을 의미한 것이다. 그리하여 서양인들은 어떻게 하면 자연을 이용해서 인간의 삶의 풍요를 누릴 것인가에 관심의 초점을 두었던 것이다. 거기다 기독교의 하느님에 의한 만물지배의 축복은 바로 자연을 정복하고 지배하는 것으로 해석됨으로써 자연 지배를 가속하게 했던 것이며, 데카르트의 정신과 물질의 상호 독립성과 사고하는 주체로서의 자아의 확립이란 의식도 자연 지배를 합리화시킴으로써 자연 파괴를 촉진시켰다.

생물학자 유진 오덤(E. Odum)은 『생태학』에서 환경의 질을 유지하고 개선하기 위해서는 윤리적 뒷받침이 요구된다고 전제하고, 살아가는 곳에 대한 연구—생태학 Ecology—와 사는 곳에 대한 관리—
경제학 Economy—가 통합될 수 있을 때, 그리고 윤리학—Ethics—
이 연장되어 인간의 가치와 아울러 환경가치도 고려할 수 있을 때,
인류의 미래는 낙관적일 수 있다고 주장하고, 이들 3분야—3E—를
하나로 묶는 것은 궁극적인 총체주의이며, 우리의 미래를 위한 위
대한 도전이 된다고 하였다.[135] 이 같은 오덤의 견해는 매우 현실
적이면서 명쾌한 지적이 아닐 수 없다.

제1절 인간중심주의에서 자연중심주의로

인간이 자연을 정복의 대상으로만 여기고 자연을 훼손하고 파괴
함으로써 그 결과가 오히려 우리들 인간에게 부메랑처럼 심각할
정도로 보복적인 모습으로 다가오고 있다는 사실은 이제 먼 나라
일이 아니게 되었다. 뒤늦게나마 세계 각국은 이 같은 상황을 자각
하고 자연환경의 훼손을 최소화하기 위한 노력에 힘을 기울이게
되었다. 1992년 브라질에서 체결된 지속 가능한 개발을 핵심으로
하는 「리우선언」을 비롯하여 1994년 일본 교토에서 체결된 기후협
약인 「교토프로토콜」, 생물다양성협약, 그 밖의 람사총회에서 체결
된 늪지협약 등은 지구상의 환경오염 및 환경파괴의 요인을 감소
시키거나 폐기물 처리에 관련한 상호협력을 통해 지구 오염을 최
소화하자는 노력들이다.

---

135) 유진 오덤, 이도원·박은진·송동하 옮김, 『생태학』, 사이언스북스(2000), 571－8쪽 참조.

이 같은 노력은 기본적으로는 인간의 이익을 위주로 한 생활 태도를 지양하고 인간 이외의 어떤 자연물도 가치적으로 인간과 동일한 존재로 취급해야 한다는 의식의 소산이다. 즉, 인간도 자연을 형성하는 한 구성원에 불과하다는 인식의 소산이다. 이러한 인간의 의식은 결코 자기희생을 통해 인간 외의 자연물에 봉사하는 것이 아니다. 인간 자신을 위한 배려일 뿐이다. 그것이 결과적으로 인간에게 도움이 된다는 것을 깨달았기 때문이다. 인간 자신을 위해서도 우리 인간은 인간중심주의를 벗어나 자연중심으로 변화해야 한다는 것이다. 서양사회에서 환경오염의 주범으로 데카르트와 기독교 사상을 지목하는 것도 바로 그것들이 인간중심적 사고에 바탕을 둔 사상들이었기 때문이다. 이들 사상들은 자연을 정복되어야 할 대상으로만 여기고 앞다투어 자연정복에 열을 올리게 만들었다. 데카르트의 전통을 잇는 서양의 사고는 자연정복이 곧 인간의 삶의 풍요와 편리를 가져다 줄 것으로만 여겨 왔으므로 결국 자연정복의 성과는 곧 그것이 인간의 능력을 가늠하는 기준이 되기도 하였으며, 기독교적 전통도 자연정복이 곧 인간에 대한 축복으로 여겨졌으므로 자연파괴는 가속화될 수밖에 없었다. 이제 자연정복에 대한 자연의 인간에 대한 보복이 시작된 것이다. 자연의 인내가 극에 달했으며, 더 이상 인내할 능력조차 상실한 자연이 되었다.

오늘날 우리 인류에게 가장 큰 위협으로 다가오고 있는 것은 지구 온난화로 인한 기후 변화로 생태계가 심각하게 파괴되고 있다는 사실이다. 북극의 빙하의 해빙으로 인한 해수면의 온도 상승과 기후의 변화는 우리들의 생태계를 크게 변화시킴으로써 우리들의 삶의 조건을 변화시키고 있다. 이러한 변화는 우리들 생활 전반에 대한 새로운 대응을 요구함으로써 일대 혼란이 야기될 수도 있다. 만일 지금과 같은 상태가 그대로 지속된다면 생존에 대한 적응조차 장담하지 못할지도 모른다.

자연파괴와 환경오염을 최소화하거나 막는 길은 인간이 자연을 파괴하지 않아야 하는 것인데 이를 위해서는 자연에 대한 인식이 근본적으로 전환되지 않으면 안 된다. 즉, 인간중심주의 사고를 버리고 자연중심주의, 즉 인간은 자연을 구성하는 단지 하나의 구성원에 불과하다는 인식이 그것이다. 그러므로 인간이 인간 이외의 다른 자연물을 파괴할 어떠한 권한도 갖고 있지 않다는 것을 인식하는 일이다. 인간 이외의 어떤 자연물도 그것이 존재할 이유와 권리가 있음을 우리들 인간이 깨달아야 한다.

제2절 생명중심주의적 사고의 배양

환경문제를 염려하는 서양의 철학자들은 우리들의 사고를 인간중심으로부터 생명중심으로 바꾸어야 한다고 주장하기도 한다. 인간중심주의 사고는 필연적으로 인간 이외의 존재자들을 대상으로 삼아 그것들을 파괴하거나 훼손함으로써 결국은 생태계를 파괴하는 결과를 가져올 것이기 때문이다. 생태계란 생명체들이 살고 있는 범위의 세계를 일컫는 것이므로 그 생명체들의 중심인 생명의 가치가 무엇보다도 존중되어야 하며, 그러기 위해서 생명존중 의식을 사고의 중심에 두어야 한다는 것이다. 이와 같은 사상에는 생명은 그것이 어떤 형태의 것이든 절대적으로 존중되어야 한다는 생각이 바탕에 깔려 있다. 슈바이처(Albert Schweitzer)는 '생명의 외경(Ehrfurcht vor dem Leben)'의 사상을 제시했다. 생명에 대한 경외란 생명을 두려운 마음으로 존중함을 의미한다. 생명은 신성한 것이며 어떤 이유로도 그것을 해할 수 없다는 생각이다. 이 사상에 의하면, 우리들에게 해로운 생명체라도 우리가 그것을 해할 수 없다는 것이다. 우리들에게 해가 되는 곤충이나 벌레라도 우리는 그것을 해쳐서는 안 된다는 사고이다. 그리하여 슈바이처 자신은 말라리아를 옮겨 주는 모기조차도 그것을 해하지 않았으며, 풀 한 포기도 밟지 않으려고 했다고 한다.

생명중심주의 철학자인 P. 테일러(Paul Taylor)는 '목적론적 생명의 중심'을 역설하고, 모든 생명체에는 내재적인 가치(본질적인 가치)가 있으며, 그것은 어떤 근거로도 훼손될 수 없으므로 이를 존중해야 하며, 이를 위해 몇 가지의 규칙을 제시했다. 그것은 유기체의 생명을 위한 최소한도의 규칙이다. 즉, 그것은 자기 방어, 균형성, 최소의 해를 끼침, 보상적 정의, 원상회복적 정의 등이다. 그리고 인간이 다른 유기체에게 해를 끼쳤을 경우에 이에 대한 보상에 관한 규칙도 제시하고 있다.

이 같은 생각들은 모든 존재의 내재적 가치에 대한 존중에 바탕을 두지만, 우리는 이를 통해 생태계를 바르게 보존함으로써 결과적으로 인간에게도 바람직한 결과를 가져오게 하는 데 목적이 있다. 이 같은 생각은 매우 현실적인 것이 아닐 수 없다. 환경문제가 날로 심각해지는 상황에서 우리는 다각도로 환경문제를 해결해야 하는데 생명중심주의는 그것을 해결하는 실마리를 제공해 주는 사

상 중 하나이다.[136)

제3절 지구공동체는 인류 모두의 삶의 공동터전

(1) 공간적 의미에서의 지구공동체

중국 베이징에서의 나비의 날갯짓이 파급되어 그것이 미국에서 태풍을 형성한다는 나비효과는 근거 없는 망상이 아니다. 지금의 세계는 전 지구 자체를 하나의 공동체임을 일깨우고 있다. 특히 환경문제는 어느 특정한 나라에만 국한되는 현상이 아니다. 중국의 화북에서 불어닥친 황사 바람은 한국은 물론 일본, 심지어 미국에까지 영향을 주고 있다. 북극 빙하의 해빙이 태평양의 해수면을 높임으로써 태평양 연안 국가의 일부가 물에 잠길 위험이 있는가 하면, 전 해양에도 영향을 미친다.

그러므로 이제 지구성의 어느 한곳에서 일어난 일은 지구 전체로 파급될 가능성을 언제든지 갖고 있으므로 지구상에 존재하고 있는 모든 인류는 그 같은 공동체 의식을 갖지 않으면 모두 공멸할 가능성이 있다. 지구에서 발생하고 있는 공해문제는 어느 특정 지역만으로 그 해결을 기대하기 어렵게 되었다는 말이다.

지금 지구의 기후가 변화하고 있다. 온대에서 아열대로 아열대에

---

136) cf. Joseph R. Desjardin, *Environmental Ethics*, Wadsworth Publishing Company (1997), p.140.

서 열대로 기후가 변화하고 있으며, 그것은 전 지구적으로 영향을 주면서 변화한다. 이러한 기후의 변화는 인류에게 재앙이 될 수도 있으며, 그것은 전 지구적으로 극복되지 않으면 안 된다. 지구는 하나이며, 연속체이다.

1994년에 이루어진 '교토프로토콜'은 기후협약으로서 지구공동체 차원에서 전 세계적으로 탄산가스 배출량을 줄이자는 것이었다. 이미 그것은 2006년을 시작으로 시행에 들어갔다. 기후 문제는 어느 특정 지역에만 국한될 수 없으며, 그것은 전 지구적인 문제이기 때문이다. 이제 세계는 과학기술의 발달과 인터넷의 보급으로 인해 국경은 의미가 크게 약화되었다. 이미 경제는 국경선이 사라졌다고 해도 과언은 아니다. 이것은 관계적 차원에서이지만 기후의 문제는 어느 지역에 국한되지 않는다. 중국 화북성에서 발원한 황사의 문제는 중국과 동북아뿐만 아니라, 미국에까지도 그 영향이 미치고 있다. 그리고 각종 전염병이나 질병도 국경에 제약되지 않는다. 이제는 한 지역에서의 문제는 전 세계적인 문제가 되는 시대로 접어들었다.

(2) 시간적 의미에서의 지구공동체

환경문제를 윤리적으로 다룸에 있어서 이젠 미래 인류를 위한 우리들의 의무의 문제를 고려한다. 이 세계는 현재를 살고 있는 인류의 삶의 터전만이 아니고, 나아가서 우리들 후손들의 삶의 터전이므로, 이들 후손들의 삶의 터전에 대한 배려는 당연히 우리들 현재의 인간들의 의무이다. 우리들의 삶의 터전을 공동체로 규정할 때, 이 지구상에서 살고 있는 모든 구성원은 누구나 환경에 의한 불평등한 대우를 받아서는 안 된다. 따라서 미래 세대에 대한 배려가 윤리적 의무라고 한다면 그 의무에 대한 윤리적 고려가 전제되어야 하며, 그것이 환경에 관련되는 경우에 환경 윤리적 과제가 된다. 물론 미래세대에 대한 배려가 환경문제에만 국한될 수는 없다.

그러므로 이 '미래세대를 위한 의무'는 생태윤리학 논의의 문제이기도 하다.

미래 인류도 신선한 공기와 물, 비옥한 토지, 유기체가 살기에 적합한 생태계, 그들이 필요로 하는 자원 가운데 우리가 보존하고 있거나 고갈시켜 버린 재생 가능하거나 불가능한 자원을 필요로 할 것이다.

물론 공간적 의미에 있어서의 지구 공동체에서 특정 지역이나 계층에서 절망에 빠진 낯선 동시대인들에 대해서 의무를 진다는 것은 누구도 반대하지 않을 것이다. 즉, 풍요를 누리는 사람들이 빈곤에 허덕이거나 비참한 상태에 빠져 있는 사람들에게 동정의 손길을 펴는 것은 당연한 의무로 받아들여진다는 말이다.

그러므로 우리 인류는 횡적 종적으로 한 개인이나 집단이 다른 개인이나 집단을 위한 배려를 하는 것은 실제적으로 당연한 것으로 받아들여진다. 이 같은 것은 특히 생태적 차원에서 고려되어야 할 문제이기도 하다. 그리하여 루틀리(R. and V. Rotley)는 시간적 유추를 통해서 미래 인류가 핵폐기물에서 나오는 방사능의 위험과 같은 어떤 특정한 위험에 직면하도록 만드는 것은 옳지 못하며, 경우에 따라서는 범죄적인 것으로 취급되기도 했다[137]고 지적한 바 있다.

그러나 미래세대는 현재 존재하고 있지 않은 세대이므로 이들에 관한 확실한 실태를 알 수 없다는 사실에서 우리가 흔히 범할 수 있는 추정에 대해 카프카는 비판하기도 한다. 즉, 미래 인류는 잠정적인 위상을 갖기 때문에 그들의 이익관심을 낮게 평가해도 좋다는 주장은 잘못된 것이며, 또 미래세대에 대한 앎이 불확실하기 때문에 현재의 이익관심과 미래세대의 이익관심을 비교할 수 없다는 주장에 대해서도 비판한다. 미래세대도 현재의 우리들과 같은 이익관심을 갖는다는 생각이 전혀 잘못된 것이 아니기 때문일 것이다. 더 나아가서 어떤 사람들은 더 이상 인류가 존재하지 않을지도 모르고, 또 얼마나 현존 인류에게 의존해 있게 될지도 모른다는 미래세대의 불확실성이라는 주장에 대해서도 비판한다.[138] 그러나 이러한 주장은 가능할 수는 있으나 너무도 허황된 상상이 아닌가 생각된다. 설령 그런 주장이 옳다고 하더라도, 그러한 불확실성을 바탕으로 우리의 태도를 결정한다면, 그것은 너무도 무책임한 일이 아닐 수 없을 것이다.

미래세대에 대한 고려는 현실적인 문제이다. 다른 사람들이 아닌 우리들 현재의 인류의 분신이며, 계승자들이 미래세대이기 때문이다. 그런 점에서 미래세대에 대한 고려는 윤리적 고려의 필연적 사항이 아닐 수 없다.

---

137) R. and V. Routley, 'Nuclear Energy and Obligations to the Future', *Inquiry* 21. 1978 p.133 재인용.

138) 로빈 애트필드, 구승희 옮김, 『환경윤리학의 제문제』, 따님(1997), 174-178쪽 참조.

맺는말

철학이야말로 현실이다. 철학은 공중에서나 하늘에서 떨어진 사유가 아니라, 바로 우리들의 사고의 소산이요, 우리들의 삶으로부터 파생된 생각들이기 때문이다. 철학은 현실주의라는 형태로 논의되기도 했고, 이상주의라는 형태로 논의되기도 했으며, 존재론적으로는 유물론이나 관념론의 형태로 논의되기도 했다. 형이상학, 인식론, 가치론 등을 나타난 철학적 사유의 결과들도 모두 우리들 사고의 소산이다. 그런데 우리들은 다른 것이 아닌 현실에 살고 있다. 그렇디면 현실에 살고 있는 우리들로부터 파생된 사고가 우리들의 현실이 아니고 무엇일까?

우리들이 철학을 우리들의 현실로 느끼지 못하는 이유는 다른 데 있는 것이 아닐 것이다. 왜냐하면 철학은 그 성격이 구체적이고 개별적인 것을 대상으로 하는 것이 아니라, 근원적이고 전체적이고 본질적인 것을 대상으로 하기 때문에 우리들의 감각에는 현실적으로 감지되지 않기 때문이다. 이제 우리는 삶의 과정에서 여러 가지 어려운 문제에 부딪혀 보고 이를 해결하기 위해 안간힘을 써 보기도 해 왔다. 어떤 것은 쉽게 풀리고 어떤 것은 풀리지 않는 것도 있었다. 세계가 다양해지고, 복잡해지고, 고도화되면서 우리들의 문제는 더욱 복잡해지고 다양해졌다. 따라서 이에 대한 해결도 더욱 난해해지고 복잡해진 것이 많다. 그리하여 문제 해결을 위한 보다 근본적이고 전체적이고 본질적으로 접근할 필요가 있는 사례가 많아졌다. 이는 근본적으로 철학적 통찰이 요구되는 상황이라고 할 수 있을 것이다. 물론 과학기술도 철학적 통찰이 바탕이 될 때 그 효과를 발휘할 수 있다. 우리들이 다양한 삶의 모든 분야에서 철학적 통찰은 마찬가지로 요구된다. 이제 철학은 이상이나 관념이 아니라, 바로 현실이다. 현실에 집착하면 집착할수록 사실은 철학적 통찰이 요구될지도 모른다. 철학은 다른 것이 아니고 우리들이 '생긴 대로' 사는 길을 일러 주기 때문이다.

최병환

▍약력

서울대학교 사회교육과를 졸업하고 충남대학교 석사, 동국대학교 박사과정 수료, 현재 대전대학교 철학과 교수로 재직 중이다. 독일 보훔대학에서 연구교수를 지냈으며, 논문 "헤겔 철학에 있어서의 국가와 종교의 상보성에 관한 연구"로 박사학위를 취득하였다. 저서로『철학의 제문제와 통일사상』,『현대사회와 윤리』,『미래도시와 환경』(공저), 역서로『헤겔의 역사철학』,『가치론의 역사적 조명』,『영미 가치론 산책』, 논문으로 "헤겔철학에 있어서의 자유", "민족적 갈등과 종교적 화합", "정치철학의 입장에서 본 정치와 종교" 외 다수가 있다.

철학은 현실이다

초판인쇄 | 2009년 11월 6일
초판발행 | 2009년 11월 6일

지은이 | 최병환
펴낸이 | 채종준
펴낸곳 | 한국학술정보㈜
주　소 | 경기도 파주시 교하읍 문발리 파주출판문화정보산업단지 513-5
전　화 | 031) 908-3181(대표)
팩　스 | 031) 908-3189
홈페이지 | http://www.kstudy.com
E-mail | 출판사업부　publish@kstudy.com
등　록 | 제일산-115호(2000. 6. 19)

ISBN　978-89-268-0491-9 03130 (Paper Book)
　　　　978-89-268-0492-6 08130 (e-Book)

이담 Books 는 한국학술정보(주)의 지식실용서 브랜드입니다.